价格驱动

华为持续有效增长的秘密

陶华锋 ◎ 著

内 容 提 要

定价是企业内部连接产品开发和销售的一座桥梁,是企业能否持续盈利的关键。本书以华为公司不同时期的定价策略为基础,详细介绍了产品定价的策略、方法及路径。

本书主要内容包括以下几个部分。第1章,华为是一个功利集团;第2章,价格策略,偶然还是必然;第3章,3C定价模型;第4章,价格的一级驱动:开发可行;第5章,价格的二级驱动:销售可控;第6章,价格的三级驱动:经营可视;第7章,定价组织;第8章,面向未来的定价管理。

本书适合产品经理、经营管理者,以及想了解企业定价管理相关知识的读者阅读。

图书在版编目(CIP)数据

价格驱动:华为持续有效增长的秘密/陶华锋著.—北京:北京大学出版社,2021.3
ISBN 978-7-301-32005-1

Ⅰ.①价… Ⅱ.①陶… Ⅲ.①通信企业–企业管理–产品管理–企业定价–研究–深圳 Ⅳ.
①F632.765.3

中国版本图书馆CIP数据核字(2021)第032893号

书　　名	价格驱动:华为持续有效增长的秘密
	JIAGE QUDONG:HUAWEI CHIXU YOUXIAO ZENGZHANG DE MIMI
著作责任者	陶华锋 著
责任编辑	张云静
标准书号	ISBN 978-7-301-32005-1
出版发行	北京大学出版社
地　　址	北京市海淀区成府路205号　100871
网　　址	http://www.pup.cn　新浪微博:@北京大学出版社
电子信箱	pup7@pup.cn
电　　话	邮购部 010-62752015　发行部 010-62750672　编辑部 010-62570390
印刷者	三河市博文印刷有限公司
经销者	新华书店
	787毫米×1092毫米　32开本　8.75印张　191千字
	2021年3月第1版　2021年12月第2次印刷
印　　数	4001-6000册
定　　价	49.00元

未经许可,不得以任何方式复制或抄袭本书之部分或全部内容。
版权所有,侵权必究
举报电话:010-62752024　电子信箱:fd@pup.pku.edu.cn
图书如有印装质量问题,请与出版部联系,电话:010-62756370

序 PREFACE

华为的董事会明确不以股东利益最大化为目标，也不以利益相关者（员工、政府、供应商等）利益最大化为原则，而是坚持以客户利益为核心，在此价值观的基础上，驱动员工努力奋斗，构筑华为的生存基石。

经营企业，首先要明确目的。对华为来说，经营企业不是为了资本市场的估值，而是回归企业的本质，以客户为中心，追求有利润的收入，在市场上活下去，这样才能支撑起企业长期的生存与发展。华为的商业模式很简单：长期保持饥饿状态，不谋求赚大钱。

随着全球经济逐渐回归理性，越来越多的企业正努力建立自己的盈利模式，希望通过定价管理来赢得利润。其实，大到跨国公司，小到一家网店，其每一笔交易都离不开定价的支撑，价格信息是产品触达客户的重要途径。许多企业拥有优秀的产品，但是在给产品制定价格时却采用了一种凭经验管理的方式，这对企业来说是一种无形的利润流失。创造可持续的利润对每一家企业而言都是事关生死存亡的大事，因为没有利润，企业将走向灭亡，而定价管理则是保证企业产生更多利润最为有效的途径。

然而，大部分企业还停留在定价方法和定价策略的改良上，这些做法当然也很重要，但因为不是闭环管理，缺乏系统化，很容易导致所有的前期投入功亏一篑，这显然不能满足定价管理的诉求。华为的定价管理是以经营为主线，将华为的IPD（集成产品开发）和LTC（线索到回款）两大主流程耦合起来，不仅遵从严谨的科学思维，而且做到了业务与定价的融合。例如，通过定价和目标成本管理，华为在产品开发的过程中就开始构筑竞争力综合优势，从商业投资的视角去考评一个项目，坚持客户需求导向，将细分市场的商业需求与开发真正衔接起来，在开发中同时完成交易和定价的设计。

定价也是完成营销策略4P组合（产品：Product，价格：Price，渠道：Place，促销：Promotion）中不可分割的一个重要元素，是需要公司高层管理者、业务负责人、销售人员等各个部门人员共同深入把握的关键议题之一。

同很多公司发展的早期阶段类似，华为也曾采用低价竞争策略来换取市场份额，对销售质量的控制要求较低，导致销售慢慢出现了增量不增利的局面。在走向国际化、全球化的道路上，凭借低价虽然会取得一部分市场份额，但是在客户心中，他们对品牌和产品仍然不会认可，认为低价产品就代表了低质量。这些定价策略都是一种短视的利益行为。定价管理的目的就是平衡短期利益与长期利益，实现对大客户的突破，这样才是真正意义上的市场竞争。

企业在实施定价管理的过程中除了上述的认知问题外，还存在一个困惑，那就是缺少实用化的工具。当今市场上的交易量如此庞大，如果没有快捷的工具支撑，数据结果的滞后性对业务的指导意义将会大打折扣。企业无法及时判断市场走向和客户需求，也就无法作出有效的决策。而本书提供的工具极具实用性，使用者只需按照相应步骤进行操作，即可获得结果，在掌握技术要领的同时也加深了对这方面管理要领的理解。

以上问题，看似简单，其实不然。这些年我在做企业管理咨询的过程中，遇到很多企业的高管，甚至是CEO，他们极力想提升企业的盈利能力，但对于定价管理问题却一筹莫展。这本书出版得恰逢其时，它帮助企业打开了定价管理的一扇窗，助力优秀的企业更加快速成长！

众恩咨询创始人　卞志汉
原华为信用风险管理体系创建者

前言 PREFACE

一个企业，总会面临两个绕不过去的"什么"问题，企业一路发展的过程其实就是在不断地解答这两个问题。第一个是"做什么"的问题，做什么产品，满足什么样的客户，诸如此类，这是产品开发的范畴；第二个是"卖什么"的问题，卖硬件、卖服务还是卖软件，这是市场销售的范畴。而定价管理则是连接这两者之间的一座很重要的桥梁。

过往很多企业认为定价只是经营的一个辅助功能，企业的大部分精力应该用来进行市场份额的厮杀，目标应该是如何把竞争对手掀翻在地。这种缺少价格盈利模式的管理导致企业几年后甚至上市之后仍然深陷亏损的泥潭中，企业发展备受质疑。评判定价管理是否成功的标准是企业能否盈利，因此，企业要建立"短期有竞争力，长期持续盈利"的定价策略，使企业随时间的推移获取更多的价值。

大浪淘沙，面对越来越严峻的经济环境，当今企业比以往任何时候都更渴求盈利能力的提升，但是对于如何通过定价实现有效增长却是一筹莫展。的确，对于企业管理来说，定价是最关键，也是最困难的一环。除了欠缺必要的工具和方法，定价管理最大的挑战是缺乏一套成体系的管理思维。定价从产品立项就已经开始，贯穿财务报表的收入、利润等，跨越的流程不可谓不长，如果是割裂的管理，最终会降低整体绩效。因此，本书首先要表达的是一种思维，只有思维运动才会让企业能够审视自己的管理和问题。

华为总裁任正非说过，没有任何一个人可以走完全世界，我们需要向优秀的人学习，要站在巨人的肩膀上前行。华为的成功不是放之四海而皆准的真理，纵观华为发展，任正非作为第一届的定价中心主任，也是在定价管理上不断地探索，提升定价能力，坚持追求持续有效的增长，才铸就华为从2万元起家到近万亿元营收，从通信市场三分天下有其一到今日通信霸主的格局。

市面上关于定价的图书大致有两类，一类是译著，将西方的定价管理理念直接译成中文，读者读起来和理解起来非常吃力；另一类则侧重于方法论的灌输，偏理论性质，实际应用起来很困难。本书没有讲晦涩难懂的概念，尽可能地将内容化繁为简，在事件的叙述中穿插定价演变的过程，让读者理解不同管理诉求的原因和应对方法。在讲述方法时，尽量用较少的文字和大量图表的示意来完成经验的传递，给予读者直观的感受，以及充分的想象与理解。

本书的第 1 章可以看作华为定价管理的思想纲要，第 2 章是华为各个发展时期定价策略的实践展现，有助于读者加深对定价在企业发展过程中的重要性的理解。第 3 章是定价模型，运用场景化的案例讲述定价最重要的三个杠杆。第 4 章到第 6 章详细介绍了价格的驱动力如何在产品开发、销售和经营中发挥作用。任何有效的管理都需要一个组织来承接，因此在第 7 章中描绘了相对完整的定价组织的构成。第 8 章则介绍了华为从 B2B 到 B2C 的跨界融合过程中，产品定价面临的新机遇和新挑战。

"有效增长"是每个企业的发展目标，希望本书能抛砖引玉，为大家提供一个沟通交流的平台。在本书的写作过程中，我查阅了大量与华为有关的期刊、书籍、网络资料等，并与多位已经退休的华为老专家进行交流，在此对他们表示感谢。华为的案例非常多，每一个华为人都有属于自己的精彩，本书中的案例难免不够全面，如有疏漏之处还请读者批评指正。

搜集资料的过程也是我更进一步深入了解华为的过程，"伟大的背后都是苦难"是华为的真实写照，对华为所经历的苦难了解得越多，越由衷地敬佩任正非总裁的魄力，也越理解华为取得今日成绩的不易。在此祝福华为，也由衷地希望中国企业越来越强大！

陶华锋

目 录
CONTENTS

第1章 华为是一个功利集团 1

1.1 为客户服务是华为存在的唯一理由 3
1.2 商业活动的基本规律是等价交换 6
1.3 追求一定利润率水平上的成长 9
　　延伸阅读：资源是会枯竭的，唯有文化才能生生不息 13

第2章 价格策略，偶然还是必然 17

2.1 卖盒子的时代 18
2.2 真正的竞争 26
2.3 将价值构筑在软件与服务上 38

第3章 3C定价模型 48

3.1 客户在哪里 50
3.2 资源是有限的 58
3.3 领先竞争对手半步 62

第4章 价格的一级驱动：开发可行 67

4.1 IPD 的本质是从机会到商业变现 68
4.1.1 让大象能跳舞 69
4.1.2 从客户中来，到客户中去 72
4.2 价格是开发出来的 75
4.2.1 价格要素 76
4.2.2 价格的开发流程 84
4.2.3 目标成本管理 91
4.2.4 不一样的服务产品 97
4.2.5 生命周期的退与进 105
4.2.6 系列化定价 108
4.2.7 阶梯定价 112

第5章 价格的二级驱动：销售可控 118

5.1 让听得见炮声的人呼唤炮火 119
5.1.1 铁三角工作小组 120
5.1.2 "炮火"是有成本的 123
5.1.3 价格折扣授权模式 126
5.1.4 销售毛利率授权模式 130
5.1.5 授权包模式 136
5.1.6 价格授权与授责 137
5.2 现在和将来，短期和长期 141
5.2.1 1% 的价格意味着什么 142
5.2.2 避免直接降价 144
5.2.3 价格的预期管理 147

目录

5.2.4 面向客户的交易模式 151
5.2.5 长线产品要瞄准"制高点" 155
5.2.6 最后的决策 158

第6章 价格的三级驱动：经营可视 164

6.1 合规的才是真实的 165
   6.1.1 监管要以改进为核心 166
   6.1.2 收入划分多少是合适的 172
6.2 回归经营主航道 175
   6.2.1 围绕预算转 176
   6.2.2 价格的侵蚀效应 181
   6.2.3 价格预测 185
   6.2.4 小步慢跑提价格 196
   6.2.5 调整价格授权 199

第7章 定价组织 202

7.1 定价委员会 203
7.2 定价部门的职能角色 206
7.3 成为业务信赖的合作伙伴 210
7.4 定价系统 213
   7.4.1 流程 213
   7.4.2 数据 217
   7.4.3 集成 221
   延伸阅读：变革的目的就是要多产粮食和增加土地肥力 226

第 8 章　面向未来的定价管理 233

8.1　跨界融合 235
8.2　拥抱数字化 241
　　8.2.1　数字化产品 242
　　8.2.2　数字化运营 246
8.3　从 B2B 到 B2C 250
　　8.3.1　越来越多的优惠券 250
　　8.3.2　为什么隐藏折扣 256
　　8.3.3　价格"报酬" 264
8.4　构筑领先的商业模式 267

附录：缩略语表 269
参考文献 270

第 1 章

华为是一个功利集团

　　华为是一个功利集团，我们的一切都是围绕商业利益的。因此，我们的文化叫企业文化，而不是其他文化或政治。因此，华为文化的特征就是服务文化，因为只有服务才能换来商业利益。服务的含义是很广的，不仅仅是指售后服务，还包括从产品的研究、生产到产品生命终结前的优化升级，员工的思想意识、家庭生活……因此，我们要以服务来定队伍建设的宗旨。我们只有用优良的服务去争取用户的信任，从而创造资源。这种信任的力量是无穷的，是我们取之不尽、用之不竭的源泉。有一天我们不用服务了，就是要关门、破产了。因此，服务贯穿于我们公司及个人生命的始终。

——任正非

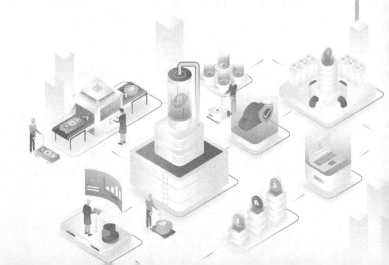

2004年12月8日，欧洲市场传来捷报，华为赢得荷兰运营商Telfort提供的价格超2亿欧元的3G项目订单。当时Telfort运营商的CEO Stegge是从爱立信公司出来的，当爱立信质问Telfort为什么选择华为时，Telfort的高管们反唇相讥，质问爱立信为什么对Telfort这种较小的运营商不重视。

华为始终相信，只有客户能养活华为，是华为发展前进的基石，其他任何第三方都不可能为华为提供资金用于生存和发展，所以，为客户服务是华为存在的唯一理由。只有服务好客户，客户才会将兜里的钱心甘情愿拿给华为，华为才有发展下去的基础。

荷兰是欧洲非常发达的国家，虽然当时只有1600万人口，但是人口密度相当大，所以移动市场非常火爆，拥有沃达丰、法电Orange、德电T-Mobile和荷兰皇家KPN等世界级的运营商。Telfort无论是在用户规模还是在研发实力上都处于劣势，而爱立信当时的精力主要放在几个大运营商身上。华为当时拜访并了解了Telfort的实际组网困难后，将问题反馈给总部，总部很快就给出了具有差异化竞争力的分布式基站的解决方案。相对于常规的解决方案，分布式基站解决方案可以充分利用原有的站点机柜，而且因为射频部分可以实现抱杆或挂墙，有力地减少了占地面积，给Telfort节省了大概三分之一的成本，最终Telfort向华为抛出了橄榄枝。

只有真正了解客户需求，了解客户的压力与挑战，并为提高客户竞争力提供满意的解决方案，本着从客户中来到客户中去的办事方法，客户才能与企业共同成长、长期合作。

事后，Telfort的CTO（首席技术官）对外界透露："大家都以为华为是以低价取胜，我可以实话实说，华为的价格并不是最低的，我们看中的是，华为可以快速响应Telfort的业务定制需求，从而帮助Telfort

更好地实现灵活的、差异化的竞争战略目标。"

企业获利的方式有很多种，但华为公司认为，赢得利润首先要赢得客户。这么多年来，华为一直在运营商市场不断深耕，急客户之痛点，不抛弃不放弃，在全球市场上成功斩获了一个又一个客户，逐渐形成了"为客户服务是华为存在的唯一理由"的企业文化。在 Telfort 项目中，华为没有盲目跟风，而是将客户的价值主张转化成客户化的产品或解决方案，然后提供给客户成功的产品或解决方案，从而帮助客户实现了价值与收益。产品是华为公司为客户服务的具体化交付，也是客户实现合理交易的载体，而华为公司通过交易获得应有的回报来继续为客户服务，整个过程形成了以客户为中心，以赢得客户、赢得利润、赢得发展的"三位一体"螺旋式前进为目标的商业模式。

华为公司倡导以客户为基础，为客户服务的文化，企业所从事的一切商业活动都是为了服务客户。华为提供领先的技术解决方案，帮助客户实现价值增长，在此过程中，华为追求合理的利润增长，目的是与客户保持可持续性发展，实现双赢。这恰恰是企业进行产品创新与开发的意义所在，因为只有这样，企业的产品才能被客户接受和认可，完成商业兑现。

1.1 为客户服务是华为存在的唯一理由

从企业活下去的根本来看，企业要有利润，但利润只能从客户那里来。华为的生存本身是靠满足客户需求，提供客户所需的产品和服务并获得合理的回报来支撑；员工是要给工资的，股东是要给回报的，天底下唯一给华为钱的，只有客户。我们

> 不为客户服务,还能为谁服务?客户是我们生存的唯一理由!既然决定企业生死存亡的是客户,提供企业生存价值的是客户,企业就必须为客户服务。因此,企业发展之魂是客户需求,而不是某个企业领袖。
>
> ——任正非

任何一家企业的生存价值和生存空间都只能通过市场竞争来攫取。市场是公平的,它将企业和竞争对手摆到客户面前,实现同台竞争;市场又是残酷的,企业必须取得为更多客户服务的机会,才能在竞争中立于不败之地。企业首先要生存下去,这是企业的最低目标,而企业生存下去需要的一切来自哪里?当然是客户。但并非所有的客户对企业的价值都是一样的,企业要致力于识别出有价值的客户,挖掘客户需求,并对其投入大量资源,更为关键的是要将客户需求落地实现,明确创造出客户需要并认可的价值,只有这样客户才会给予企业合理的回报,从而使企业建立起以客户为中心的生态体系。

客户不仅仅是销售部门服务的对象,在企业内部工作中,所有部门都要树立"为客户服务"的意识。华为公司非常重视各种客户关系的建立和维护,间接使用华为网络设备的用户是华为服务的对象,在客户机房中从事运维工作的人员也是华为服务的对象。华为将这种服务文化融入企业的方方面面,并将其作为一切工作的出发点与归宿。这种长期的服务意识的累积会产生自内而外的影响力,使企业树立起优良服务的品牌口碑,让客户提起华为首先想到的就是服务好,这无形中提升了华为的竞争优势,即用服务赢得客户。

新产品的研究同样需要强调客户服务,追求客户满意度。任正非曾表示,华为的客户不仅仅是运营商,还包括最终使用产品的消费者客户。华为要与运营商一起实施最优的解决方案,只有运营商客户满意了,我们才能获取更多利益。因此，企业在进行新产品的研究时，一是要以客户价值观为导向，不能简单地以技术为导向；二是要保持技术的持续领先，强化为客户服务的意识，不能偏离客户需求，否则开发出来的产品早晚会被市场淘汰。

华为当年在 NGN（下一代网络）推广的过程中就栽过跟头，而且摔得头破血流。当时华为以自己的技术路标为出发点，认为这是一种更先进的技术，因此并没有把运营商的需求当回事，反而是反复去说服运营商接受自己的技术，最终在中国电信的选型过程中被淘汰出局，连一次试验的机会都没有得到。即便后来华为公司高层管理者多次去北京沟通，仍然没有得到一个开试验局的机会，即使给出以坂田的基地作为试验局的条件也没有获得同意。以自我为中心，偏离了客户需求，使企业最终付出了沉重代价。客观地说，技术只是一个实现客户需求的重要工具，但不是唯一的工具，重点是要将技术转化为商业价值。

很多企业都认可"以客户为中心"的理念，但在实际的经营和管理过程中却经常被利益所驱使，做不到始终如一。华为长期坚持在研发上进行大规模投入，将销售收入的 10% 以上投入研发，放弃了许多的外部诱惑和机会。2019 年华为研发费用达 1317 亿元，占全年销售收入的 15.3%，近十年投入研发费用总计超过 6000 亿元。华为这样做的目的，就是集中资源在电子信息领域，提升核心竞争力，持续地为客户提供优质服务。

哈佛大学曾做过总结，华为公司之所以能够在国际竞争中取得胜利，最重要的一点是"通过非常贴近客户需求的、真诚的服务取得了客户的信任"。为客户服务是华为存在的唯一理由，也是华为生存下去的基础。

1.2 商业活动的基本规律是等价交换

> 商业活动的基本规律是等价交换,如果我们能够为客户提供及时、准确、优质、低成本的服务,我们也必然获取合理的回报,这些回报有些表现为当期商业利益,有些表现为中长期商业利益……
>
> ——任正非

万物运行皆有规律。商业活动作为一种非常重要的市场行为,同样也有自己的运行规律,那就是等价交换。不管是宏观的社会经济问题,还是微观的企业定价工作,都不能脱离这个基本规律。

马克思在《资本论》中说:"商品是用于交换的劳动产品,具有使用价值和价值二重属性。"商品的出现是生产力发展的结果,劳动者创造的产品不仅能够满足自己的需求,还出现了剩余,于是人们尝试交换自己的剩余产品。刚开始的商品交换非常简单,交换地点距离近、可交换商品数量少,假设一只羊的价值等同于一头猪的价值,那么两件商品的所有者就可以拿它们直接交换。

随着商品越来越丰富,流通区域越来越广泛,商品交换也不断得到发展。在这个过程中,充当一般等价物的商品经过长期的选择,最终集中到黄金和白银等贵金属身上,货币由此产生。当一切商品的价值都用金银(货币)来表现时,就出现了价格。

由此可见,价格是嵌在商品中的,是生产商品所付出的劳动力价值的对外货币体现。通常认为价值(特别是劳动力价值)是价格形成的基础,并且认为价格围绕价值上下波动。价格与价值偏离是经常的、绝对的;价格与价值一致则是相对的、偶然的,这是由价值规律所决定的。

按照价值规律的要求，商品交换必须以价值为基础，实行等价交换。价值规律的这种"内在动力"作用于商品生产和商品交换，就表现为对价格的强制牵引力，从而迫使价格在形成过程中不断趋于价值，并且离不开价值这一轴心，如图1-1所示。

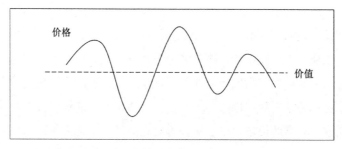

图1-1 价格围绕价值波动的曲线

在现代市场经济学中，价格一般是指进行买卖交易时购买者需要付出的货币的数量。随着市场竞争的发展，价格不再仅仅是劳动力价值的货币表现，还具有了反映市场的供求变化、客户认可度等功能。

例如，现在市场上充斥的优惠促销活动，实际上就是供过于求导致生产过剩的表现，所以很多商品价格只能一降再降，直至行业放弃这个产品或出现新的替代品。与之相反，生产力或生产工具先进的企业，能够生产出更具代表性的劳动产品，体现为产品拥有更高的科技含量，成本低、性能好。先进的科技能够引领整个行业发展前进，优先使用先进科技的企业会使产品更具竞争力，从而在整个行业中脱颖而出，受到市场的追捧，获得客户的认可，实现差异化的"溢价"能力，并能够从售价中赚取更多的利润。而企业可以利用这些资金进行下一代技术的研发，形成技术和市场的双轮驱动，带动整个企业良性发展，成为行业领军者。

遵循市场的自然规律是企业生存下去的充分必要条件。任正非在《活下去，是企业的硬道理》一文中提出：

企业要一直活下去，不要死掉。作为一个自然人，受自然规律制约，有其自然生命终结的时间；作为一个法人，虽然不受自然规律的约束，但同样受到社会逻辑的约束。一个人再没本事也可以活 60 岁，但企业如果没有能力，可能连 6 天都活不下去。如果一个企业的发展能够顺应自然法则和社会法则，其生命可能达到 600 岁，甚至更长时间。

等价交换有利于客户和企业双方的可持续发展，企业如果进行没有价值的创新，就会在市场中遭到客户的拒绝。创新要对准客户需求，客户不会为不需要的产品埋单。在等价交换中，交换的不仅仅是"劳动价值"，更是劳动者的"创造价值"。"创造价值"能够提升产品价值，使产品取得较高的市场价格，从而提升企业的竞争能力。在这样的一种"赛场"中，企业间会竞相展开先进技术的研究，目的就是希望带给客户更多的价值，然而唯有持续投入研发的企业，才能满足客户不断变化的需求，带给客户价值增长，形成快人一步的优势，从而达到与客户共赢的状态。

等价交换不是利润最大化的代名词，而是华为公司活下去的最低要求。华为是一个商业集团，"求得"是商业集团的社会责任和目标。集团内部同样要遵循相同的价值观，每个产品都要突出对客户的价值，倡导商业成功。很多企业为了抢占市场不断地"烧钱"，貌似带给了客户便宜，实则违背了商业的基本原则，一旦没有了资本输入，就很容易失去生存能力。

华为也是在经历了创业初期低价带来的深刻教训后才领悟的，随意践踏价格是对市场的不尊重。在市场的寒冬中，能够存活下来的企业都是靠优质的产品和服务的，因为这是客户最根本的要求。同样，企业赚了客户的钱，作为等价交换，企业就一定要把客户服务做好，成就客户就是成就企业自己。不管是从语音时代到宽带时代，还是从宽带时代走向信息时代，世界范围内的竞争者越来越多，华为唯有围绕客户、尊重市场，才能一步一步地走到今天，没有谁能随随便便成功。

1.3 追求一定利润率水平上的成长

> 核心价值观的第一条是解决华为公司追求什么。现在社会上最流行的一句话是追求企业的最大利润率，而华为公司的追求是相反的，华为不需要利润最大化，只将利润保持在一个较合理的尺度。
>
> ——任正非

企业发展如逆水行舟，不进则退，创造可持续的利润对每一家企业来说都是生死攸关的大事。没有利润，企业会逐渐失血死亡，而价格是影响企业利润最直接的因素。企业不应该支持短期利润的最大化，而应尽最大努力优化定价管理，进而实现长期的可持续的利润。

竞争是市场永远的主旋律，但刻意的低价、低利润是在破坏行业的良性发展。如果利润太低，就无法吸引优秀的竞争对手参与到这个行业中，而优秀的竞争对手是企业发展前进道路上的良师益友。如果利润太低，企业也无法吸引优秀的人才加入公司，而人才是企业创新的原动力。公司如果缺乏人才更替，组织机能会逐渐老化而失去创新能力，最终导致企业失去生存能力，这不是一种良性循环。正如任正非在《华为的红旗到底能打多久》中所说：

我们通过保持增长速度，给员工提供了发展机会；公司利润的增长，给员工提供了合理的报酬，这就吸引了众多优秀的人才加盟到我们公司来，然后才能实现资源的最佳配置。只有保持合理的增长速度，企业才能永葆活力。

对任何一家企业来说，发展才是硬道理，只有发展才能成长，客户才会继续选择你，"追求一定利润率水平上的成长"是华为的发展要求。企业要实现一定利润率水平上的成长，就意味着当期看财务指标，中期看财务指标背后的能力提升，长期看格局及商业生态环境的健康状况、产业的可持续发展等。

■ **当期看财务指标**

当期的财务指标由许多大大小小的销售项目组成，特别是新增项目。产品销售价格的高低会直接体现在各项财务指标上，因此，企业需要营造追求一定利润的良好销售氛围。

首先，企业要培养销售人员的产品价值观，从客户的视角进行销售，深入挖掘客户价值和痛点，确保所提供的产品或解决方案能够为客户带来收益，而不是仅仅将产品兜售给客户，完成销售业绩。

其次，树立正确的产品价值观可以使员工自觉维护公司产品的价格水平，保持合理的盈利，树立价格的权威性。要让员工明白，不论遇到什么竞争困境，公司都会和自己站在一起，共同解决问题，而不至于用低价来向管理层施压。

最后，树立正确的产品价值观可以让任何接触客户的人员在面对商业谈判时更有底气和信心，同时还可以避免销售人员只关注销售额而忽视销售利润。

■ **中期看财务指标背后的能力提升**

财务指标是业务活动的财务语言表达，是企业已有资源配置利用率的表征。资源的有限性导致很多企业实际上处于一种饥饿状态，唯有能力提升，才能在现有的企业资源下实现有效增长。

预算是基于企业组织目标的过程控制活动，通过对企业内外部环境的分析，在科学的生产经营预测与决策基础上，用货币和实物等多种形态反映企业未来一定时期的投资、生产经营及财务成果等一系列的计划和规划。

预算不是简单罗列在纸面上的财务会计数据，而是通过财务语言表达出来的企业的各种业务活动，是企业资源配置的财务表现。战略规划与预算是一种互动的关系，年度预算是战略规划的近期分解和承载。

预算要立足现在，着眼未来，以追求一定水平的利润作为预算的目标利润，采取自上而下与自下而上的互锁机制，秉承以客户为导向，以销售为起点来进行预算编制。

预算要充分调动各个业务部门，让公司了解业务部门的职责，让业务部门了解公司的要求。要激活组织活力，上下对齐目标。企业要想获得更多的利润，一方面应加强为客户服务的意识，获取更多的市场，另一方面要提高运作效率，苦练内功，降低开发成本、缩短开发周期，保持艰苦奋斗的精神。

聚焦主航道，才能使资源发挥出最大价值。如果在没有价值的项目上浪费过多资源，企业就不会实现预期目标。什么都做，可能最后什么都做不好，因此需要将资源调配到公司最需要的地方去。

在预算控制管理过程中要关注利润目标的达成情况，及时根据业务表现调整经营方向，以企业目标实现与否、投入产出是否最佳为目的，实现预算的约束和激励作用。价值项目和价值客户是企业实现利润持续增长的重要因素，要坚持"有所为，有所不为"的路线，保持企业聚焦于主航道前进，避免处处创新，减弱企业主攻方向的力量。任正非对于主航道要求如下。

我们的发展战略是集中力量于电子信息领域，其他领域我们不涉足。所以我们开发的很多产品和技术，实质上还是围绕一个核心技术和核心产品。如果从事我们不熟悉的和不拥有资源的领域，华为公司是非常危险的。我们只要求拥有产品的核心技术，我们不能什么都做……我们就将重点放在主要客户的方向上，主要客户的方向变了，我们要跟着进行调整。

■ **长期看格局及商业生态环境的健康状况、产业的可持续发展**

企业要从长期的可持续性发展的要求出发，追求一定利润率水平上的成长。良好的商业生态环境能够给整个产业创造一个优胜劣汰的筛选机制，倡导以质取胜的竞争环境，维持利润的低水平运转，促使各个企业提高创新能力；让企业明白任何想进入这个行业的玩家都得做好"板凳要坐十年冷"的心态，而不是通过低价拼杀的手段急功近利，破坏市场秩序；行业内企业需要达成共同维护健康稳定的商业环境的默契，主动维护各方利益，紧紧围绕企业核心竞争力来运作。企业不要为短期利益所动，追求短期利益虽然有可能获得一时的利益或机会，但持续有效的增长才是企业不断前进的有力支撑。

华为公司一贯主张追求合理的利润，因为纯粹以利润最大化为目标会挤压客户或合作伙伴的利益空间，导致企业失去生存基石。未来的竞争是整个产业链的竞争，企业要迈向全球，必须敞开胸怀，将上游的供应商、中间的合作伙伴和下游的客户都看作自己的优质资源，实现利益分担，共同发展。

既然企业资源是有限的，就要进行合理的资源配置，将优势资源向更有价值的客户和合作伙伴倾斜，协调各业务部门持续改善经营，寻找和发现目标价值最大化的途径，即实现最优资源配置。合作伙伴和客户掌握着更多的资源，市场最终是由他们决定的，而且他们对行业发展有更深的理解，只有和他们展开合作，企业才能提升核心竞争力。任正非曾明确表示，未来华为的成功取决于两点，一是组织的能力与活力，二是商业生态环境。他说：

现代企业竞争已不是单个企业与单个企业的竞争，而是一条供应链与其他供应链的竞争。企业的供应链就是一条生态链，客户、合作者、供应商、制造商的命运在同一条船上。只有加强合作，关注客户、合作者的利益，追求多赢，企业才能活得长久。

资源是会枯竭的，唯有文化才能生生不息

——任正非于1997年在春节慰问团及用服中心工作汇报会上的讲话

人类所占有的物质资源是有限的，总有一天，石油、煤炭、森林、铁矿……会被开采光，唯有知识会越来越多。中国是一个资源贫乏的国家，而又人口众多，人均占有资源在世界上最少，当然她的出路党中央已提出"科教兴国"，以此提高全民族的素质和基础，同时强调要深化管理，使知识产生价值，以创造民族的财富。以色列这个国家是我们学习的榜样，它说它什么都没有，只有一个脑袋。一个离散了20个世纪的犹太民族，在重返家园后，在资源严重贫乏、严重缺水的荒漠上创造了令人难以相信的奇迹。他们的资源就是有聪明的脑袋，他们是靠精神和文化的力量，创造了世界奇迹。

华为公司有什么呢？连有限的资源都没有，但是我们的员工都很努力，拼命地创造资源。真正如《国际歌》所述的，不要说我们一无所有，

我们是明天的主人。"从来就没有什么救世主，也不靠神仙皇帝，全靠我们自己"。八年来的含辛茹苦，只有我们自己与亲人才真正知道。一声辛苦了，会使人泪如雨下，只有华为人才真正地理解它的内涵。活下来是多么的不容易，我们对著名跨国公司的能量与水平还没有真正地认识。现在国家还有海关保护，一旦实现贸易自由化、投资自由化，中国还会剩下几个产业？为了能生存下来，我们的研究与试验人员没日没夜地拼命干，拼命地追赶世界潮流，他们有名的垫子文化，将万古流芳。我们的生产队伍，努力进行国际接轨，不惜调换一些功臣，也决不迟疑地坚持进步；机关服务队伍，一听枪声，一见火光，就全力以赴支援前方，并不需要长官指令。为了点滴的进步，大家熬干了心血，为了积累一点生产的流动资金，至今98.5%的员工还住在农民房里，我们的许多博士、硕士，甚至公司的高层领导还居无定所。一切是为了活下去，一切都是为了国家与民族的振兴。世界留给我们的财富就是努力，不努力将一无所有。

华为是一个功利集团，我们的一切都是围绕商业利益的。因此，我们的文化叫企业文化，而不是其他文化或政治。因此，华为文化的特征就是服务文化，因为只有服务才能换来商业利益。服务的含义是很广的，不仅仅指售后服务，从产品的研究、生产到产品生命终结前的优化升级，员工的思想意识、家庭生活……因此，我们要以服务来定队伍建设的宗旨。我们只有用优良的服务去争取用户的信任，从而创造资源，这种信任的力量是无穷的，是我们取之不尽、用之不竭的源泉。有一天我们不用服务了，就是要关门、破产了。因此，服务贯穿于我们公司及个人生命的始终。当我们生命结束了，就不用服务了，因此，服务不好的主管，不该下台吗？

今天听到春节慰问团的工作汇报及来自前方服务人员的心灵呼喊，令我们人心颤抖。八年来，我们初期的产品水平不高，质量也不好，学生研究的产品，散布在中国960万平方公里的土地上。而我们今天市场这么好，用户这么信任我们，是一俊遮百丑。用服中心的员工们，用青春和心血铺就了华为成功的道路。不管冰天雪地、赤日炎炎，在白山黑水、在崇山峻岭中，没有日夜的概念，终年奔波在维修、装机的路上，用户的需要就是命令。严冬由于雪堵死了道路，一困7~8小时坐在零下二十多度的车上，烈夏挤在蒸笼般的超载的长途车中，大年三十爬上高高的铁塔，为了维修我们在研究、生产中的一点点小小的疏忽；当我们坐在温暖的办公室内，他们却因为赶不上车，在车站外面徘徊；当我们一遍遍受到培训，增加晋升机会，他们却因公司发展太快，服务工作跟不上，一直待在远离公司的地方，一待就是两年没有回来一次；当我们与家人团聚，他们在远离公司的地方，坚守岗位。不站好这班岗，哪有市场。他们不断地守着我们早期有故障的产品，不敢停歇一会，以确保公司信用，在新技术方面跟不上公司的发展。当他们打电话向公司求援时，却受到"明白人"的斥责，说他们水平不高。我们这个时代最崇高的是责任心，最可贵的是蜡烛精神，他们照亮了公司，消耗了自己。多么伟大的人格，多么高尚的情操，当我们获得辉煌时，他们仍然像萤火虫一样默默地发光。不管您知道不知道，他们消耗毕生的精力与心血，是闪着您成功的五彩缤纷时，不曾注意的微光。

经历了千难万苦，磨炼了多少宝贵的干部资源，我们要重视培养他们，造就我们事业的中坚力量，在任人唯贤与任人唯亲相结合的干部制度下，造就一个融合的管理队伍的团队。我们说的任人唯亲是指认同华为文化，而不是指亲属。对拥有专业技术的新员工，我们要团结爱护他们，放在一定的岗位上使用，而不因暂不具有华为文化而歧视他们。

公司要坚定不移地贯彻做实精神，号召一切员工都要向用服中心学习。土夯实了一层，再撒一层，再夯。只有这样我们才能不断地造就资源，实现可持续发展。要把精益生产落到每一个员工、每一个环节、流程,落实到我们每一个思维、每一个动作。如果我们这样做,就能像以色列一样在贫乏的资源上建立起辉煌。

不要把学习英雄停留在口头上,要真正用心去学习。用服中心员工向我们展示的是什么呢?就是最具代表性的华为文化,只有它才会生生不息,把我们带向繁荣。

不要说我们一无所有,我们有几千名可爱的员工,用文化粘接起来的血肉之情,它的源泉是无穷的。我们今天是利益共同体,明天是命运共同体。当我们建成内耗小、活力大的群体的时候,当我们跨过这个世纪形成团结如一人的数万人的群体的时候,我们抗御风雨的能力就增强了,可以在国际市场的大风暴中去搏击。我们是不会消亡的,因为我们拥有我们自己可以不断自我优化的文化。

第2章

价格策略，偶然还是必然

　　有些事情，现在看来非常稀松平常；有些成功，现在看来非常不值一提，但是如果回到当时，那些成功远非我们想象的那么简单。成功有一定的偶然性，但也有更多的必然性。从偶然的代理到必然的自主开发交换机，从偶然的国内市场的成功到必然的走向国际舞台，这个过程中既有通信市场的发展变化，也有华为公司砥砺前行的雄心壮志。

　　价格是实现交易的纽带，企业众多的管理活动中，唯有价格能将产品开发和销售衔接起来。直到现在，价格仍是客户利益诉求的重要表达。

价格策略不是一开始就有的，特别是在公司创立之初。华为创立之初从事交换机代理商生意，因为当时市场不开放、信息不对称，所以只需要将市场上相对畅销的交换机从香港以低价买进，然后高价卖到内地客户手中，就能赚到钱。当时，华为作为一个只有6个员工的小公司，能够填饱肚子就满足了。但是历史没有就此停滞不前，当华为一只脚迈进通信市场的大门，开始自主开发时，一系列问题立马涌现出来。面对未知市场，应该制定什么价格？怎么向客户报价？怎样才能赢得销售机会？

在达沃斯论坛上，任正非回顾了早年创业时销售通信产品的真实想法。刚开始时，华为的思路就是"卖便宜点，多卖点"。但随着技术和创新的积累，以及全球化的推动，华为已经完成了从低价到高价、高质量的转型。2018年华为全球收入达7212亿元，在世界500强中已跃至第72位。正如轮值CEO徐直军在年度定价工作会议中所说："华为这么多年的发展离不开定价策略的有力支撑，我们需要继续加大业界先进定价管理理念的引进，不断地学习。"

2.1 卖盒子的时代

1999年伊始，中国移动从中国电信分拆的消息不绝于耳。这一年，华为虽然最终拿下了120亿元的销售额，但距离年度销售目标160亿元还有一段较大的距离，而彼时的程控交换机市场由鼎盛走向衰落，数据通信逐渐成为运营商的主流业务。这一年，华为的IPD（集成产品开发）改革也进入了深水区，质疑声此起彼伏。这一年既有内忧，又有外患，但对华为来说不是最难的一年。

进入2000年，狂欢多年的IT市场仿佛是在一夜之间轰然倒塌。纳斯达克网络类股票暴跌 50%，濒临崩盘，硅谷上万家 IT 企业宣告破产，IT 泡沫在一片哀号中破灭，没想到一切来得如此迅猛惨烈。由于 IT 企业与通信设备制造商、电信运营商有着千丝万缕的关系，这种影响也波及了电信市场，使得本来就基本饱和的中国电信市场处于半停滞状态。电信市场饱受重创之下，华为也未能幸免，进入了寒气逼人的"冬天"，企业高速发展至此告一段落，再回首已是沧海桑田。

华为诞生之初正处于中国电话开始普及之时，市场需求巨大。任正非在答 BBC 记者提问时说，那时可能不止几百家公司，华为能够生存是因为中国庞大的市场实在太供不应求了，就连落后的产品都会有人购买。早期的华为是一家倒买倒卖交换机设备的"二道贩子"公司，作为香港鸿年公司的代理，华为选择了非常畅销的香港 HAX 交换机，将其倒卖给国内县级邮电局和乡镇、矿山企业等。任正非的军旅生涯使他的思想受计划经济影响很大，所以他一开始采用了一种原始的成本加成的定价策略，公司通过低价买进、高价卖出的方法赚取差价。因为当时基本没有什么竞争压力，巨大的市场需求使得华为赚到了第一桶金，华为也与这些"铁盒子"在相当长的时间内结下了不解之缘。

■ **成本加成定价**

成本加成定价法作为一种原始的定价方法，容易被企业理解，它是一种完全从产品成本出发制定价格的策略，不论是在生产性企业还是在服务性企业中应用都很普遍。其基本公式如下。

（1）价格 = 定价成本 ×（1+ 加成系数）
（2）价格 = 定价成本 /（1-目标毛利率）
（3）价格 = 定价成本 + 目标毛利

但在随后的几年中，中国的通信市场出现了逐渐向外商和品牌制造商倾斜的迹象。这一时期的华为一方面复制市场上类似的交换机，虽然这样做并没有占什么优势，但在市场放开的情况下拥有大量商机，所以在销售利润上也算可观；另一方面在此基础上进行自主创新，期望跟上技术更新的步伐。新产品开发出来后，在制定价格时，对于要追求多少毛利率，华为做得非常保守。因为当时的华为还没有摆脱小作坊的名号，通常在粗略计算成本后直接拍一个加成比例计算价格，也并不知道这样的价格是否会被客户认可。所以当BH03用户交换机投入市场后，华为的整个团队寝食难安，不知道销售如何，也不知道用户反馈以及市场反应，一直不敢掉以轻心。

成本加成定价是一种相对保守的定价策略，以尽快销售作为价格牵引。其通常是取一个最低的目标毛利率，即在大致考虑市场或基本不考虑市场的前提下，减去公司应该补偿的成本后，还能获得的利润。如果定价再低，公司就不能从该产品中获得收益；而如果定价太高，则可能会严重偏离市场。

就这样，华为在自主品牌交换机的道路上开始了摸爬滚打。借助之前的成功经验，华为逐渐增加了信心，不再满足于用户交换机，在现有市场盈利的基础上，冒险进入局用交换机市场，想去赢得更大的市场，于是JK1000诞生。但是这种身上仍然明显带有其他品牌影子的产品表现并不尽如人意，并没有达到预期的销售目标，华为实际上处于亏损状态。

这次销售失败的客观原因是，在那个年代，由于国家工业基础和技术基础比较薄弱，华为没有足够的资源在市场上耕耘，在市场上的竞争力非常有限，往往当他们下定决心投资某种产品或技术时，市场却先它一步向前发展了。企业反应滞后于市场，是当时很多私营企业的发展困境。主观原因是成本加成定价策略在运用过程中表现出来的弊端，即在没有确定产品价格时，就决定了将要销售的数量和将要服务的购买者。中国通信市场的发展已经远远超出了华为的预期，市场提出了更高的要求,而当时的华为并没有觉察到市场已经转向。显然在这一次定价中华为过于乐观地评估了市场需求数量,在市场不景气的情况下,这种定价策略没有使华为达到预期利润目标。

对于自主开发产品的企业,管理者希望通过成本加成定价策略先收回投入的成本,然后在此基础上获得部分利润,因此需要对市场需求数量进行假设预测。在销量既定的条件下,产品的价格必须达到一定的数值才能做到收支相抵。这个既定的销量就被称为盈亏平衡点,盈亏平衡点又称保本点、零利润点,公式如下:

$$盈亏平衡销售价格 = \frac{固定成本 + 变动成本}{既定销售数量}$$

盈亏平衡的成本加成定价策略融合了投入收益分析,对市场把控能力的要求也相应提高,如果在上述公式的分子的基础上再加一个"目标毛利数值",则盈亏平衡价格就变为"目标毛利价格"。

1994年,华为推出了首款数字交换机C&C08 2000门数字交换机,可以说,它是华为历史上浓墨重彩的一笔。紧接着是实现重大技术跨越的C&C08万门数字交换机开发成功。C&C08系列交换机的出现改变了中国交换机厂商基本依靠模仿的发展形态,让众多厂商意识到自主品牌也可以得到市场认可。C&C08的成功使得华为有了更多与对手竞争的机会。即便如此,当时处于"七国八制"下的中国通信市场,基本上被外商企业长期盘踞,他们凭借领先的技术,以高额的价格获利,在他们的围剿之下,民族企业发展非常艰难。

生态学上有个"高斯法则":一个物种,只有它所掌握的技能至少有一项超越其敌人的时候,它才可以生存下去,如跑得更快,或者跳得更高,或者能上树,或者善隐藏……产品也是一样,没有独特的价值塑造,客户凭什么买你的产品?

接二连三的失败和挫折,加上市场的环境打压,让华为意识到单纯的努力和付出不一定会得到好的效果，必须开发出更吸引客户的产品。在那个时期，多数企业受制于技术瓶颈，无法突破外国企业的垄断，为了能够在市场上活下去，只能选择低价策略，这是当时中国企业普遍的困局。

虽然企业最终要靠技术和产品说话，但是在一定的时期内，低价还是能够俘获一些小市场的客户的。为了配合这种策略的实施，任正非反复研究当时中国通信市场的现状，提出了"农村包围城市"的战略。大中城市虽然利润丰厚，但是基本被国际通信厂商占领，如果直接与之正面交锋，华为本身没有太多的技术优势，很难引起客户的注意。而农村市场和一些中小城市由于经济发展水平有限，无法承担太多的费用，对于那些想赢得更大利润的国际通信巨头来说，农村市场的利润太薄，但这却给了华为生存壮大的机会。华为要赢得市场份额，就必须在价格上打出优势，吸引农村市场的关注，因此华为的交换机设备价格非常便宜，其服务甚至免费，这对于一些不发达地区有非常大的吸引力。

这种低价策略是一种赤裸裸的、直接的价格竞争，拼的是自身的成本优势。渗透定价是对这种直接价格竞争的形象描述，如图2-1所示，目的是夺取市场占用率，通过控制市场来加强定价权，从而获取市场收益。其具体做法是在产品上市初期，制定低于市场价很多的价格，形成巨大的价格差感知，让客户欣然接受，从而迅速打开市场并提高市场占用率，然后一步一步侵占竞争对手的市场份额。

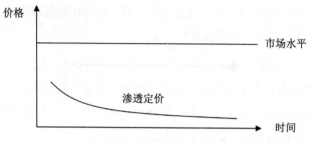

图 2-1　渗透定价价格变化曲线

例如，在与朗讯交换机进行市场竞争的过程中，华为公司了解到朗讯的报价一般是 300 美元/线，而华为将报价压低到 80 美元/线。面对这样的低价，朗讯颇为头疼，华为公司内部也出现了质疑的声音，因为华为的利润几乎被压为零，这无疑是伤敌一千自损八百。但这是唯一和朗讯竞争的机会，华为不存在其他的优势，只有相对较低的人力成本优势。朗讯采用高端技术，因此人力、技术投入都非常大，不可能采用低价策略，而华为的研发成本较低。对于普通用户，技术先进固然很吸引人，但低价格的大众产品同样能够满足用户日常需求。

市场困境被打开，华为交换机的技术越来越好，外商技术优势逐渐被削弱，而且产品价格也开始下降。国内交换机的价格从原来的 400 美元/线降到了 100 美元/线，打破了国内市场被外国厂商长期垄断的局面，国内市场也逐渐被激活，为华为转型奠定了基础。

"卖盒子"时期的华为，基本还处于"活下去"的阶段，相比国际市场优胜劣汰的竞争法则，属于"计划法则"，一直局限在"兜售"的生存模式中，产品价格策略以成本导向为主。

■ **成本加成定价法解析**

成本加成定价的活动路径，简单理解即企业的活动目标是"做我们能做好的事情"，赋予产品一个价格，然后开始不间断地在市场中进行投放，以期达到将产品销售给客户的目的。但这样的处理方式忽略了产品价值和客户需求，其活动路径如下。

价格 ●──────────────▶ 客户

成本加成定价直到现在仍然有它的应用之地，如以下几种场景。

（1）在大宗交易市场中的倒手赚差价的生意，通常在简单核算成本后直接加上利润空间，目的是尽快促成这单生意。

（2）生产的产品不具备竞争力，在产品上市前先假设能够销售的数量，然后反推企业希望的毛利，最后获得每个产品的加成系数。

（3）针对一次性应用而设计或制作的定制产品或服务。如电信设备的安装交付服务，企业定制软件的设计开发等，场景具有多样性。鉴于它们的一次性特征，所以基本不存在有效的市场参考点，难以进行恰当的价格制定。而且一般来说，这种产品或服务通常是客户基于招标的方式采购的，客户会有自己的成本诉求。基于这些难点，对于这种定制化产品或服务，可以采用基本的成本加成定价方法。

对于这些应用场景，成本加成定价不失为明智之举。但问题也恰恰出在这里，他们往往陷入一种"自我逻辑"中。试问，目标毛利率为什么不能提升一个点？毕竟在这个利润越来越薄的时代，1%的争取也是有必要的。但现实又有实际需求，这也是成本定价的一个痛点。有没有一种相对合理的处理目标毛利率的方法呢？其实对企业来说，这是一项充满挑战的工作。

这里介绍一种计算目标毛利率的方法，该方法不是放之四海而皆准的万能公式，但其原理可以参考使用。预算通常是一个公司战略规划的执行落地，销售预算则是由一单一单销售出去的产品汇聚而成。也就是说，销售预算是在战略分解下综合考虑了市场等竞争因素后给出的企业目标，这相当于给了产品目标毛利率一个参考点，即产品销售的毛利率要趋于销售预算毛利率，销售预算毛利率以此为基础进行细化分解，如

图 2-2 所示。

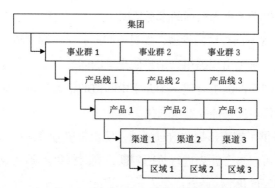

图 2-2　销售预算毛利率分解示意图

每个经营单位都有相应的销售要求，包括销量和目标毛利率，同时每个经营单位对自己的销售负责。图 2-2 仅是销售预算毛利率的分层示意，实际操作中顺序可以颠倒，但是下层目标要体现上层意志，同时根据实际情况做出微小调整，通过自上而下的分解和自下而上的汇聚来进行每个层级的互相校验，最终取得一个相对准确的平衡。分解后的目标毛利率会形成多张二维表，从这些二维表中可以得到不同视角下的目标毛利率要求信息，如图 2-3 所示。对这些二维表进行分析有助于快速制定价格，而且在年度工作回顾中，可以对应此表迅速查找定价策略中未达标或已经达标但是存在短板的地方，以便在此基础上提出改进措施。

图 2-3　不同视角下的毛利率二维表示意图

这样操作的好处是可以对产品实现精细化管理，具体体现在以下几个方面。

（1）避免过去"一刀切"的目标毛利率形式，给成本加成定价方法的加成部分提供了更为精确的参考依据。

（2）实现不同维度的管理，如对不同产品、不同渠道、不同区域或客户的管理，避免出现因组合销售而掩盖的问题，如一个高毛利率产品和一个低毛利率产品组合成一个介于中间值的销售单位。而细分有利于明确目标责任，使整体收益最大化。

（3）提供了销售依据和改进基础，使销售更有灵活性。管理者在评审决策时，可以参考此表进行价格判断，同时根据实际完成情况不断地对其进行刷新优化。

（4）实现IT管理，提高价格制定效率。如果配合记录每次销售结果，还可以快速地进行交易分析，有利于快速识别问题，提出改进措施。

2.2　真正的竞争

华为国际化最初的目标只是想"过冬"，任正非认为只有国际化才能继续"活下去"，并鼓励员工说：

我们如果不经过一个冬天，我们的队伍一直飘飘然是非常危险的，华为千万不能骄傲。所以，冬天并不可怕。

为此，华为一直苦练内功，准备迎接一场真正竞赛的到来。首先是俄罗斯市场，然后是印度市场、巴西市场、非洲市场、中东市场……2003年，华为销售收入从负增长攀升至38亿美元，华为走出冬天，迎来春天。在回顾这段往事时，有企业老板向任正非抛出这样一个问题："老任，你们靠低价战术怎么在全世界获得这么大的成功？"任正非摇摇头说：

第2章 价格策略，偶然还是必然

你错了，我们不是靠低价，是靠高价。在欧洲市场，价格最高的是爱立信，华为的产品平均价格低于爱立信5%，但仍旧高于阿朗、诺西5%～8%。

其实在早期国际化阶段，华为还是部分沿用之前的低价策略，普遍以低于竞争对手25%的价格报价，这也是不得已而为之。正如任正非所说：

当我们走出国门拓展国际市场时，放眼一望，所能看得到的良田沃土，早已被西方公司抢占一空。只有在那些偏远、动乱、自然环境恶劣的地区，他们动作稍慢，投入稍小，我们才有一线机会。

这些区域通常指的是一些发展中国家，竞争相对偏弱。例如，当年INQUAM在葡萄牙移动市场上的竞争力非常有限，缺少投资，运营能力也较差，属于典型的低端细分客户。葡萄牙拥有"度假天堂"的美誉，每年前来旅游的人非常多，但是当时游客却无法接听CDMA电话，INQUAM认为这是一个很好的机会，希望建设CDMA网络，以此来寻找新的利润增长点。

华为并没有采用欧美设备商高举高打的拓展大客户的方式，而是从客户实际需求出发，提供的CDMA450解决方案，不仅网络覆盖范围广，而且可以同步实现国际漫游、同步聊天和无线公话等业务。华为还针对INQUAM设计了非常有竞争力的商务方案，使华为在与北电、朗讯等巨头的竞争中脱颖而出，帮助INQUAM实现了盈利，华为也通过这个样本点逐渐向其他周边国家市场渗透。

但华为也吃过不少低端价格竞争的苦头。价格定得低，很容易遭遇反倾销、贸易不合规的指控，这样一来损失也是很大的。例如南斯拉夫邮电部的项目，当邮电部管理层提出报价要求时，华为竟然提供了低于正常价30%的价格。如此低价，使客户非常愤怒，认为这是一场商业陷阱，因此直接选取了报价高于华为的阿尔卡特。而印度市场则以"反倾销"

策略打压华为低价竞争，2009年华为被征收了50%的反倾销税。相比之前，华为后来虽然也采用了低价竞争策略，但这个低价是在能够盈利的基础上，而不是早期的那种短视的价格拼杀。亏本的生意不能久做，否则在伤害对手的同时，也可能把自己逼死。任正非也在公司内部讲话中不停地强调：

在海外市场拓展上，我们强调不打价格战，要与友商共存双赢，不扰乱市场，以免西方公司群起攻之。我们要通过自己的努力，通过提供高质量产品和优质的服务来获取客户认可，不能由于我们的一点点销售来损害整个行业的利润，我们决不能做市场规则的破坏者。

■ 竞争导向定价

竞争导向定价是企业通过研究竞争对手的生产条件、服务状况、价格水平等因素，依据自身的竞争实力，参考成本和供求状况来确定产品价格，重点以市场上竞争者类似产品的价格作为本企业产品定价参照的一种定价方法。竞争导向定价不是忽略了市场，而恰恰是在充分理解市场和竞争对手的基础上做出的价格策略调整，最常见的做法是随行就市。

随行就市比较适合市场的后进入者或追随者，特别是对于同质化产品来说。因为同质化产品自身可能并不具备太多的竞争优势，也没有适量的市场空间，所以选择随行就市的方法，这样做的优势是可以使企业避免直接的正面冲突，给自己留有市场空间。通常企业会给自己设定1～2个该行业的标杆或追赶目标，并且在价格上与这些"行业领导者"保持一定的"距离"，有时也称为"跟随定价"。

竞争导向定价在网络购物平台中应用更加普遍，特别是中小型平台。因为同质化商品缺乏流量，低价是其基本的引流手段，加之网络平台商品价格非常透明，容易比价，所以竞争平台之间通常会紧盯对手价格的波动情况，以及时对运营策略进行调整。

虽然竞争对手都关心企业的利润，但它们往往并不把利润作为唯一的或首要的目标。很多竞争对手的目标是一系列目标的组合，对于这些目标，竞争对手各有侧重。在跟随定价的背后，企业应该了解竞争对手对产品盈利的可能性、市场占有率的增长、资金流动等其他目标所给予的重视程度，以及竞争对手对各种类型的竞争性攻击会作出什么样的反应等。

对于华为来说，海外业务的建立已不仅仅是技术、产品的输出，更多的是一种服务的扩张。在向客户推广自身产品的同时，更要有效地推广企业的服务文化，增强客户认同感。时代在变化，客户在购买商品时不再仅仅考虑价格因素，售后服务、升级支持和能耗等都在客户考虑的范围内。

纯粹的低价优势很脆弱，客户可能会选择你的产品，但不会认可你的品牌和文化，而且这样做也不能赢得竞争对手的尊重。华为要成为国际知名品牌，就要重视与竞争对手的竞争与合作关系，同时还必须要有一个强大的国际销售网络，以及巧妙的市场定位和定价。如果要面对更强大的竞争对手，就要想办法在国际市场上告别价格战，坚持推行高价策略，实现与友商的双赢。双赢才是最好的竞争手段，既不扰乱市场，也能赢得客户的尊重。在与西方公司的竞争中，华为逐渐学会了竞争，取得了技术与管理的进步。

竞争导向定价归根结底是企业争夺在国际市场上的定价权。沃伦·巴菲特是这么描述的：定价权是衡量一家公司优劣的黄金标尺。如果你有本事提价还不丢失客户，你拥有的就是好公司。掰手腕首先得有相当的实力，狮子是不屑于与狐狸打架的。当年华为为在一些带有思科标志的报刊和商业媒体上，刊登了这样的广告语——他们唯一不同的就是价格，真正的竞争从来不需要过多的言语。

百炼成钢的过程是非常痛苦的。从 2002 年开始，英国电信（BT）

对华为进行了长达两年的认证，经过层层考核，华为终于进入英国电信"符合资格的供应商短名单"中，华为至此才有资格进入英国电信的招标程序。在这期间，英国电信首席技术官马特·布鲁斯两次来到华为，英国电信的各级别领导几乎都对华为进行过考察。经过两年多异常严格的全方位认证和考察后，华为冲出重重阻力，进入英国电信市场。

进入欧洲市场之后，华为彻底放弃低价竞争策略，因为对欧洲的高端市场以及一些高端运营商来说，价格不是最重要的，最关键的是要确保产品和服务的质量，以此来帮助他们保持竞争力，以及为他们带来足够的利润。为此，2008年华为与埃森哲合作实施CRM（客户关系管理）解决方案，目的就是洞悉和挖掘客户价值需求，比竞争对手抢先一步，并将提升客户竞争力作为自己的首要目标。

差异化是竞争导向定价的有力武器，是非直接的价格竞争。竞争导向定价是指利用品牌影响力，努力打造产品自身差异化能力，包括性能、服务等，形成竞争优势，从而实现高价竞争策略。最典型的如撇脂定价，即在产品刚进入市场时将价格定位在较高水平，短时间内尽快地收回投资成本，并且取得相当的利润，如同从新鲜牛奶中撇取油脂一样。然后随着时间的推移，在专利保护到期或竞争对手研制出相似产品之前采取降价策略，这样一方面可以限制竞争对手的加入，另一方面也符合消费者对待价格由高到低的心理。

特别是对于生命周期短、更新换代频率高的产品，如部分快时尚品牌的季节性商品，这类产品具有很大的潮流性，各厂家推出新品的速度非常快，新产品刚上市时可以把价格定得较高，针对价格不敏感客户群体或者求新群体，利用客户特点和领先竞争对手的条件，尽可能在短期内赚取更多的利润，尽快收回投资成本。之后随着销量的扩大、成本的降低，再逐步降低价格，这样还可以获取一部分价格敏感客户群体，而且可以在价格上继续阻击竞争对手进入市场或扩大市场份额。

如果把售价和所对应的数量拟合成一条曲线（通常说的需求曲线），如图 2-4 所示，随着价格降低，销售数量有增长的趋势。

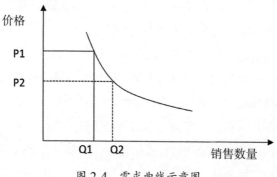

图 2-4　需求曲线示意图

SingleRAN 可以说是华为无线通信领域的明星产品了，其在欧洲市场上的突破也得益于此，它甚至被沃达丰的技术专家称作"很性感的技术发明"，是具有颠覆性的创新产品。SingleRAN 能够在一个机柜内实现 2G、3G、4G 三种无线通信制式的融合功能，且体积至少降了一半，重量降了一半，成本下降了一半，理论上可以帮助客户减少 50% 的建设成本。华为在 2010 年凭借这一将多个垂直网络整合成单一全 IP 网络、将多平台集成到单一平台的理念，获得来自亚太、欧洲、中东、北非等地多家运营商的订单，其中不乏沃达丰、西班牙电信 O2、德国电信 T-Mobile 这样的顶尖运营商。2010 年年末，华为更是凭借 SingleRAN 扳回一局，再次被北欧电信巨擘 TeliaSonera 选定为其扩容 LTE 商用网络，实现了对挪威最大城市和聚集该国 70% 人口的南部地区的 GSM、HSPA+、LTE 网络覆盖。

但在新上市产品的定价方面，华为却出现了不一致意见。市场部门认为新上市产品虽然与同类产品相比具有技术领先性，但是应该采用相对平稳的价格来迅速占领市场，提升客户满意度。但定价委员会却给出了不一样的建议，他们估算了新品对现有替代品的相对价值，一致认为，新上市产品不仅仅在物理形态的集成上使成本降低、容量提升，更实现了全网的平滑升级，不仅能够节省CAPEX（资本性支出），还能节省OPEX（运用成本），提升了用户的满意度，因此建议采用高价竞争策略，将价格按照容量定为竞争对手现有产品的2~3倍。事后证明，定价委员会的决定是明智之举，华为产品的竞争力已经得到了行业认可，如果价格太低，反而容易导致竞争对手为了维护现有市场份额对其现有产品降价甚至是集体围堵，破坏行业的稳定性。而采用高价竞争策略却能够提高竞争对手的进入门槛，保持产品的领先优势。当产品在市场上获得成功后，华为的竞争对手企图进行模仿创新，但都没有取得实质性进展。任正非也支持这种做法，他提道：

> 王小二卖豆浆，能卖一块钱一碗，为什么要卖五毛钱？我们产品的毛利，要限定在一定水平，太高或太低都不合适。

高价竞争策略可以带来可观的盈利，但也容易使企业迷航。很多消失的友商就是在这样的舒适区中被淘汰出局的。对华为来说，必须想办法控制自己的市场份额，控制自己扩张的欲望，不要去穿销售收入的"红舞鞋"，而是要形成一个有利的竞争环境。不管哪种竞争导向定价，行业环境被破坏了，企业也就无从发展。如果最终导致一家独大，对企业来说将是一种灾难，因此要保持行业的可持续性发展。

在有些国家，华为公司已经占领了几大运营商，但是市场是零和游戏，总会有运营商被挤垮掉队。左手右手都是自己的，这个时候如果为了保持市场份额采用低价与其交易，那么其他运营商的整个价格体系就会被一并拖垮。真正的竞争不是取得了多少市场份额，赢得了多少利润，而是是否取得了客户信任，是否为客户创造了丰厚的收益。任正非就曾告诫华为的整个销售团队：

> 我们在欧洲的市场份额也不能太高，我们也要给竞争对手留有生存的余地，所以有时别人说我们定价高，我们定价不得不高，我们如果定

价低就把别人整死了。

■ 竞争导向定价策略解析

既然涉及竞争,说明企业之间在某些方面存在一定的相似性和一定的利益冲突。竞争导向定价首先要明确的是谁是我们的竞争对手。曾经发生过这样一件事情:公司某 IT 产品线在汇报新品定价方案时,竟然用了 CT(通信技术)领域的友商作为竞争对手进行分析,这显然是不合适的。CT 领域普遍是高价格、高利润,而 IT 领域竞争充分,利润低,将这两者进行价格对标就会错位。

一般来说,竞争对手通常要选择三家或三家以上,相似性分析包括品牌、市场份额、绝对市场成交价格和目录价。

其次要分析相似性产品,产品的相似性分析包括规格性能(每个产品都有几个指标是客户非常看重的,要把这部分提取出来)、可维护性(安装服务或保修年限)、兼容性(是否有利于平滑升级)。产品完全相同是同质化竞争,部分相同是差异化竞争。下面通过两个示例说明竞争价格制定的方法。

示例 1 用来说明如何根据相似比较制定出竞争价格,如表 2-1 所示。假设未来公司有三家竞争对手,且已经获取他们的绝对市场交易价格(重要的细分市场领域基本被客户接受的成交价格),将要定价的产品是未来公司的 X 产品。

表 2-1 可获取竞争信息的产品竞争价格制定

属性	权重	竞争对手 A	竞争对手 B	竞争对手 C	将要定价的产品 X
品牌	30%	8	9	8	8
市场份额	20%	8	7	8	8
规格性能	20%	8	7	8	9
可维护性	10%	9	8	8	8
兼容性	10%	8	8	8	9

续表

属性	权重	竞争对手A	竞争对手B	竞争对手C	将要定价的产品X
得分	—	7.3	7.1	7.2	7.5
目录价/元	—	100	110	110	122
绝对价格/元	—	81	85	80	85.4

众所周知，竞争只能在有限领域展开，因此建议竞争因子原则上不超过5项。首先需要给出各个竞争因子的权重系数，通常是整个定价团队讨论后给出。设定每一个竞争因子按10分计，根据其市场表现进行打分，得分项根据权重×分值计算得出。三个竞争对手的平均得分为（7.3+7.1+7.2）/3=7.2，平均绝对市场成交价格为（81+85+80）/3=82，所以X产品的竞争价格为7.5÷7.2×82=85.4，产品目录价则根据绝对市场成交价格除以客户的习惯折扣得出。假设这个细分市场的客户习惯折扣是7折，则X产品的目录价为85.4÷0.7=122。

示例2：如果获取了竞争对手的对标产品，但是未能获取绝对市场成交价格，这种情况下，可以寻找一个"参照产品"，即同样具有典型性的市场销售产品，其与对标产品具有很大相似性，但是又存在一定差别，这种差别表现在"竞争因子"上就是有1~2项是得分不同的，其他项得分相同。为了更直观地展示该过程，同样采用未来公司做示例，假设对标产品是A，参照产品是Y，其他相关数据见表2-2。

表2-2 不可获取竞争信息的产品竞争价格制定

属性	权重	对标产品A	参照产品Y	竞争对手B	竞争对手C	将要定价的产品X
品牌	30%	8	8	9	8	8
市场份额	20%	8	8	7	8	8
规格性能	20%	8	8	7	8	9
可维护性	10%	9	9	8	8	8
兼容性	10%	8	6	8	8	9

续表

属性	权重	对标产品 A	参照产品 Y	竞争对手 B	竞争对手 C	将要定价的产品 X
得分	—	7.3	7.1	7.1	7.2	7.5
目录价/元	—	?	100	110	110	124
绝对市场成交价格/元	—	?	83	85	80	87

（1）根据参照产品 Y 的绝对市场成交价格，计算出对标产品 A 的绝对市场成交价格为 7.3÷7.1×83 ≈ 85。同理，根据习惯折扣可以推算出目录价，假设目录价是 120。

（2）有了对标产品 A 的价格信息，同时拥有竞争对手 B、竞争对手 C 的价格信息，这个问题就转化成示例 1 的解决思路。

（3）根据示例 1 的计算过程得出，X 产品的绝对市场成交价格约为 87，目录价约为 124。

以上情景对拥有少数产品的公司更友好一些，但如果产品种类很多，每个产品都要做类似的工作，需要花费太多人力和时间，这种方法就不可取了，当然如果公司配备了比较客观的数量定价人员则另当别论。这种情况下，最好有一种简化但不失可靠的方法先解决掉 80% 的问题。虽然市场是动态的，但竞争在一定时间内是相对稳定的，任何企业都不会经常性地变动自己的竞争策略，至少短期内不会变动。

拥有较多产品的企业，如一些大型卖场，在面向消费者时，基本上是按照品类进行管理的，品类与品类之间是一种互相协调的关系，不进行自相竞争，对外竞争则体现在每个品类上。企业很清楚，消费者不可能记住所有商品的价格，记住的是经常性购买或者价格相对敏感的商品，因此企业针对消费者发力的是这部分产品，从而给消费者造成本公司产品价格具有竞争力的印象。这部分产品在企业中占比通常不会超过

20%，其特征是销售量高、复购率高、盈利性居中（排除无盈利的引流品）。据此，我们可以针对这部分商品展开竞争性分析，来完成竞争价格的制定或者调整。

（1）直接获取竞争对手的上述数据信息比较困难，刚开始可以从产品自身的实际销售情况出发，按照销售量高、复购率高、盈利性居中（品类平均毛利或平均毛利以上）三个特征筛选出商品，形成待比较的产品价格清单。另外，建议建立一个竞争对手长期跟踪机制，这样能使企业长期受益。

（2）刚开始可能出于种种原因导致信息不够准确，或出现无效信息，如竞争对手没有清单中的产品，这时可以将没有在清单中的产品替换。又或者获取到的竞争对手价格不是真实的市场价格，如促销价格，这时可以按时间间隔取三个不同时间点的价格的平均值，将这些价格信息作为基础版本，通过后期多次迭代更新慢慢优化。重点是建立起这样一种机制。

（3）进行竞争价格比较，将比较清单中产品的价格与竞争对手的价格相比，如表2-3所示。其中X1、X2、X3表示三次间隔时间获取的竞争对手价格，也可以表示不同的三个竞争对手价格，"均值"是取三次价格的平均值，"清单价格"是步骤1中选择的待比较的产品价格，"比值"是用清单价格/均值，"控制下限"是指能够接受的与竞争对手的价格差距，通常的理解是在控制范围内认为的合理波动，这两者取值可自行控制，根据实际需求制定（表格内为虚拟数据，仅为操作演示）。

表2-3 多品类竞争价格制定

商品	X1	X2	X3	均值	清单价格	比值	控制上限	控制下限
产品1	16.8	17.5	18	17.4	19	1.09	1.05	0.96
产品2	88	93	92	91	97	1.07	1.05	0.96
产品3	55	59	61	58.3	56	0.96	1.05	0.96

续表

商品	X1	X2	X3	均值	清单价格	比值	控制上限	控制下限
产品4	63	66	69	66	63	0.95	1.05	0.96
产品5	71	75	78	74.7	75	1	1.05	0.96

（4）根据步骤3整理出位于控制线之外的点，如图2-5所示。数值超越上限说明产品价格高于竞争对手，这时要查看其动销情况。注意查看的是"环比动销"，而不是总体销售增加率，以判断销售是否处于减缓状态，如果减缓建议调低价格；假设动销本身没有显示出减缓迹象，则可以对同品类其他产品环比动销数值进行横向比较，如果数值相对落后，也建议调低价格。数值超越下限，说明产品价格低于竞争对手，这时同样要查看"环比动销"，如果增速明显快于前期，建议调高价格；假设动销本身没有显示出增长过快迹象，可以横向对比同品类其他产品环比动销数值，如果数值相对增长过快，也建议调高价格。

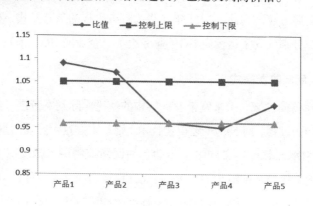

图2-5 竞争价格控制图

2.3 将价值构筑在软件与服务上

2010 年,华为首次进入世界 500 强,此时在运营商业务 1000 亿美元的市场空间中,华为已经拥有 30% 的占有率,且增长率基本达到天花板,很难再有大的突破。为实现进一步的增长,华为需要扩大业务边界,以开拓新的增长空间。

也是在这一年,移动互联网应用开始爆发,为适应行业的数字化转型要求,华为做出战略调整,明确提出"云—管—端"一体化战略,公司从整体上强调云、管、端协同发展,提供面向未来的"端到端"综合解决方案,实现万物互联。简单地说,云是云计算服务,端是智能终端,而管则是连接"云"和"端"之间的各种通信设备。华为确定了新一代业务平台和应用、大容量智能化的信息管道和丰富多彩的智能终端齐头并进的发展方针。为此,2011 年,华为打破以往的运营模式,按服务客户对象,分别成立了运营商 BG(业务组)、企业网 BG、消费者 BG。

■ 开启后向收费模式

在运营商领域,未来宽带业务架构的演进实际是宽带进一步融入云计算架构的过程,而 NFV(虚拟化技术)则是支撑这一过程的重要技术。目前在 SDN(软件定义网络)驱动下的网络控制层与转发层的分离可以更好地支撑网络虚拟化的实现,进而支撑运营商宽带业务架构的转型。基于 SDN 和 NFV,底层硬件将趋于标准化和统一化,硬件和软件分离,利用上层开放、可编程的软件手段,实现网络快速部署,协助运营商共同建设 E2E(端到端)的"弹性、简单、敏捷、可增值"的下一代网络。

不管是"卖盒子"的时期还是"真正的竞争"时期,都基本属于一次性收费时期。将硬件设备卖给运营商,软件按照 license(软件许可)

一次性销售，交易的完成意味着收费的结束，这样的做法对华为来说非常被动。

NFV 的出现无疑使硬件和软件实现了松耦合，底层硬件的利润压向更低的水平，软件处境也比较被动。客户都知道，软件产品因为制造的边际成本很低，所以产品毛利率很高，可以达到 80% 至 90%，通常会存在很大的打折空间。而失去硬件共同销售的保护，单独销售软件会遭受极大的挑战。从收费模式上讲，这些是前向收费的一个弊端，头重脚轻，收费集中在前期，定价都比较高，使客户购买非常吃力。

后向收费模式是降低前期交易费用，甚至前期免费，而在后续服务中陆续收费。交易的完成反而意味着收费的开始，将价值构筑在软件和服务上，实际上是构筑未来。

因此，企业要将价值构筑在软件和服务上，降低客户前期投入成本，提供客户更看重的需求服务，硬件的盈利点要向客户服务倾斜。对于大型网络运营商来说，"时间就是金钱，宕机就是损失"。企业要通过客户软件支持服务，最大限度地减少网络的中断时间，降低最终用户的投诉风险，减少客户的经济损失和品牌损失，提升最终用户对运营商的满意度。而与之相对应，华为提供的客户硬件支持服务可以保证客户及时获取可靠的硬件，降低网络风险，实现收益最大化。客户支持服务不是简单的售后问题的解决，而是一种增值服务。华为凭借遍布全球的服务体系和本地化的服务队伍，让客户轻松地获得支持，从而提升了自身的运维效率，降低了运维成本。

■ **价值导向定价**

根据客户对企业产品赋予的价值收益来制定产品价格的定价策略，被称为价值导向定价。客户对企业产品的认知价值是主观的感知，并不是企业产品客观的真实价值，两者之间甚至会有较大的偏差。企业价值定价的目标就是尽量缩小这一差距，让客户在物有所值的感觉中购买产品，以长期保持客户对企业产品的忠诚度。

价值导向定价需要正确地引导客户，一点一滴地培养客户的价值认同感，让客户意识到这样的价格能够带来更多的价值收益。而客户通常会基于已有产品的性能满足自己目标的程度，对目标产品进行评价，对同一产品赋予不同的价值，形成目标产品的预期价值。基于以上，华为根据全球销售经验和客户需求，实行差别化定价，提供垂直型版本的客户支持服务解决方案，如图 2-6 所示（非真实价格数据，仅示意）。基础版可以作为市场渗透，不同的服务版本提供不同程度的价值，吸引不同价值需求的客户，从而获取更符合自身需求的利益。

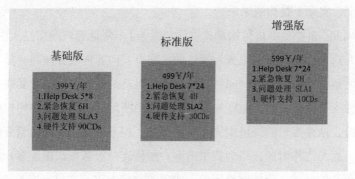

图 2-6　差别化定价

对企业来说，以一种核心产品或服务为基础，衍生出一系列"更多特性""更多功能"的产品或服务，挖掘出"被隐藏的额外收益"，再以溢价的形式提供给不同需求的客户，以获取更多客户，通过这种价值导向定价来实现收益最大化。

对于软件产品，华为推出了 SnS 模式（软件订阅和支持服务），如图 2-7 所示。这部分产品改变了过去的永久许可模式，按年度收取升级服务费用，按照 license 一定的价格比例收取费用，帮助客户及时获取最新版本及功能，减轻前期重投入，也有利于客户将费用分摊到年度，而且费用是透明的、能预测的，使得财务数据更加平滑。对于华为来说，采用此种定价策略，一是可以改变其收入主要依赖于前期大型 license 交易的弊端；二是可以避免大幅折扣的压力，升级服务费用不打折，增加客户黏性，实现收益长期稳定的增长。

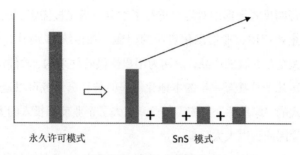

图 2-7 SnS 定价模式

据华为 GIV（全球产业愿景）预测，至 2025 年，全球所有企业都将使用云技术，而基于云技术的应用使用率将达到 85%。云服务本质是运营业务，是一种充分共享、随时获取使用的资源，给企业或个人提供了一种新的网络资源使用方式。云服务采取订阅模式，客户根据实际资源使用量支付费用，相当于"租用"，是一种更完全的"后向"收费模式，前期不需要投入，客户在使用高性价比云服务的同时，对业务发展所需的云服务的费用实现可预期管理。

华为云服务定价尽力遵循以下几个原则。

（1）选择的定价变量能够使华为的收益随着用户数量的增加而增长，但这种模式也要与客户利益保持一致。例如，云计算基于 CPU 性能和存储 IO 能力等制定价格，因此随着处理器内核数的增加，应采用类似处理器价值单元的定价方案。

（2）基于数据驱动，通过华为云的大数据平台，结合不同云服务产品的业务模式,持续分析各云服务的细分市场、客户需求、行业竞争、增长规模、成本变化等因素,制定精准的云服务价格。

(3)提供清晰的、公开透明的云服务价格详情表,并针对每个计费项给予对应说明,提供价格计算器及费用样例,供客户验证。

(4)提供灵活的付费套餐,如按月、按年或者按流量付费等形式。

付费订阅模式无形中对客户进行了细分,满足按需定制的要求,降低了中小企业使用企业信息化资源的门槛。在传统IT时代,企业信息化资源是大企业专属的产品,前期为用户提供硬件采购、软件定制服务,然后是长达几个月甚至一年的本地化部署时长。云服务可以避免这种传统工作模式的"厚重感",按需付费,免去了企业前期投入的大笔费用,成本和风险因此得以大大降低。

但这种模式也有弊端。因为客户的投入和转换成本都非常低,而且用户主要是中小企业甚至个人,营收贡献低,使得这种模式下的用户忠诚度不高,用户流失率很高,企业需要不断地挖掘新用户或增加老用户的续签率,因此促销这一手段就被频繁使用,如学生价、新用户价、免费体验价等,围绕价格展开各种优惠活动,用于拉新和激活老用户的复购率,以此来增加营收贡献。

价值创新不完全来自产品或技术创新,优化客户感知也是价值创新的很好途径。如订阅模式,在价格表达方式上或付款方式上,从客户的应用需求出发,满足这部分客户的需求,是一种低成本提高价值的方法,而且非常有效。

据预测,消费者市场每年可以达到4000亿美元的手机市场规模,如果华为能够努力占有20%的市场份额,就可以获得800亿美元的营收。实际上,对于华为来说,最重要的是在终端市场找到一个合适的位置。

很早之前华为就尝试过终端业务和手机业务,但主要靠运营商捆绑销售定制机或贴牌机,所以一直不温不火,甚至一度被搁浅。当华为再

第2章 价格策略，偶然还是必然

次迈入手机市场这片红海时，市场上已经如春秋战国时诸侯林立，怎么办？任正非在消费者BG 2015年中沟通大会上讲道：

> 这个时代是"春秋战国"，但即使竞争激烈，我也不鼓励你们降价进行恶性竞争，而是鼓励提高质量，耐着性子跑，这样才能跑赢。终端也没有格局问题，要以盈利为基础稳健发展。在这种市场上，不能动不动就搞恶战，别老是想低价竞争的问题，这是历史了，这是过去华为公司的错路，要终止，否则我们就会破坏这个世界，破坏社会秩序了。我们还是要以优质的产品和服务打动客户，恶战、低价是没有出路的。

定位决定地位，华为必须要树立手机的品牌，做中高端精品，形成口碑。2012年，华为第一款高端手机P1上市，定价2999元，价格上直接甩开当时中国国内各手机品牌，企图借助于高价和惊艳的设计打造精品，但销量平平，直到2014年Mate 7横空出世。在Mate 7发布之初，其销量仅仅为3.2万部，但在2015年升至26.5万部，不管是市场份额、销售额还是高端机型占比等主要指标都已经领先，凭借众多黑科技和惊艳设计，终于打动了消费者，成功逆袭。2014年，华为品牌知名度从52%提升至65%，品牌净推荐值上升至43%，有四成以上的华为手机用户曾经向周围的人推荐过华为产品。

有一个关于价值的有意思的等式：价值＝产品优点＋情感体验－价格。提升产品价值，就是提高顾客感知的产品优点、情感体验，降低顾客感知的商品价格。企业应该首先考虑如何创造出其他公司不能提供的价值，提高顾客感知的产品优点。华为手机从开始就极力追求先进技术和用户体验，满足客户在细微方面的需求，如窄边设计、超长电池续航、快充技术等，即使竞争激烈，也没有单纯地降价。

华为近两年一直坚持走中高端市场路线，努力拓展和稳固自己在中高端市场的份额，却始终没有放弃自己在低端市场的手机业务。2016年上半年，华为就确定了三个不同档次手机的产品线，即低端的荣耀系

列,中端的 G+ 系列,高端的 Mate 系列和 P 系列,不同价位对应不同市场。对此,任正非解释道:

  我们在争夺高端市场的同时,千万不能把低端市场丢了。我们现在是针尖战略,聚焦全力往前攻。我很担心一点,脑袋钻进去了,屁股还留在外面。如果让别人占据了低端产品市场,有可能培育了潜在的竞争对手,将来高端市场也会受到影响。华为就是从低端市场聚集了能量,才进入高端市场的,别人怎么不能重复走我们的道路呢?

  低端市场是高端产品价值的护城河,华为在手机业务中采取高、中、低端产品互相配合的全面竞争策略,立足打造中高端品牌,通过中高端产品带动低端产品的销售,分段位阻击部分市场的竞争者。低端机型直接进行低价竞争,基本没有利润空间,强调性价比,通过线上商城销售;中高端机型主打用户体验,采用价值导向定价策略,这个策略显示出了巨大成功。有数据显示,2015 年,华为提高了中国智能手机出货量的平均售价,提高至 213 美元,同年华为在中国智能手机领域的出货量增长 53%,达到 6200 万部,销售额逼近三星。这归功于单机售价和品牌溢价的大幅提升,带给了用户极好的品牌体验。

  华为荣耀业务的剥离已经尘埃落定,这显然是华为公司在美国强力打压下的"断臂求生",虽然有些悲壮,但这不表示这种定价策略也随之失效。如当前手机出货量已经跃居全球第三位的小米,不管从雷军的讲话还是其公司业务实际运作来看,都可以看出小米在努力打造 Redmi 这个品牌。Redmi 在小米的定位正如荣耀在华为的定位,目的就是通过低端机的高性价比,一方面继续收割市场,另一方面烘托小米高端旗舰机的地位,从而获取更多市场份额和利润。

  手机市场整体采用的是一种垂直定价策略,高端产品抢占战略高地,从上向下辐射,制定高价格,彰显品牌价值,但由于品牌作用,中端产品也能相对保持较高的定价,而且销量还不错。因此,即使中低端市场采取低价或降价等竞争手段，也因为高端市场高价格的效应，不至于破坏整体品牌形象，为企业在高、中、低端市场的垂直扩张提供了完整的产品选择和价格选择，确保在所有时间内通过所有渠道向所有顾客以恰当的价格提供所有产品，从而达到提升企业整体收益的目标。

■ **价值导向定价策略解析**

价值导向策略下，企业活动的目标从生产满足客户需求且客户愿意为之付出合理价格的产品，变成了"做对客户重要的事情"。价值链向客户侧转移，客户的需求变成了开发产品和服务的关键驱动因素。简而言之，客户需求对客户极为重要，客户愿意为此支付溢价。如果客户需求得不到满足，他们便会转而寻找其他企业，即便你的商品价格低廉。价值导向定价的活动路径如下。

麦肯锡公司认为，价值导向定价中的"价值"是一个"相对价值"，是客户感知的产品带来的收益与客户感知的产品价格之比。理想状态下，两者遵从等值关系，即表现在价值图上两者是沿着等值线移动，如图2-8所示。价值等值图是一个用于分析感知价格和感知利益差异性的工具，可以利用它进行价值解码，其中斜线是等值线，即客户感知价格与感知利益相符，位于等值线上方意味着价格已经超过客户感知利益，位于等值线下方则意味着价格没有充分体现出产品的价值。

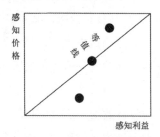

图2-8 价值等值图

价值导向定价不是制定"高价格"的代名词,而是一种"相对公平"的定价策略。价值导向定价期望通过价值的量化,使价格尽量匹配客户收益,因此基本原则在于把握客户感知的产品价格和价值。但有时客户对产品的认知价值并不一定与产品的价值相一致,因为对产品价值的理解是客户的一种主观行为,所以客户的认知价值是可以通过营销等手段加以引导和改变的。

麦肯锡关于价值导向定价的等值工具,是基于竞争对手的横向相对价值来发挥作用的,即相对于他们的价值,当前价格是否达到最优状态。具体工具使用方法这里不作赘述。对于一些新型产品或服务产品,往往没有市场的"相对价值",缺乏横向参照物,很难进行横向对比。例如,一种电信解决方案,在不需要整网搬迁的情况下,增加一些监测优化设备及软件就可以将客户掉线率从7%降低到1%以内,可以大大提升客户满意度;一种新型快充技术,能够在半小时之内完成一部车的电池充电任务。这些产品或技术带来的价值该如何进行衡量并定价呢?

这种情况下,可以尝试采用纵向对比,通过纵向对比来体现相对价值,即站在客户角度,基于现状比对将来可能达到的状态。运营商看重市场的长期发展,因此最好用现金来量化投入成本和收益部分的关键指标,让客户有切实的感受。收益可以列出1~3年的,收益通常是客户最为关心的指标,可以列出1~3年的收益,用其中的一个指标与产品进行强关联,其他指标弱关联。如满意度提升可能带来用户的增长,这时可以用预计增长的用户数 × 基础套餐费用,使收益可以用现金来量化。

假设某运营商运营一张地市级的通信网络,为了增强在该市的竞争力,该运营商准备引入客户体验管理服务解决方案,其纵向价值量化过程可参考表2-4。其中"-"表示节约的成本,"+"表示增加的收益,这里仅展示第一年投入与收益数据,第二年和第三年数据暂不展示。"成本"是指该方案在具体部署和实施过程中是否更易于操作;"满意度"

是指该方案实施后客户离网率的减少和新用户入网率的提高。

表 2-4 价值对比量化

第一年							第二年	第三年
投入 / 万元			收益 / 万元				/	/
Capex		Opex	成本 −	满意度 +	时间 +	品牌 +	/	/
硬件	软件		部署周期短，减少人力投入	离网率降低 + 入网率增加	定位问题准确率达到 98.8%	增加品牌影响力	/	/
100	50	30					/	/
20	/	40					/	/
120	50	70	30	200	60	100	/	/

第 3 章

3C 定价模型

一千个读者心中就有一千个哈姆雷特,制定价格到底要考虑哪些因素?这是许多价格管理者需要面对的现实问题。每个人的头脑中都会有基于个人理解的影响价格的因素。随机抽取几个人的想法然后汇总,你会发现因素多而且非常发散,往往无从下手,最终通常是依赖于权威经验。而定价无法收敛通常意味着无法有效管理。

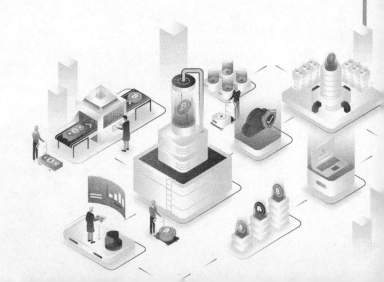

第3章　3C定价模型

对于企业来说，定价管理理所当然是为了实现最大的盈利，定价模型要基于这一点出发，以企业关注的最本质的方面为基础建立模型。过去通常是从量的角度建立"量—价"模型，即通过价格、销量、成本三者的数量依存关系来构建定价模型，为制定价格提供依据。这是一种推式模型，前提是认为低价或者降价可以获得高的销售量，通过低价将产品推给客户，以量换取利润。这种方法比较简单直接，对于短期刺激单一或大宗化商品有很好的效果。现在的大环境使得越来越多的企业转向以客户为中心，市场这只手的影响力越来越大，原先的"量—价"模型很难体现出客户价值，而客户价值是现在企业首要解决的问题。

一个有效而实用的定价模型是公司价格政策的集中体现，既要有助于产品价格制定，又要有利于价格问题的分析。不管是商品经济学的价值理论，还是华为公司以客户为中心的管理模式，为客户创造价值并取得客户认可，是商品价值最大化的最有效途径。

定价模型也要首先从客户视角出发，客户是价格的第一要素，搞不清楚客户在哪里，企业产品开发就是无源之水、无本之木，很难长久。竞争是企业前进的动力，优先抓住机会窗、明晰的战略方向和领先的技术都能给客户带来持续的收益，这些优势也是价格竞争力的来源。但是，企业只能在有限的领域实现这些竞争优势，也就是说，服务于客户是需要成本的，这是任何一个企业客观真实的业态。因此，Customer（客户）、Cost（成本）和Competitor（竞争者）三者构成了一个企业发展稳固的三角框架，也构成了定价模型中三个杠杆，相互制约和撬动着企业价格的变化与发展，如图3-1所示。

建立定价模型的目的是实现产品定价的价格优势，在竞争存在的情况下，企业想要获得高收益就得想办法拉升客户价值或降低运作成本这两个"C"。客户价值和运作成本不仅是打开利润的两扇大门，也是一家公司低成本、高质量的基本思想的定价体现。

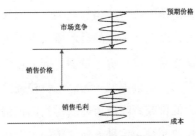

图 3-1　3C 定价模型

定价模型同样是一个企业长期积累的定价经验的沉淀，是在不断地与客户、竞争对手磨合过程中产生的。定价模型是对所研究的定价过程、价格管理相关业务和相关概念的一种表达形式，是定价共性问题的抽象建模，经过了大量的反复验证和推敲。通过定价模型，企业可以直观地理解约束价格的作用力，因而可以利用其有优势的价格因素进行价格策略制定，从中找到改进提升的机会点。建立定价模型有助于将复杂的定价问题进行分解处理，并有利于理解、分析问题。

3C 定价模型中的客户、竞争者和成本如同杠杆一样，使企业从盈利的角度出发，找出产品价格的最高限和最低限。这种收敛的盈利化定价模型直观实用，可以先抓住问题的主要矛盾，避免陷入纷杂因素中挣扎，按照自上而下的分解，将其他的价格影响因素看作 3C 因素的延伸或细分。即使是复杂程度很高的制造业的价格体系，其价格制定也可以简化为 3C 定价模型，可以按照 3C 定价模型对其进行汇总分类。

3.1　客户在哪里

■ **Customer**

3C 定价模型中的"Customer"隐含着我们的市场在哪里，谁是目标顾客,以及顾客的购买意愿等问题。企业要了解客户,更清楚地掌握对客户来说最重要的利益,并以一种高超的方式传递这种利益,让客户觉得我们的任何溢价都是合理的,客户才能接受预期或期望的价格上限。

但这些在定价模型中是如何体现的呢?或者说为什么在定价模型中还要提及客户呢?为了表明合理定义的客户细分市场对定价的重要性,请参考一个示例。假设阿尔法手机数据线生产商面临三个细分市场,如表3-1所示,每个细分市场中客户的支付价格各不相同。假设成本相同,而且生产能力刚好能够满足三个市场所有的销量对应的潜在销量,那么进行客户市场细分会带来什么不一样的结果呢?

表3-1 阿尔法厂商面临的细分市场

客户细分	潜在销量	支付意愿/元	单位成本/元
中区	100	30	10
南区	200	20	10
北区	300	15	10

情景一:参考图3-2,不区分客户细分市场,取市场最低支付意愿统一定价,则该价格带来的收益为

100×(15-10)+200×(15-10)+300×(15-10)=3000(元)

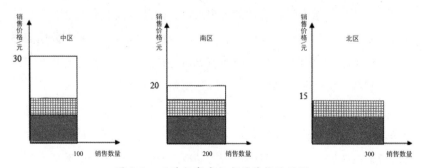

图3-2 不进行客户细分的价格收益图

情景二：参考图3-3，假设进行客户市场细分，而且按照各自细分市场的客户支付意愿定价，则带来的收益为

100×（30-10）+200×（20-10）+300×（15-10）=5500（元）

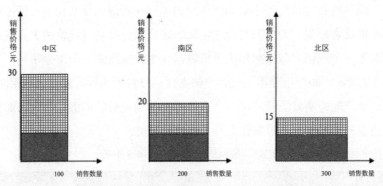

图3-3　进行客户细分的价格收益图

拥有客户对定价来说是一个充分条件，假设想要实现情景二的收益，还需要在客户的基础上进行客户细分。这个案例说明，客户细分能够产生有效的目标市场，而后才会产生最优的定价。企业如果想获取最大化利益，就需要对各个细分市场制定有效价格。

客户细分是定价的第一要素，本案例中情景一就是一个很明显的例子，阿尔法公司没有进行有效的客户细分，因此就没有准确地了解客户的真实价值感受，一旦企业向所有客户收取统一价格，或者向分销商要求一个标准的销售利润，那么企业将有可能被迫在销售量和毛利之间做出重大权衡，也就是早期的"量—价"模型。

但实际情况是，一些客户会以远低于其心理支付意愿的价格获得该商品，从而对企业利润造成损失。而其他一些实际支付能力较低的客户，尽管他们的支付意愿可能能够覆盖产品成本且带来利润，却买不到该商品，因此也会对企业利润造成不好的影响。相反，情景二，阿尔法公司因为进行客户细分抓住了价格机会点，不仅获得了最大利益，而且提升

了市场份额。

没有完全相同的客户需求，进行客户细分可以发现市场差别带来的不同客户价值，从而将这种需求的差异性转化成产品竞争力，最终体现在增加企业的收益上。

客户细分的直接目的是在细分市场中充分了解客户需求，最终目的是争取收益最大化。这个案例中实际有三个细分市场，每个细分市场的客户需求都是具有差异性的。例如，北区客户细分市场虽然需求量大但是价格水平较低，假设企业希望将北区客户细分市场作为目标市场，如果不进行客户细分，同样无法准确获取北区客户需求的差异性和需求被满足的程度，制定出来的价格就会缺少客户依据，非常容易偏离客户需求。

第二次世界大战结束以后，美国社会生产力的巨大发展使其市场处于一个供大于求的环境中，越来越多的企业面临滞销或库存积压的压力，购买的选择权或决定权慢慢向消费端倾斜，而且这种现象变得越来越突出。在这种市场背景下，美国学者 Wendell R. Smith（温德尔·史密斯）在 1956 年提出了客户细分的概念。其理论依据在于客户需求的异质性和企业需要在有限资源的基础上进行有效的市场竞争，即企业应根据客户的属性、行为、需求、偏好以及价值等因素对客户进行分类区隔，然后组织有效生产，并提供有针对性的产品、服务和销售模式。在资源稀缺的情况下，这种做法代表了一种更理性、更精准的业务模式。这么看来，"以客户为中心" 的潮流和趋势是时代的必然产物。

以上讨论了客户细分"是什么"和"为什么"的问题，接下来讨论一下客户细分"怎么办"的问题。对于一家生产制造商来说，产品通常经过 4 种不同销售路径到达客户手中，如表 3-2 所示。实心圆点表示选用，空心圆点表示不选用。虽然表面上其客户是有区分的，但客户不仅仅是指交易的对象，间接使用产品的最终客户也是客户，正如运营商的客户也是华为间接的客户。

表 3-2 销售路径的划分

生产制造商	渠道商	客户		销售场景
		企业级客户	个人级客户	
●	○	○	●	直销模式，如手机市场
●	○	●	○	直销模式，如运营商市场
●	●	○	●	分销模式，如手机市场
●	●	●	○	分销模式，如企业网市场

在进行客户细分时，不管企业采用哪种销售模式，都必须要对最终的个人消费者进行分析，然后再进行中间直接客户的特征分析，最后将直接的客户特征和间接的消费者特征进行叠加，得到整个细分市场的特征分析。由于市场是动态的，处在不断的变化与发展中，因此客户对产品的需求特征并非一成不变，它随着环境的发展而不断变化，因而是一个反复的、经常的、动态的过程。

通常专业性的客户细分工作很复杂，而且很花费精力，一般由企业专门的部门承接完成，定价人员可以与其合作，抽取出定价所关注的信息。关键信息不是客户现在的需求是什么，因为这些需求偏好已经基本确定，而是客户未来的需求偏好是什么。这些客户不必是多么前沿的客户，而是"能够定义未来的客户"，这些客户的观念、需求和针对性解决方案代表了行业的主流。

通信业务有个特点，在一个有 n 个用户的网络中，为用户建立连接的数量可以达到 $n(n-1)/2$ 个，即网络的价值随用户数的增加而增加。这也说明了大网络比小网络更有竞争优势的事实，因为大网络中每个用户可以与更多的其他用户进行通信，所以大规模用户的增长非常重要。

网络的拓扑结构制约着运营商可服务用户的数量，网络容量限制了其提供业务的种类和数量，因此运营商必须将拓扑结构和容量作为竞争战略的一部分。通信业务与大宗化商品相似，网络容量的增加、终端资费的降价有助于刺激用户需求的增长。因此定价人员需要更多地关注客户企业层面的经营诉求，这些指标来自客户的战略意图，如表3-3所示。客户的战略意图往往会影响其终端用户的选择。

表3-3 运营商客户的经营诉求

产品	用户数	普通用户资费（元/月）	营收/亿元	排名
宽带	1.50亿	118	1821	3
4G移动网	2.66亿	96	1576	2
5G移动网	6073万	156	360	2

企业面对的是各种类型的消费者市场，以消费者为导向进行市场细分的重点是对消费者的需求和行为特征进行分类，主要以顾客总体特征为细分标准，即通过不同的客户细分变量来进行典型的、有代表性的细目分类，从而将客户细分为不同细目的客户区隔，进行精确的定位。

第一阶段，确定细分变量因素，如表3-4中的细分变量包括地理因素、消费因素和社会因素。每个二级细分变量还可以进行三级细分、四级细分等。细分不是为了穷举，而是为了可衡量，然后在此基础上进行记录描绘，最后进行统计分析，进而推导出消费者的分群特征。整个细分过程实际上是一种概率统计学的理论应用，其假设的前提是某一时间点的统计结果是消费者稳定的行为特征，以此为统计的结果才具有典型性，才可以推知消费者未来的消费行为。

表3-4 消费者细分变量因素

属性	地理因素		消费因素				社会因素			
	国家	地区	品牌	价格/元	颜色	款式	性别	年龄	职业	收入/元
客户A	中国	北京	华为	2500	绿	直板	男	26	学生	/
客户B	日本	东京	苹果	5000	白	直板	女	36	职员	22000

第二阶段，进行客户价值区隔。经过以上对基本特征的判断，企业收集到的信息都是原始记录，看不出有什么规律或者价值，需要重新排序或统计，进行价值区隔。假设企业特别关注某个国家的用户特征，则可以提取这个区域信息来进行专门的统计分析，以此得到这个区域的特征表现变量，如表 3-5 所示。这个过程就是价值区隔，相当于将原始数据进行过滤转化，得到可用信息，目的是进行价值定位，选定最有价值的细分客户。

表 3-5　区域特征变量

属性	消费因素				社会因素			
	品牌	价格/元	颜色	款式	性别	年龄	职业	收入/元
国家 A	Hermes	28900	红/黑	手袋	女	28	投行	40000
国家 A	Hermes	24500	红	手袋	女	30	职员	32000
国家 A	Prada	29900	粉	手袋	女	35	高管	45000

第三阶段，确定共同诉求，围绕第二阶段形成的价值区隔，提炼他们的共同需求，并在此基础上尝试增加企业的优势。以客户需求为导向，为每个目标客户细分市场提供差异化的产品和营销策略，并在此基础上进行长期的跟踪修正。

因此，客户细分并不是奇思妙想，而是建立在对企业战略意图的领会与贯彻的基础上，通过市场调研和行业分析，根据已有的基础或标准，将某种产品或服务的市场划分为若干个具有类似需求和特征的客户群体，从而为企业完成战略定位，并最终为帮助企业占据有利的行业地位打下良好的基础。

2014 年一飞冲天的华为 Mate7 手机，是典型的客户细分的产物，3000 元至 4000 元的价格区间的产品属于国产手机盲区。这个细分市场被定位为中高端机型，不仅具有较强的盈利性，而且对于提升品牌知名度具有很好的市场示范作用，因此必须向高价值区试水，摆脱低价位不盈利的局面。这背后是华为"匠人"的精雕细琢，即致力于解决每一个微小的品质问题，即使是消费者容易忽视的细节，也坚持追求极致，最终做出了大胆的产品设计。

华为 Mate 7 手机的特色如下。

（1）大屏幕，83.1%超高屏占比，大气时尚，带来大屏视觉的感官享受，更方便用户的移动办公需求。

（2）低于1秒的指纹解锁速度，让 Mate7 的解锁速度比市面上其他指纹手机的解锁速度至少快80%。据统计，用户平均每人每天要解锁手机150次，以6位密码计算，每人每天输入超过900个字符。Mate7 采用业界领先的按压式指纹传感器，只需轻轻一触就可点亮并解锁屏幕，免除了用户每天近千次输入字符的烦恼。

（3）大面积金属机身更有型，航空级金属铝材搭配业界领先的 CNC（数字控制机床）高精度钻切工艺，打造精致的金属机身。无边界视觉设计消除了视觉边框。大面积的弧面金属背板实现了最佳握感。

（4）双卡，既方便用户携带也满足多卡用户需求，并且两卡均可选择用于支持 TDD（测试驱动开发）和 FDD（频分双工）的两种 4G 网络。

硬件配置和外观工艺是华为的设计强项，在全面升级的软硬件的支撑下，用户享受到了全新的友好体验。华为通过这几点打造差异化竞争力，使 Mate7 上市后大卖，甚至出现"一机难求"的场面。

采用客户细分来提升价格和利润的案例还有很多，如联想的 YOGA 品牌。前几年个人计算机市场非常疲软，整体市场低迷，联想在做了客户细分之后，其笔记本事业部总经理指出了一个有意思的现象，他说："我们发现现在电脑并不是越便宜越好卖。我们曾经尝试推出低价产品，但结果并不如预期，而一些高端产品，只要有恰当的换机理由，用户会更愿意买单。"联想根据用户的痛点，推出了与纸屏同步书写的 YOGA BOOK 多合一设备，非常贴合追求品质、注重产品体验的消费者。联想通过以上做法，实现了通过客户细分攫取高利润的目标。

客户细分的本质是价值区隔，也就是识别客户价值诉求，以客户的价值为导向。这是一项长期的工作，通过统计、归纳、分析，并通过与客户交流，包括但不限于从各种行业展会、期刊以及咨询机构等获取信息，最后得出结果。

3.2 资源是有限的

价值是价格形成的基础，价值是由凝结在商品中的社会必要劳动时间决定的，这种价值量先在生产领域中形成，又在流通领域中得到追加。

首先，在产品的生产过程中，由掌握一定技能的劳动者利用一定的生产工具对劳动对象进行加工。在这一过程中，要消耗掉原材料、辅助材料、燃料和其他物资，而且机器、设备、工具、厂房等也会受到一定的损耗，这些生产资料是前人劳动的产品，是已经凝结在产品中的人类一般劳动，在再次生产加工过程中会一次性地转移到新产品中。

其次，在新产品的生产过程中，劳动者要消耗体力和脑力劳动，这种新投入的劳动也会凝结在新产品中。当商品离开生产领域进入流通领域后，为了推动商品流通的正常进行，同样需要投入一定的生产资料和劳动力。因此，企业要进行生产经营活动或达到一定的经营目的，就必须耗费一定的资源（人力、物力和财力），也就是成本。

成本是为了达到特定目的而发生或未发生的价值牺牲，是其所费资源的货币表现及对象化。

■ Cost

3C定价模型中的"Cost"隐含的意思包括企业要更好地了解自己，

更精确地了解我们所服务的每个客户的经济状况,我们付出多大的能力才能达到客户的要求,我们为此可能需要付出多大的成本,是否存在降低成本的可能性,以及如果利润达不到期望值,我们如何选择客户,如何选择解决方案等。任何一个价格解决方案都需要透过这个模型一步一步地勾勒出清晰的方案图像。

现将阿尔法公司的成本信息更换一下。假设资源是有限的,只有300个单位的资源可用于加工生产,其他保持不变。三个细分市场中客户的支付价格和对应的潜在销量如表3-6所示。受资源可用性限制,实际可销售数量会因成本不同而不同。

表3-6 阿尔法厂商资源受限下的细分市场

客户细分	潜在销量	支付意愿/元	成本/元	实际可销售数量
中区	100	30	15	20
南区	200	20	12	25
北区	300	15	10	30

在客户细分的基础上,如果增加资源约束条件,会带来什么不一样的结果呢?企业的资源是有限的,客户的资源也是有限的,在资源稀缺的时代,双向选择尤为重要,企业和客户都希望彼此可以相互成就,共同享有合作带来的价值增长。但是企业该如何选择呢?阿尔法公司分别针对中区、南区和北区三个细分客户进行计算,结果如图3-4所示。

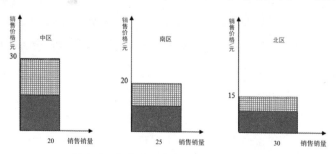

图3-4 阿尔法厂商投入与收益关系图

图3-4中灰色部分表示投入的资源,已知三个细分客户的投入资源一样,都为300个单位。网格部分表示销售收益,其中中区细分客户收益为20×30-300=300(元),南区细分客户收益为25×20-300=200(元),北区细分客户收益为30×15-300=150(元)。显然,在资源约束条件下,中区细分客户对于阿尔法来说收益是最大的。但是如果仅凭低成本和需求数量多来选择,就会丧失获取更高利润的机会。如果没有发挥出资源的最大效用,相当于是变相地浪费企业的资源。在这个案例中,中区细分客户的成本虽然高,但是带来的收益也大,这种情况下企业必须设法提高组织机能。

有效的客户细分在划分客户群体的同时,会考虑企业自身的能力、发展状况、产品所处的周期等各方面的状况与目标市场客户价值的匹配度,集中企业有限的优势资源到目标市场上。集中并长期经营有限的优势资源有利于培养企业的核心能力,一方面,将优势资源集中在目标市场上,企业能力更能逐渐趋近于顾客价值偏好;另一方面,企业可以通过对细分市场的精确理解和强有力的资源整合能力,来与客户建立良好的互动关系,形成自己的经营特色,并针对竞争对手的弱势进一步展开攻击,从而打造出拥有价值、独特性、延展性并无法被模仿的核心能力,这种能力就是产品将来的溢价空间。

诚然,有时候客户的支付意愿和企业所付出的成本没什么关系,企业要生产什么产品以及能够生产多少,在很大程度上取决于生产成本。资源的有限性不仅体现在企业所拥有的资源上,还体现在设备的加工产能、人工的劳动能力等各个方面。如果生产资源足够,则完全可以按照市场需求生产足够的产品,满足不同的客户需求。客户细分视角是一个自外向内的过程,是对企业的牵引;成本视角则是一个自内向外的过程,企业根据自己的资源约束,确定一个最优的方案以服务于客户。

继续借用阿尔法公司的例子,假设企业资源受到限制,并且产能有限,这时该怎么处理呢?假设原材料只有1500个单位,其他相关价格及销量数据如表3-7所示,为了便于理解,成本做了以下细分,这时价格该如何制定呢?选择哪种产品推向市场,才能保证收益最大?

表3-7 阿尔法厂商产能限制下的各项信息

产品	潜在销量	支付意愿/元	成本/元		
			人工成本	原料成本	成本总计
X	180	30	5	15	20
Y	200	20	4	8	12
Z	300	15	4	6	10

方案1:以不同产品的销售贡献大小为标准。哪种产品的销售贡献大,就优先选择将哪种产品推向市场,结果如下:产品X、Y、Z的单位销售贡献从大到小依次是X(30-20=10)>Y(20-12=8)>Z(15-10=5),则首先选择销售贡献大的X产品,其收益为1500/15×10=1000(元),不做产品Y和Z。

方案2:以不同产品的边际贡献大小为标准。哪种产品的单位边际贡献大,就优先选择哪种产品推向市场,结果如下:产品X、Y、Z单位边际贡献从大到小依次是Y(8/8=1)>Z(5/6≈0.83)>X(10/15≈0.67),则首先选择单位边际贡献大的Y产品,其收益为1500/8×8=1500(元),不做产品X和Z。

两种方案表明,价格高且单位销售贡献大,不一定是最优收益,有可能是占用了相对较多的成本,包括但不限于人力、物力和财力等。在资源缺乏的情况下,企业是没有办法完全满足市场需求的,因为会受到内部资源的约束,单位高价的市场需求不一定能够带给企业最大贡献总额。

成本通常是价格的理想下限,在以客户为中心的市场中,成本虽然不能成为决定价格的最终要素,却可以起到校正产品定价方案的作用,在价格制定的决策环节具有重要的参考意义。因为定价决策往往与企业盈利目标的决策联系在一起,在进行盈利性定价决策时,通常要用成本来校正能达到预期利润的价格水平,要知道不同的项目亏损多少、盈利多少,最终才可以平衡整个企业或产品线的总体盈利目标。

3.3 领先竞争对手半步

> 价值的产生不完全在于成本降低,提高竞争力和盈利能力才是最主要的目标。我们的定位不是通过降低成本来提高竞争力。但在提高竞争力的基础上,我不排斥继续降低成本,只是要把主谓关系调整一下……要把竞争力放在第一位,而不是把降低成本放在第一位。
>
> ——任正非

客户细分给出了目标市场的价值诉求的描述,但是这个市场有多大,里面存在哪些竞争对手却没有进行描述。要打胜仗,就必须知己知彼,否则冲进去就是破坏市场,很容易遭到竞争对手合力绞杀而死。

■ Competitor

3C定价模型中的"Competitor"隐含着企业需要更好地了解竞争对手,明确谁是强有力的或者潜在的竞争者,他们的优劣势有哪些,还要理解客户是如何比较我们的价格与其他竞争对手的价格的。企业要做市场价格的维护者,而不是破坏者。形成领先对手半步的竞争优势,不仅仅依靠价格上的优势,更要依靠产品上的优势,从而影响价格的向上或向下波动。市场是动态的,因此需要清楚地了解竞争对手的价格行动及

第3章 3C定价模型

其价格水平,从而避免因错误解读这些信息而引发的价格战,维持所服务客户的价值定位。

运用3C定价模型中的竞争杠杆,目的是通过市场空间、目标市场结构、目标市场的行业玩家和竞争对手的战略定位等信息,准确分析竞争对手的优劣势,并在此基础上整理出竞争对手产品的价格。企业要反推自己产品的竞争力或找出溢价空间,避免只在价格上的竞争,从而获取长期利益。市场竞争分析同样需要与公司的战略规划相呼应。

市场空间是指某个行业的市场规模,其不仅指一个产品在某个范围内的市场销售额,也可以指用户量规模。市场空间属性有两个表征量,一个是该产品的市场饱和度,另一个是该产品的市场膨胀度(增长率),如图3-5所示。通常是市场的饱和度越大,其市场膨胀度就相对越缓慢。这两个表征量的大小直接决定了新产品设计开发的投资规模和强度,从而以此来间接判断处在该象限的企业采用的竞争策略。

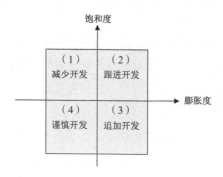

图3-5 市场空间的划分

(1)减少开发市场空间,表明市场已经成熟,增长速度放缓,市场往往处于生命周期的成长期末端。企业需要适当减少该产品开发,并逐步向其替代品或升级品转移开发资源。

(2)跟进开发市场空间,表明市场处于生命周期的发展期,成长迅速,市场已经培育好。企业经过长期的竞争已经稳定,牢牢掌握着市场格局,因此需要采用跟进策略,保持自己的竞争优势。

(3)追加开发市场空间,表明市场前景发展好,处于发展初期,进入的企业不多,需要投入很多资金进行市场培养,并且形成自己的优势壁垒,准备攫取新市场的红利。

(4)谨慎开发市场空间,表明不管是市场的饱和度还是膨胀度,都处于较低水平,通常出于种种原因导致该行业不被看好,虽然有市场需求,但因为发展前景不明朗或者政策导向不明晰,导致整个市场相对萎靡,所以采用谨慎观望策略。

在完成市场空间的属性特征分析之后,需要对该市场内行业竞争者以及市场份额作一下分析。市场份额亦称"市场占有率",是指某企业某一产品(或品类)的销售量(或销售额)在市场同类产品(或品类)中所占的比重。它在很大程度上反映了企业的竞争地位和盈利能力,是企业非常重视的一个指标。市场份额具有两个方面的特性:数量和质量。市场份额的数量特征是指市场份额的大小,是市场份额在宽广度方面的体现;市场份额的质量特征是对市场份额优劣的反映,是指市场份额的含金量,是能够给企业带来的利益,这种利益除了现金收入,还包括无形资产增值所形成的收入。

如果某一市场内包含着数量众多的竞争企业,那么任何一个企业都无法直接使它们产品的市场价格发生变动。也就是说,相对于整个行业的产量和销量而言,一个厂商只能占有其中微不足道的市场份额,从而其卖多卖少对市场状况难以构成影响,特别是同质化严重的大宗化产品。在这种碎片化市场中,新进入的企业基本没有定价权,而是采用跟随市场的节奏,保持与市场价格基本相同的价格水平,拥有相对较低的利润水平。当下的供求状态不会因为一个或某几个厂商的加入或退出而打破。

然而,如果市场中企业的数目少,情况则大不相同。在一个行业中只有"少数厂商"时，由于每个企业的市场份额较大，任何一个企业产品的增减都有可能影响产品的市场价格，进而影响市场份额的变化。

我们仍借用手机数据线生产厂商阿尔法公司为例，理解一下竞争在定价模型中的杠杆作用。假设市场中排名靠前的三家竞争对手甲、乙、丙公司同在中区细分市场，信息如表 3-8 所示，三家市场份额加起来已经达到 60%，它们所代表的价格水平平均在 25，这说明，该市场的消费群体基本被这个价格水平标定，而且甲公司的销售价格已经与细分市场的支付意愿持平。那么，如何给阿尔法公司设置市场竞争价格呢？

表3-8 阿尔法公司竞争对手的价格信息

竞争对手公司	市场份额	支付意愿/元	销售价格/元
甲	10%	30	30
乙	20%	30	20
丙	30%	30	25

通过表 3-8 可以看到，丙公司的市场份额最大，而且价格处于行业水平线上，市场地位比较稳定，属于行业的领导者；甲公司价格最高，但是市场份额最小，基本满足了高消费群体的需求；乙公司价格最低，市场份额居中，拥有发展空间。

阿尔法公司生产的数据线产品以乙公司作为制定价格切入点，借助于 SWOT 分析法[1]，对阿尔法公司的产品与竞争对手乙公司的产品作一下简单对比解析，将阿尔法公司"能够做的"（优势和劣势）和"可能做的"（环境的机会和威胁）进行有机组合，即可产生不同的定价策略，

---

[1] SWOT 分析法，又称态势分析法，即将与研究对象密切相关的内部优势、劣势及外部机会和威胁等，通过调查列举出来，并依照矩阵形式排列，把各种因素相互匹配起来加以分析，从中得出一系列相应的结论。其中 S（strengths）是优势、W（weaknesses）是劣势、O（opportunities）是机会、T（threats）是威胁。按照企业竞争战略的完整概念，战略应是一个企业"能够做的"（组织的强项和弱项）和"可能做的"（环境的机会和威胁）之间的有机组合。

具体如下。

一种情况是将价格定在乙公司之上，丙公司之下，尽量避免与丙公司竞争，而是正面与乙公司竞争，突出产品优势；另一种情况是直接将价格定在乙公司之下，突出价格优势。阿尔法公司对于数据线产品的竞争价格操作，实际上就是3C定价模型中竞争杠杆在发挥作用，它使得阿尔法公司的市场价格在竞争的作用下，不能按照细分市场的原始支付意愿制定。也正因如此，阿尔法公司会不断优化产品，增加产品竞争力以满足客户需求，争取获取产品溢价能力。

价格不是竞争的唯一法宝，但是价格在竞争中的重要作用是不可否认的。小米手机初入市场时，不同于华为的运营商渠道或三星的线下店面销售模式，其走的是一条互联网的思路。当时是智能手机市场初期，手机价格普遍围绕3000元这个档位上下浮动，基本上以三星、HTC和摩托罗拉为主流品牌。在当时传统的销售模式下，这个价位实际上是一个价格门槛，否则就是亏损。对于小米来说，走这条路是不具备竞争能力的，因为小米需要投入太多的资源去建设渠道，这显然不是最优选。而利用粉丝进行网上销售，无疑是一条捷径。配合其诱人的口号"双核手机只要1999元"，小米的出现无疑给这片红海投下一颗深水炸弹。

小米通过网上销售和低价竞争策略，在中端机市场撕开一条口子，迅速受到许多年轻人的追捧。小米手机不缺乏时尚元素，价格又相当实惠，在2000元档位的空白市场中赢得了较大的市场份额。但是小米在该市场取得成功后，并没有及时地进行产品定价策略的调整，导致在向高端市场进军的路上屡屡受挫，以至于后来出现"低价低质"的负面影响。

第4章

价格的一级驱动：开发可行

我们以前研发产品时，只管自己做，做完了向客户推销，说产品如何好。这种我们做什么客户就买什么的模式在需求旺盛的时候是可行的，我们也习惯于这种模式。

但是现在形势发生了变化，如果我们埋头做出好东西，然后再推销给客户，那东西就卖不出去。因此，我们要真正认识到客户需求导向是一个企业生存发展的一条非常正确的道路。从本质上讲，IPD是研究方法、开发模式、战略决策的模式改变，我们坚持走这一条路是正确的。

——任正非

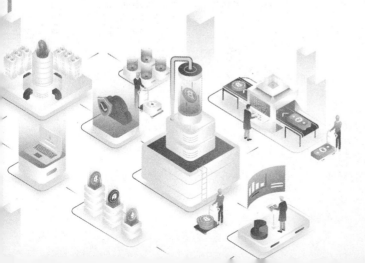

定价是任何企业都必须完成的一项工作,为产品和服务制定价格是企业最基本的管理事务之一,每一种产品和每一项服务都必须有一个价格,然后才能销售。

价格制定是产品开发过程中的重要一环,也是最复杂的一环。因为价格制定既需要思考产品生命周期内的利润、成本,以及各个业务部门的配合,也需要理解外部市场竞争、客户需求。这一系列的工作对阐明价格制定原则,进而设计产品的盈利模式是一种关键的战略技能,如果一个企业对如何设计及获得产品利润没有一个清晰的认识,企业便不会取得合理利润。

IPD(Integrated Product Perelopment,集成产品开发)是华为公司开发产品的主流程,价格作为产品的属性之一,依附于 IPD 流程进行开发工作,秉承"从客户中来到客户中去"的思想,构筑面向客户的盈利模式。

4.1 IPD 的本质是从机会到商业变现

如果要在华为的发展史上圈出浓墨重彩的一笔,那么非 IPD 莫属,IPD 变革被称为华为内部的"二次创业"。1998 年,华为开始引入 IPD 变革,此时华为的年销售收入是 89 亿元,到 2018 年,华为的年销售收入达到 7212 亿元,20 年间增长了 80 倍,华为成为全球第一大电信设备制造商。

技术开发帮助华为实现了早期的市场成功,但华为定位为一个商业集团,就必须摆脱技术导向。IPD 变革的成功,不仅帮助华为由技术导向转变为客户需求导向,而且使华为能够快速地复制一套流程及管理体系用于新产品或新行业,如华为的消费者业务、云计算等,对 IPD 进行适配优化后,便能迅速地组建起队伍。

华为前董事长孙亚芳于 1999 年在 IPD 培训会议上指出:"将来公司做事情一定要以商业的眼光,要从公司的角度来看问题,不要只是从部门的角度看问题。在美国我也曾经问他们'IPD 领导的背景和素质要求'这个问题,他们说'不要把 IPD 看成研发部门的事,一定要从商业的角度看问题'。这一点给我留下了深刻的印象。"任何先进的技术、产品和解决方案,只有转化为客户的商业成功,才能产生价值。

4.1.1 让大象能跳舞

华为轮值 CEO 徐直军在接受《财富》专访时谈道:"7 万多人的研发队伍,还能有序地开展工作,这是我们 1999 年与 IBM 合作进行产品开发变革取得的成果,我们称之为 IPD。从 1999 年开始到现在,广大研发人员不断优化研发流程,不断优化组织结构,不断提升研发能力,从来没有停过。现在别说 7 万人的研发队伍,即使再加 7 万人,也能够有序地运作,确保把产品做出来,并且做出来的产品是稳定的、能达到质量要求的,这是我们多年来管理体系和研发流程优化的结果。"

IPD 思想来源于产品及周期优化法,是美国研发咨询机构 PRTM 咨询公司提出的研发管理模式,它提供了一个完整的通用架构、要素和标准术语,在此基础上,摩托罗拉、杜邦、波音等公司在实践中继续加以改进和完善,由 IBM 在学习实践中创建。

IPD 思想强调以市场和客户需求作为产品开发的驱动力,在产品设计中构建产品质量、成本、可制造性和可服务性等方面的优势,整个 IPD 流程都是为了商业实现,基于 IPD 的商业实现过程包括商业机会、商业计划、商业开发和商业兑现。这个过程适用于所有行业,包括贸易型企业、服务型企业、投资型企业等。

IPD管理方法是华为公司产品实现和商业实现的重要法宝。IPD基础框架有两个主要内容：一是市场管理，二是产品开发。前者是通过对市场的分析研究，形成正确的产品规划，并进行商业开发、商业目标实现和跟踪管理，以满足客户需求；后者是在限定的时间内开发完成高质量的、满足客户需求的产品，并通过交付协助客户实现价值。两者紧密配合，实现了"从客户中来，到客户中去"的商业运作。

IPD注重将产品开发作为投资进行管理，而华为的投资决策是建立在多渠道收集市场需求的分析理解基础上的。分析要做到去粗取精、去伪存真、由此及彼、由表及里，并以此来决定是否投资以及投资的节奏。此项任务的完成依赖于责任权力对等的IRB（Investment Review Board，投资评审委员会）和IPMT（Integrated Portfolio Management Team，集成组合管理团队）重量级团队，他们负责公司级别或产品线级别的产品投资管理，经常同时负责多个产品，在IPD中属于高层管理决策层。他们要确保公司做正确的事，树立正确的产品定位，保证项目、保证资源、控制投资，对产品开发进行有效的投资组合分析，采用跨部门团队决策模式，降低由于个体决策失误带来的损失。

IPD流程被明确地划分为概念、计划、开发、验证、发布和生命周期六个阶段（不同行业可以进行裁剪匹配，如纯软件开发项目）。IPD开发流程是喇叭图形，在IPD开发流程中设置DCP（Decision Check Point，决策评审点），其包括CDCP（Concept Decision Check Point，概念决策评审点）、PDCP（Plan Decision Check Point，计划决策评审点）和ADCP（Availability Decision Check Point，可获得性决策评审点），参见图4-1。在每个决策评审阶段都从商业角度进行评估，基于客户需求、市场盈利能力来决定项目是继续、暂停还是改变方向，以确保产品投资得到回报，或尽可能减少投资失败所造成的损失，保证将公司有限的资源投放到高回报的项目上。

第4章 价格的一级驱动：开发可行

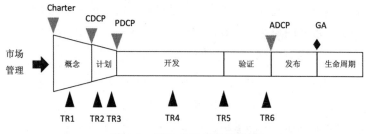

图 4-1 IPD 流程开发节点图

IPD 流程的开端是，产品线 IPMT 通过项目任务书（Charter）授权项目启动，PDT（Product Development Team，产品开发团队，跨功能部门的重量级执行团队，IPMT 的执行秘书团队）经理收到来自产品线 IPMT 的项目任务书，得到授权，启动项目，组建 PDT，并确定项目进度和目标。其属于项目执行层，确保产品开发团队正确地做事。PDT 负责制订具体的产品策略和业务计划，按照规定的投资资源约束及时、准确、优质地开发完成产品，确保产品投放到市场。团队跨职能部门的人员包括开发、市场、生产、采购、财务等不同部门的人员，这些不同部门工作重点不同，在 PDT 经理的领导下各司其职，共同对产品开发负责。华为公司强调集成化的 IPD 产品开发流程，通过打点，将各个业务部门的工作融入 IPD 流程中，强调各部门协调开发。

在 IPD 开发流程中设置 TR（Technology Review，技术评审点），参见图 4-1。技术评审点是各个功能领域的代表对各自开发质量的评估，基于产品要求进行技术决策，通过这种科学的产品管理方法，一步一步实现从方案原型到产品 Demo（原型机），直到被客户承认并接受。

IPMT 通过图中的 DCP 确定项目是继续还是终止，而 TR 决定了 PDT 各个功能领域部门产品技术是否达标。典型的 IPD 流程如下。

（1）在概念阶段初期，一旦 IPMT 认为新产品、新服务和新市场有开发价值，就会组织并任命 PDT 成员。市场根据客户的反馈，考虑市场空间、客户需求的重要性排序,以及哪些需求会对未来的市场和产品竞争力产生重大影响等。只有在市场人员的参与下,真正的产品概念才会形成。

(2) PDT了解未来市场、收集信息、制订业务计划。业务计划主要包括市场分析、产品概述、竞争分析、生产和供应计划、市场计划、客户服务计划、项目时间安排和资源计划、风险评估和风险管理、财务概述等方面的信息,这些信息都要从业务角度来思考确定,保证企业最终能够盈利。

(3) 完成业务计划之后,再进行概念决策评审。IPMT对这些项目进行审查,决定哪些项目可以进入计划阶段。

(4) 在计划阶段,PDT综合考虑组织、资源、时间、费用等因素,形成详细、正确率较高的总体业务计划。

(5) PDT将总体业务计划提交给IPMT,评审通过,则项目进入开发阶段。PDT负责管理从计划评审到将产品推向市场的整个开发过程,PDT小组成员负责落实相关部门的支持。

(6) 在整个产品开发过程中,不同层次的人员、部门依次就每一次活动所需的时间和费用做出承诺。

在IPD流程中,产品实现要围绕技术开发进行,开发过程需要各领域集成协作。市场负责产品规格、技术参数等信息,测试人员负责测试装备、方法参数等信息,每个参与产品设计开发的人员都对所负责的产品是否符合客户需求、满足版本开发的经济效益负责,从而克服了研发人员片面追求技术而忽略市场反馈的纯技术倾向,也克服了销售人员只顾当前市场需求而不关心产品长期可持续发展的短视倾向。

4.1.2 从客户中来,到客户中去

波音公司的波音777客机的技术是成功的,但在设计波音777时,

第4章 价格的一级驱动：开发可行

波音公司不是自己先去设计一架飞机，而是把各大航空公司的采购主管纳入PDT中，由各采购主管讨论下一代飞机应该是怎样的，应该满足客户哪些需求，有什么具体设置等，将他们所有的思想全部体现在设计中。这就是产品路标，是客户需求导向。任何产品一经立项，就随即成立由市场、研发、服务、制造、财务、采购、质量等人员组成的PDT，企业需对产品整个开发过程进行全面管理。通过服务、制造、财务、采购等后端部门的提前介入，产品在设计阶段就充分考虑到了能制造、好安装、易维护等后续需求，同时也实现了对产品的整个生命周期投资回报率的精确测量。

为客户服务不是被动接受客户要求，而是积极地识别客户需求，提炼出未来的价值趋势，面向未来进行产品开发，利用先进的技术驱动客户需求的发展。企业基于对目标市场的理解、对客户需求的把握、对竞争格局的认知，通过系统分析，首先把客户心目中理想的产品需求描述清楚，其次把实现目标需求的关键要素和主要挑战罗列出来，然后对具体的内部和外部环境进行判断和分析，最后在业务方向和关键业务内容上形成对公司生存和发展有决定性影响的计划或谋略，这就是企业战略规划的来源。

战略规划通常是指企业在一定时间内所预期达到的理想成果，是企业在某段时期的实践指南和约束条件。对客户来说，持续、稳定、清晰的企业战略，代表着企业能够对客户的长期价值提供有保护的、相对稳定的、可见的商业承诺或产品承诺。为实现其使命和价值，企业战略规划应聚焦于主要客户需求，首先从挖掘具体业务的长期价值驱动因素着手，然后基于对行业和产品的变化趋势以及市场竞争的分析，综合考虑外部环境和企业自身现状、能力，确定公司的中长期商业计划。所有与客户相关的业务流必然是从客户到客户的，企业围绕业务流开展工作的时候必须瞄准客户，以客户为中心，围绕客户创造价值，不能脱离客户。

图 4-2 是从客户中来，到客户中去的示意图。战略是企业的目标，预算是资源配置支持战略实现的手段。资源配置要有所倾向，应优先选取对企业长期价值敏感度高而又切实可行的业务作为主要驱动力，不断地将为客户服务的价值观推向纵深，把企业的中长期战略规划的清晰表达逐渐转化形成产品的演进路标。

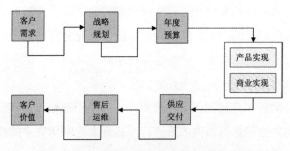

图 4-2 从客户中来，到客户中去示意图

产品或解决方案是客户需求的载体，是企业目标在公司的落地，因此产品开发除了产品本身的实现，还需要商业实现。根据商品经济理论，不能促使商业成功的技术开发行为是没有价值的。

在华为，研发项目的产品投资分析要对齐年度商业计划（Business Plan，BP），通过宏微观预算互锁管理机制，构建从产业投资到项目执行的闭环管理。"宏观预算"是指授予各 IPMT 产业的投资总包和人力投资总额，"微观预算"是指 IPMT 将人力宏观预算分解到年/月度的研发项目颗粒度。宏微观预算互锁就是基于投资策略，对宏观预算与研发项目微观预算汇总，进行偏差管理。

客观地说，技术是一个产品商业成功的重要手段，但不是唯一手段，更重要的手段是满足客户的需求。客户价值观的演变趋势引导着产品的发展方向。华为公司的产品开发是两条腿走路，一个是以客户需求为驱动力，围绕客户需求提供解决方案；另一个是以技术为驱动力，通过技术的不断升级带来更好的客户体验。这两个驱动力相辅相成，将开发和市场紧密结合在一起，产品实现遵循着"技术市场化和市场技术化"，商业实现遵循着"客户和公司价值最大化"。

产品开发出来之后面临上市销售，这是产品商业实现的最重要的一环。从市场竞争法则的角度看，在激烈的市场竞争过程中，并不是每一家公司都能得到为客户服务的机会，因为客户掌握着选择企业的权力。

低价格和高质量是很多客户的关注点，因此企业在前期产品开发的过程中，必须持续不断地提高自身的效率，并依靠坚持不懈的持续改进，降低产品成本和服务成本，提升产品和服务的竞争力。

产品成功上市的标志主要有两个，第一个是在 GA（General Availability，一般可获得性）点（参见图 4-1），客户能够无障碍地买到、用到产品，并被服务好。要达到这种状态，就要求企业在产品上市时打通产品信息的传播通道，使客户能够迅速接收到新产品的信息，快速捕获产品的价值点并产生购买欲望，并且能够方便地完成交易，获得产品，还要保证产品在使用过程中遇到的问题能够有效地得到解决。第二个是产品上市后，在预期内要通过营销活动获得销量，并且取得预期的盈利。这就要求产品既要满足客户的价值需求，也要满足企业长期发展的盈利目标，实现企业与客户的双赢。

4.2 价格是开发出来的

我们要改变"IPD 即研发流程"的认识，真正回到"市场驱动创新"流程的本质上来，将理解和细分市场、组合分析、制订业务策略和计划等环节，与产品开发有效地衔接起来，以真正的、有价值的客户需求来驱动产品开发，充分考虑可生产性、可安装性和可服务性等诉求，在产品开发过程中完成商业模式和销售对象的设计。

——华为轮值 CEO 郭平

产品需要盈利，这一点所有人都很清楚，但在具体执行的时候却很容易出现矛盾，这类矛盾通常在两个部门比较突出：财务部门不停地核算各类成本费用，在此基础上根据盈利要求制定出产品价格，目的是想弄清楚最低价格是多少才能够与成本持平；销售部门则不停地试探客户对价格的敏感度，试图找出客户的价格接受程度，然后判断最高价格是多少才能够让客户满意。最终的结果可能是双方多次争论之后的折中价格，也可能是在公司内话语权更重的部门制定价格，但不管是哪种情况，这种处理手段都没有最终赢家。

价格伴随产品产生，产品是价格的载体。价格是客户需求在产品交易层面上的表现，反过来又制约着产品开发。定价在产品开发前期就要介入。产品的技术竞争力满足了客户的基本需求，但是要帮助客户获得商业成功，从而达成企业的商业成功，就必须通过定价管理来实现，产品定价是商业成功的基础和前提。

4.2.1 价格要素

价格要素是指构成一条完整的价格信息所需的基本要素，借此实现价格信息的传达，从而使买方与卖方达成对称的价格信息。它不仅可以影响客户对价格水平的感知，还可以影响大量的客户行为，而客户的行为对企业很重要，每一个价格要素都有可能对客户产生特定的推动作用。

价格与其价格要素一一对应，不同的价格要素组合构成了不同的价格。不同价格要素构成的价格没有直接的可比性，其因不同的客户细分而不同，同一种产品可以有多种价格表达形式，因此，可以通过调整价格要素来区分不同细分客户的需求,从而使价格呈现多样化。

价格要素组合在满足客户不同需求的同时,也给经营者带来了利润空间。组合产生的价格多样化的一个好处是无法对产品直接进行比价,进而保护了销售者的利益。多规格销售、捆绑销售等都是这种要素组合的结果。但无论价格如何变化,都要以客户或消费者的购买习惯为中心,否则容易导致客户失去购买兴趣和对商家的信任。

表 4-1 是购买一台组装计算机的报价单,每一行都是由基本价格要素构成的单价。通过这个简单的报价单,可以看出一条价格信息通常包含名称、规格(配置)、量纲、数量、价格(销售单位价格)和货币单位这几个价格要素。

表 4-1 购买一台组装计算机的价格要素示意图

名称	规格	量纲	数量	单价	货币单位
CPU	intel 酷睿 i9 9900KF	个	1	3459	元
主板	华硕 STRIX Z390-I GAMING	块	1	1799	元
内存	海盗船复仇者 32G 3000 DDR4 RGB 双通道	条	1	1098	元
硬盘	三星 970 EVO 500G nvme M.2	块	1	699	元
显卡	技嘉 RTX2070 SUPER GAMING OC 8G	个	1	3999	元

■ 要素 1:名称

名称即可对外销售单位商品的名称,名称需要体现可读性,即客户或消费者看到此名称就可以感知到这个产品的形态或性能。

名称是一条完整价格信息的开始,要符合购买习惯,不能过于宽泛。特别是在线上交易平台,名称基本由搜索关键词组成,否则商家会基于名称原因而分不到任何流量。从这方面来说,名称要素呈现出归类属性,归类属性不仅方便购买者使用,而且有利于销售商或制造商进行商品价格管理。价格的名称要素没有一个明确的界限定义,对拥有独立品牌的产品，名称通常附带这个物品对应的品牌，天然给了消费者一种购物的隔离区分，如图4-3所示。

华为/HUAWEI Mate 30 Pro 5G 8GB+256GB 亮黑色 超曲面环幕屏 麒麟990智慧　　Apple iPhone 11 64G 黑色 移动联通电信4G全网通手机

图 4-3　价格名称示意

名称还带有类细分市场的信息。随着产品需求多样性的发展，名称的这种属性越来越明显，如旅行牙膏套装。相比之前，如今出差或出游的人们不仅越来越多，而且频次也越来越多，人们希望轻便出行，动辄携带100g甚至更重的牙膏显得非常笨重。客户的需求就是最好的市场，旅行牙膏套装应运而生。这种牙膏是普通家用装的小规格，对于企业来说，这是一个稳赚的产品，旅行装的需求量没有家庭装需求量大，企业生产制造不需要额外增加生产线，只需重新进行生产线的产能编排，即可满足制造需求，却多了一份收益颇高的"新产品"。因为旅行装的价格通常是家庭装的7折左右，利润却超过家庭装的50%。

■ 要素2：规格（配置）

规格是用来区分一系列产品中的某个合适产品的检索词，也便于客户或消费者检索。如电视机的尺寸规格，在相同功能下，屏幕尺寸的展示是非常鲜明的，目的就是划分客户群体。

在IT技术领域，通过规格配置的变化来营造不同价格的案例有很多，如电子产品领域的内存、移动硬盘等。一名消费者在购买移动硬盘时，在选定既有的品牌后，会进行容量的选择。但是，4T容量移动硬盘的价格并不是2T容量价格的2倍，原本打算购买2T容量的消费者60%~80%会最终购买4T容量的移动硬盘。这里有两个方面的驱动力：一方面，对于消费者来说，用更便宜的单位价格购买了更多的使用量，价格更加优惠；另外，随着IT技术的迅猛发展，用户对视频、音频等

第 4 章 价格的一级驱动：开发可行

文件的品质追求越来越高，使得无论是对于个人娱乐还是对于企业办公来说，无形中提高了用户对存储容量的要求，因而消费需求前移。另一方面，对于供应商或制造商来说，生产 4T 容量的移动硬盘与生产 2T 容量相比，增加的成本远低于价格增加的部分，因此他们赚得更多。可以看出，通过规格配置的变化，实现了消费者和企业的"双赢"，企业需要做的是洞察潜在的消费需求，并快速地向市场推出产品。

另外，还有一种比较隐晦的规格表达方式，如我们购买图书时，在检索过程中，通常一本书会检索出平装版和精装版，虽然我们可能对"平装"和"精装"两者没有一个全面的认识，但是看到"精装"两字，我们脑海中就会映射出"贵"这个概念。出版社并不会把图书使用的纸张质量、印刷工艺等一一标出，只需把两种书摆放在一起，读者就会给"精装"打上高档的标签。

■ 要素 3：量纲

量纲相当于可销售产品的计价单位，如按重量计价还是按体积计价，如果按重量计价，是以千克还是以克为单位等。

量纲（计价单位）的变化同样离不开"以客户为中心"的需求，常见的做法是为了细分市场的需要，将产品进行重新划分组合。例如，礼盒装水果不再按照"千克"出售，而是按照"套盒"出售。近些年随着云服务的发展，越来越多的企业和个人都希望"上云"，享受更便捷的服务，这意味着云的计算能力也可作为一种商品通过互联网进行流通买卖。

表 4-2 所示为华为典型的云服务器的价格目录，计算能力采用了"核数"和"内存"两个维度来作为制定价格的量纲，而且提供了便捷、灵活的计价方式，如按小时、按月和按年计算价格。通常购买时间越长，购买价格越便宜，这可以从表格中看出。在同样的配置规格下，可以按需购买（如按小时），这种购买方式比较灵活，可以即开即停，支持秒

级计费,即从"开通"开启计费到"删除"结束计费,按实际购买时长(精确到秒)计费;也可以是包周期(如按月、按年)购买,这种购买方式相对于按需付费能够提供更大的折扣,对于长期使用者,推荐使用该方式。包周期计费则按照订单的购买周期来进行结算,不管是企业级客户还是个人客户,都可以根据自己的需求选择不同的配置和不同的计费方式。

表 4-2 华为云服务器价格量纲

名称	核数(个)	内存(GB)	元/小时	元/月	元/年	元/2年
通用计算	1	1	0.06	32.20	322	644
通用计算	2	2	0.3	147.20	1472	2473
通用计算	4	4	0.64	307.20	3072	5161

从纵向来看,随着计算能力的增加,单位定价提高,且提高的比例要高于计算能力的比例,如计算能力增加 2 倍而价格却增加了 5 倍。销售时要突出计算能力增强带来更高的收益这一理念,通过图 4-4 可以明显看到这种趋势。当然也可以区分两个量纲表征量的不同权重,假设核数权重高一些,那么定价设置时则需要凸显此项。随着核数增加,其价格增加的幅度要高于随着内存增加的幅度,从而给客户呈现不同的价值感知。

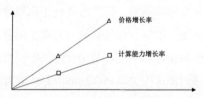

图 4-4 计算能力与价格之间的关系表征

类似的还有培训服务,如同样一门课程通常会制定两种价格:班制和学员制。班制通常是指 6~8 名学员组成一个"班",以"班"为单位进行授课和收费;学员制是数人头的方法,有多少学员算多少个授课对象。不同的量纲和不同的价格为所需企业提供了灵活的方案,有利于企业按需进行选择。

还有一种比较特殊的量纲计价方式是按重量计费,特别是在航空运输业务中。由于飞机载运货物的货舱容积有限,航空公司在收取货运费用时,为了平衡货物实际重量与货物所占容积的关系,采用实际重量与体积重量择大计费的原则。体积重量是指根据货物的实际尺寸计算出体积,然后按照一定的折算系数折算出其对应的重量。实际重量就是货品本身的重量加上货物使用的包材的重量。当计算得到的体积重量比实际重量大时,货物的运费就要按体积重量来计算,通常这样的货物被称为抛货,也叫泡货,反之就是重货。这类货物一般比重小而单位体积偏大,比如棉花、编织工艺品等。

随着现代物流业的发展,不同的运输方式都建立了自己的体积重量折算系数。每个国际快递包裹在经过快递公司的中转中心时,都会被测量货物的体积,根据体积重量公式计算出体积重量,然后将货物的实际重量与体积重量做比较,选择重量较大的数字作为计费重量,再根据得出的重量计算出应收运费。这种变换的价格量纲有利于行业的良性发展,对企业和用户双方都是一种约束和保护。

■ 要素 4:数量

数量是指产品价格所对应的可售产品的数量,通常缺省情况下默认是"1"。

数量的变化常见于捆绑销售、套装销售或阶梯销售的场景,这些方式本质上属于促销,只是方法不一样,利用的是买得多相对便宜的客户需求心理,但是这种方式仍然需要一个合理的数量设置。虽说通过增加数量可以分摊成本,降低单价,让客户获得实惠,但是数量太多有时反而是一种购买负担。如某电商平台推出 10 支装 120g/ 支的品牌牙膏,这可能是一个普通上班族两年的牙膏使用量,虽然单价确实便宜,但对一些消费者来说没有实际购买需求,吸引力也不大。这种情形比较适合团购模式或者 B2B 模式。

为了增加客户的价值认同感,众多企业逐渐推出"一站式"购物服务,目的是将相关主题的需求集中在一起,提供一种菜单式服务,用来解决客户单独购买选品的困难。如果能够与生产企业的 ERP(企业资源计划)对接,供应商还可以通过监控用料的消耗数据实现自动补货,既解决了备货缓冲问题,又解决了资金缓冲问题。对于服务提供商来说,可以省去一些中间环节,大批量的采购和出货还可以实现规模效应,降低成本,这样就可以将这部分节省的收益返给客户,为客户提供相对较低的价格。

量价关系一直以来都很受关注,因为其表征相对简单,消费者容易辨识。当然其演变方式也是各种各样,如满减、满赠、多件享更高折扣等,从而使价格呈现多样化,满足客户不同的需求。这些都是利用数量因素来影响价格的行为,这里不再一一论述。

■ 要素 5:单价(销售单位价格)

单价是展示给客户或消费者的一般商品的销售价格数字,或者是客户目录价的价格数字,但通常不是最终成交价格。

价格数字要素在日用品商品的定价上使用频繁,如果留心观察,就会发现陈列在商超货架上的商品通常是以 1 位或者 2 位小数点来标注价格的,如图 4-5 所示。有研究表明,对于语言信息,人类大脑只能保留 1.5 秒到 2 秒钟的记忆,产品的价格每多出一位,我们对其记忆力就下降 20%。因此,价格越复杂,小数点越多,我们的大脑就越不容易记住。

图 4-5 小数点在价格数字上的应用

例如，如果商品价签上标的是 4 元，我们会记住 4，如果价签上标的是 3.98 元，为了提高效率，大脑会选择性地将其记为 3。面对琳琅满目的日常用品，消费者就是通过这种选择性记忆来筛选出"低价"商品的，因此标价 3.98 元的商品很容易被认为是"低价"，而实际上，其相比标价 4 元的商品仅低了 0.02 元。通常以 9 结尾的价格意味着实惠，而以 0 结尾的价格意味着精美和高档。小数点定价一般适用于中低档商品，尤其是日用百货，因为对于这类商品，价格因素对消费者购买决策的影响较大。而对于高档商品，价格因素对其影响不是最大的，因此一般都用整数定价，显示商品的尊贵。

为了加强这种视觉记忆，即消费者对商品价格的识别、保持和再现的能力，商家在原有的尾数价格基础上对其进行升级，特别是在促销海报上，常常将价格的整数部分放大，尾数部分缩小，造成视觉上更大的冲击，将价格的尾数部分"过滤"掉，起到了化零为整的作用，使得价格变"便宜"。

这就是价格数字的魅力。据相关的消费行为研究，商品这些细微的价格调整可以刺激消费者敏感的神经，继而使消费者产生兴奋、愉悦的情绪，这种连锁反应能吸引更多消费者加入购买队伍。

■ 要素 6：货币单位

货币单位是产品价格的货币价值表征，一个价格可以采用几种货币进行表征。

本位币是指本国国家的流通货币。如中国的本位币是人民币，美国的本位币是美元。在给商品定价时，应考虑本位记账的需求，如中国规定以人民币为记账本位币，即国内企业的所有财务报表都要用人民币来进行记账，这样既方便企业也方便各级职能管理部门进行统计分析。

在国际交易中，不管是出口还是进口，当计价货币与交付货币二者为不同的货币，即用一种货币表示商品的价格而用另一种货币支付货款时，如果交易主体企业属于境内企业，如中国大陆的企业，记账币种就是"人民币"。交易过程存在汇率转换，出口时需要把人民币转换为当地币种，而进口时则需要把当地货币转换为人民币。因为汇率存在波动，会产生汇兑损失，所以企业在进行定价时需要对商品进行重新包装，否则汇率造成的成本差异会导致实际回款减少，或者导致进口成本高于预期，从而使商品无利可图甚至亏损。

随着WTO（世界贸易组织）的推动和全球市场的开放，一般商品的竞争越来越激烈，其利润空间不断被压低，再加上国际形势不稳定，一些国家和地区的汇率波动不仅频繁，而且幅度大，特别是在一些通货膨胀率高的国家，当地货币贬值速度非常快，对国与国之间的经济贸易产生了诸多不利影响。

出口企业在制定价格时，通常会有本位币价格和美元价格两种形式。如果产品仅在国内市场进行销售，设定价格的货币单位可采用本位币，通过本位币进行交易和结算。而美元价格通常是海外市场价格的展示，为避免汇兑损失，一种办法是在交易合同中约定两种货币的汇率，以便到期结算时换算；另一种办法是采用国际流通货币，选择汇价坚挺的货币，通常以美元计，相当于计价货币与支付货币二者统一，都采用美元作为交易币种，避免汇兑损失。

美元对本位币汇率要求取年度相对"公允汇率"，而不是取即时汇率，以保证商品价格的相对稳定性。"公允汇率"是一个相对概念，没有官方的定义，是企业根据自己的经营需求自定义的内部正式使用的一个汇率值，目的是保护利润。公允汇率是企业根据历年汇兑表现和来年市场汇率走向做出的基于本企业利益的预测。

4.2.2 价格的开发流程

华为发展至今，已有多个不同形态产品的开发模式，如运营商业务、

第 4 章 价格的一级驱动：开发可行

云计算业务、消费者业务等。企业在制定流程时，通常会以最典型的产品开发作为蓝本，其中运营商业务下的各种类型的硬件设备以及嵌入式软件，是华为 IPD 流程诞生的蓝本，这类产品有以下特点。

（1）通常看得见、摸得着，有相对标准的外形尺寸或运算逻辑，而且遵循通用的行业标准，具有标准的框架和接口，便于后续的集成、组装和替换使用。这些特性产品按系统结构的要求组装成一个有机整体，以实现某一特定的功能。

（2）这类产品需要先被企业开发出来，然后才能批量地制造加工，继而上市交易，最后到达客户手中，因此客户对产品容易感知和比较，如图 4-6 所示。

图 4-6　硬件产品制造后移交给客户

同样地，我们可以以这类产品为基础制作一个定价流程的蓝本。图 4-7 所示为以 IPD 流程中关键的 DCP 为基础进行价格制定的一个概括性展示，目的是说明价格制定流程是如何沿着产品开发主线进行定义的。

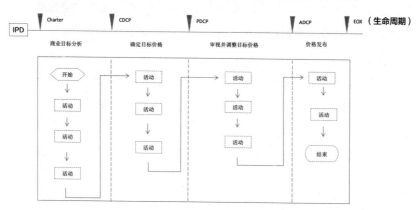

图 4-7　定价流程示意图

在 IPD 体系中，DCP 是围绕市场、技术和盈利可行性展开的，价格和下一小节的目标成本同属 DCP 决策评审的内容，因此 DCP 决策评审的结论同样对价格和目标成本适用。其通常有三种结论：Go、No Go 和 Redirect。

（1）Go：继续进行，承诺提供下一阶段项目所需的资金和资源。

（2）No Go：终止项目，资源进行重新分配。

（3）Redirect：信息和数据不足以支撑 IPMT 给出 Go 或者 No Go 的结论，PDT 需要收集更多信息，完善后再次评审。

本节中所述的产品定价是指制定产品目录价和目标价格。"目录价"或"清单价"是根据每种产品客户细分的正确定位，制定让客户和竞争企业都容易看到的价格水平，公开传播自身的产品到底值多少钱。虽然每个企业都很少按照目录价进行实际交易，但是目录价却给出了价格的锚点，使客户拥有价格参考信息，也是后续交易定价的起点。目标价格是企业希望在市场上所成交的价格，低于目录价。目标价格与目录价的比值称为目标价格折扣率。

流程是业务作业流的一种表现方式，是优秀作业实践的总结和固化。在产品开发过程中，一切活动都围绕产品展开，产品价格制定流程要承接产品开发流程，并和其他业务组织流程相互调用和配合，共同支撑整个产品的开发推进。

流程和部门不能"捆死"，如果捆死会使业务很被动，出现部门一改就得改流程的情况。因此，流程设计的思路是在流程里不设部门，不与部门直接挂钩，流程里只定义角色，业务组织要承载流程里面的角色，这样会使流程真正做到"为业务所用"。流程涉及的角色和职责都是业务开展所需，而不是在流程中安排角色和职责。

如果流程建设复杂，多数是因为没有想清楚流程最终服务的业务，以及产出贡献是什么。定价流程的建设过程其实是定价管理业务不断优化提升的过程，适配到每个公司，可能会存在不同的业务类型、不同的发展战略规划、不同的组织架构，因此流程不能生搬硬套。流程是为公司业务发展所需而设，只有满足公司发展需求并能支撑业务目标的达成，才是高效的管理流程。

新产品的价格制定要求密集的跨部门合作，如研发、销售、财务以及市场等部门的通力合作。那么，该如何分配每个流程关键节点承接人或接口人，从而整合定价所需的信息？流程中的各个角色输出本活动的作业数据，这些结构化或者非结构化的作业数据形成价格制定需要的信息，信息在流程中传递，并与上下游业务之间形成互动反馈，同时使不同团队执行定价流程时明确自己的业务职责，理解价格制定的必要性，共同完成价格制定工作。表 4-3 给出了定价流程设计活动和参与角色，以供参考。

表 4-3 定价流程的主要活动

阶段	主要活动描述	参与角色
商业目标分析	• 选取合适的细分客户市场，理解客户的发展趋势和需求，挖掘客户痛点，分析客户消费特征，评估客户购买能力； • 收集细分市场环境信息，识别现有竞争者和潜在竞争者，从产品的市场空间和分布的角度输出产品预期的市场规模； • 结合公司战略发展要求，进行横向和纵向的产品价值比较分析，提炼新产品的价值点，尽可能评估和量化产品带给客户的利益，构建价值最大化的商业模式，并完成配套的产品商业目标和商业计划； • 制定定价策略、确定盈利目标，根据生命周期投入和战略预期销售收入，保持与竞争对手的领先优势，满足产品盈利目标的要求	客户经理、销售经理、产品经理、定价经理、财务经理

续表

阶段	主要活动描述	参与角色
确定目标价格	• 对需求包进行优先级管理，做好内外需求管理澄清，逐渐清晰市场和客户的功能需求； • 针对产品要实现的功能需求，给出可行性的方案和对比分析，充分把握项目进度和开发资源需求，以保证方案落地开发； • 根据定价策略、产品开发方案，给出目标产品的目标价格，并对其预期达成商业目标的关键假设条件进行记录跟踪； • 从财务视角根据目标价格来推演产品方案的盈利能力	PDT经理、产品经理、开发代表、定价经理、财务代表
审视并调整目标价格	• 根据需求设置典型配置，通常是指产品在市场上销售时以相对标准的配比规格完成特定功能的基本构成； • 根据网络配置，对整体的目标价格进行分解，并赋予销售条目目标价格信息，根据销售配置合理分配价格，最大限度地利用获利性最高的配置，保证整体产品盈利	产品经理、销售经理、定价经理、PDT经理
价格发布	• 选取合适的项目和区域客户，进行新产品局部市场范围内的试销活动； • 评审通过后的目标价格和目录价格维护到产品定价库，并进行发布	客户经理、销售经理、定价经理

流程不能生搬硬套，这个示意的流程显然不能适用所有产品，需要根据每个产品的特点对蓝本进行适当的裁剪，以使其更加适合特定的产品，保障产品质量和效率的平衡。当然，企业也应该制定明确的规则，规范裁剪过程，避免随意对流程进行修改。

■ **价格转移**

前文重点讲述了产品价格是如何一步一步制定出来的，通俗地说，就是给予产品销售项一个价格赋值的过程。初步的价格赋值颗粒度比较大，对准的是客户，分解到内部小颗粒的价格时，需要进行二次分配。

受制于各种经济条件和社会环境，运营商的网络也是逐步建设、逐步覆盖的。网络建设先布点，不会为未使用到的服务提前支付费用，因此设备基本是典配状态，而不是完整的满配状态。典配即典型配置，是指在某段时间内实现大多数客户某一完整功能需求所需的各功能部件的组成集合，该集合中的元素（配置清单）具有一定的功能强关联性。典型配置不唯一，一般有 3~5 款系列化成品，如华为 FTTx+LAN+POTS 系列网络产品，其不同产品配置拥有不同的端口数，支持 GPON 或 EPON 上行方式，下行支持接入 8/16/24 路 FE 电接口，如图 4-8 所示。

图 4-8 典型配置示意图

典型配置有以下主要特点。

（1）贴近客户，覆盖市场中 80% 的需求场景。

（2）感受直观，有助于理解产品。

（3）标准化、模块化设计有利于进行扩展或收缩。

（4）典型配置一旦确定，很少变更。

随着用户数量的增加，网络进一步的建设被激活，因此需要根据预期用户数量的增加进行扩容。这里所说的扩容是指在原先网络设备的基础上增加部分功能部件，如增加用户板，以此来满足新增用户量的需求。从利润获取的角度来看，这样的操作使得不同部件在整个产品中的价值定位不同。价格转移是指对于同一个产品，在不同的部件之间根据价值进行价格的二次分配，目的是使客户在扩容建设时可以争取更大的价值利益，给予核心部件更多的价格保护，而不扩容部件的价格适当降低，整体的典型配置价格不改变，如表 4-4 所示。

表 4-4 价格转移示意

定价策略	典配	部件 A	部件 B	部件 C	典配总价	扩容配置	扩容总价	收益
方案 1	A+2B+2C	10	15	20	80	4A+2B+2C	110	30
方案 2		10+1×2+1×2	15-1	20-1			122	42

假设现在有两种方案，方案 1 没有进行价格转移，而方案 2 进行了价格转移，部件 B 和部件 C 的价格部分转移到了部件 A。在客户初次建网时，两种方案的 CAPEX（资本性支出）是相同的，都需要投入 80，但是在网络有扩容需求的条件下，方案 1 的收益是 30，方案 2 的收益是 42，后者收益要高于前者。很明显，因为价格转移，随着用户数量的增加，扩容既能够给客户带来持续的收益，也为华为公司带来长期的收益。

这种做法很容易让我们联想到"剃须刀"模式：通过低价售卖刀架，让消费者容易接受刀架，而将整体收益转嫁到高利润、高频率替换的刀片上，这与设备扩容的价格策略有异曲同工之处。它们最重要的特征是，交易都不是一锤子买卖，而是预埋了持续交易的可能性。这样做拉长了产品的生命周期价值，形成长尾效应，采用价格固定和变动相结合的形式，尽可能地降低固定部分的价格，让客户容易接受初期的投入，随着客户使用量或使用频率的增加，变动部分会逐渐增加。如果采用数学方程式对该模式进行描述，则可以拟合成 $Y=a+bX$ 的二元一次方程，如图 4-9 所示。如果变量有多个，可以在以上方程的基础上继续增加，即 $Y=a+b+cZ+\cdots$，这样既可以形成一定的用户黏性，又可以通过高利润的变动部分来提高整体收益率。

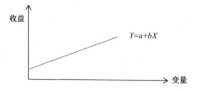

图 4-9　固定＋变动收益的收益变化趋势

4.2.3　目标成本管理

> 公司对产品成本实行目标成本控制，在产品立项和设计中实行成本否决。目标成本的确定依据是产品的竞争性市场价格。
> ——《华为公司基本法》

一个企业，要时刻关注开发的产品与客户愿意支付的价格是否相匹配。现在社会生产过剩，各行各业竞争非常激烈，客户一贯的要求是价格低、质量高、服务好，因此企业应盘活企业组织，降低运作成本，提高研发创新能力，驱使公司和员工苦练内功，提升公司核心竞争力。只有这样，企业才可以在不提升产品价格的情况下增加收益，而不是靠提升产品价格来满足企业的内部成本摊销。企业应该按市场价格来压缩内部成本，而不能根据内部成本制定产品价格。

正如前文所述，不管是硬件产品还是软件产品，都需要先制造后销售，也就是实现盈利的前提条件是前期成本得到了补偿。因此，企业要在产品开发过程中关注产品是否具有明显的成本优势，从而在满足客户需求的同时获得盈利。

目标成本是指企业为了达到特定的业务目标，通常是目标利润，为产品或销售项目设定的，在一定时期内要达到的成本。从 IPD 开发流程来看，这个时期通常是指 ADCP（产品正式公开发布并推向市场前的最终决策评审，通常意味着产品达到量产能力，满足市场交付）。进一步说，目标成本就是根据预计可实现的销售收入扣除目标利润计算出来的成本，如果用一个公式表示，即目标成本＝目标价格－目标毛利，所以在目标价格相同情况下，目标毛利不同则目标成本不同，如图4-10所示。

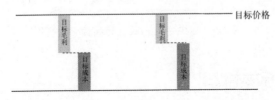

图4-10　目标成本与目标价格、目标毛利之间的关系

目标成本的公式还体现了市场导向意义，即价格是由市场决定的，目标成本的确定依据是产品的竞争性市场价格，企业要获得更多利润就要学会降低成本。因此，在Charter开发时，需要把市场调查清楚，把客户需求特别是客户在未来的价格需求了解清楚。

通信行业属于长周期投资市场，客户购买通信网络设备往往要使用10年至20年，不像消费品一样使用年限短。因此，客户购买设备时首先选择伙伴，而不是设备，因为他们知道，一旦双方合作，就需要在一个相当长的时间内共同为消费者提供服务。

因此，客户选择的合作伙伴不但要有领先的技术水平和高度稳定可靠的产品，能快速响应发展需求，而且要服务好。而客户的要求就是产品质量好、服务好、价格低且要快速响应需求，这就是客户朴素的价值观，这也决定了企业的价值观。但是质量好、服务好、快速响应客户需求往往意味着高成本、高价格，而客户又不能接受高价格，所以华为必须做到质量好、服务好、价格低，优先满足客户需求，才能符合客户要求，而只有做到低成本内部运作，才能实现价格低这一目标。

目标成本虽然是一种预期结果，但对价格管理却有着非常重要的意义。首先，目标成本本质上是一种价格导向，是以市场需求进行产品设

第4章 价格的一级驱动：开发可行

计开发，避免了原始的以成本为导向的定价方法。其次，目标成本对产品开发起到了一种牵引作用，使得产品设计更具目标性。不论是通信设备，还是其他类似的物理设备，其产品的成本构成中有形的物理物质占了相当大的比重，它们一旦设计定型，其生产技术、加工工艺和流程管理也就确定下来，这样便于实现产品的标准化、系列化批量生产。显然，前期的目标成本设计比后期的生产工艺改进提升更为重要。

目标成本的制定与管理流程如图4-11所示。其仍然遵循IPD主流程，根据DCP，分为四个关键活动阶段，分别是初始目标成本设定、目标成本签发、过程管理和结果度量。过程前后形成呼应，目标成本的承接是产品开发部门，产品开发经理是第一责任人。

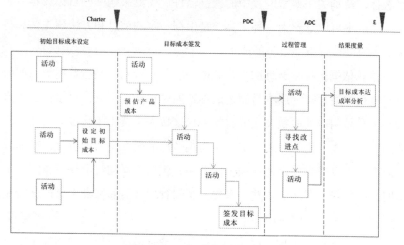

图4-11 目标成本制作示意图

目标成本的制定与管理流程具体如下。

（1）初始目标成本设定。遵循学习曲线，从竞争、客户和自我改进等各个角度提出初始目标成本。学习曲线也称经验曲线，如图4-12所示。随着产品累计产量的增加，单位产品的成本会以一定的比例下降。同时产品加工所需的物料具有规模效应,也通常随着产量的增长而单位成本逐渐下降,因此产品成本也遵循这个规律。基于此,可以在原先的基线基础上提出改进要求。

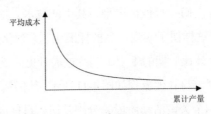

图4-12　学习曲线

（2）目标成本签发。预估产品成本的目的是供产品开发进行技术方案选择,特别关注典型配置中的关键器件、关键采购件的目标成本。预估产品成本可以理解为一种工具,是根据一定的信息和方法预先估算将来某个时间段很可能发生的成本。

估算依据包括采购件的单价数据库、物料费用、制造费用等。产品生产过程中最直接的成本是制造成本,通常包括三部分：直接材料（直接用于产品制造的原料及主要材料）、直接人工费用（直接进行产品制造的生产工人工资）和制造费用（为制造产品而发生的,应计入产品成本但没有专设成本项目的各项生产费用,包括机器物料消耗、车间厂房折旧和修理费、车间照明费、水费、车间管理人员和辅助人员的薪酬费用、办公费用、差旅费用等）。

通过建立估算模型,以上提到的这些成本最终可以表现为加工生产某一个元器件或部件的费用。生产加工讲究的是生产工艺和加工流程,不同部件除了本身成本差异之外,加工工艺要求也不一样。不同工序和不同元器件加工工艺组合成这类产品的制造成本。成本估算模型如下。

$$f(x) = 其他 + \sum_{i=1}^{\infty}(工序_i)\sum_{n=1}^{\infty}(料本_n \times 数量 + 费用_n \times 数量)$$

第4章 价格的一级驱动：开发可行

工序：完成产品需要经过的加工过程和环节；

料本：由各种原材料和辅助材料折合而成；

费用：每个工序针对某个元器件在本工序完成所需的成本，通常是由制造费用和人工工资折合而成；

数量：该加工产品上这种元器件的数量；

其他：故障、损耗以及停机造成的资源折合费用。

估算技术包括类市场参考法、比估算、参数估算、自下而上估算和贝塔式三点估算等。因为预估是个渐进明细的过程，估算依据最好定期更新，预估周期建议为未来的12~18个月。

根据预估成本和对市场的持续跟踪，重新审视或刷新目标成本，并对其中关键假设进行更新或记录，如有必要，可落实到相关责任人，形成问题记录跟踪表。

（3）过程管理。预测成本达成率，测算当前成本，分析差距，找出成本改进机会点并进行跟踪管理，监控产品变更导致的成本变更，特别是对一些异常物料的采购，需要和供应商核实，避免影响产品量产使用。

（4）结果度量。目标成本达成率计算采用ADCP的标准成本，其又称实际成本或历史成本，是指取得或制造某项产品时实际支付的现金或现金等价物金额。特别是存货的日常核算，经常用到标准成本。但在一些特殊情况下，度量时产品还没有达到应有的量产要求，所以成本是偏高的，例如华为的运营商产品，基本上在产品GA后半年才有较大规模、较大数量的应用，所以这时可以与相关业务方确认，考虑采用延后达到量产时点的预估产品成本来代替先前的数值，其有时也被称为"二次评估"，以便反映比较真实的目标成本达成情况。目标成本偏差率公式如下。

$$目标成本偏差率 = \left(1 - \frac{标准成本 - 目标成本}{目标成本}\right) \times 100\%$$

如果没有偏差,则计算结果是100%。对目标成本偏差率的计算,除了要完成绩效考核,还需要分析和总结整个过程中的经验,为后续逐渐提高达成率提供改进指导。除了关注成功经验,还需要重点关注以下两类影响目标达成的问题。

(1)是否存在先前没有识别出的风险?

(2)是否存在已识别的风险但没有执行到位?

目标成本制定与目标价格制定虽然是各自相对独立的业务,但是两者通过产品开发主流程耦合。目标成本在签发之前与目标价格进行相互调用,通过产品的预期目标毛利来调整产品的目标成本。对于新产品,在开发前期就必须规划好目标成本设计,以达成产品上市时的盈利要求,这也是华为追求一定利润率之上的增长的映射。

■ **目标成本转移**

目标成本转移的出发点非常类似前面提到的价格转移,因为不同的功能部件在整个产品系统中的"贡献"是不同的,有的部件功能很重要,而有的部件功能则处于次要地位。产品的系统工程师(SE)在整体产品方案的基础上做出类似的功能分解,目的就是区分出不同部件的"贡献值",然后根据部件的贡献来调整目标成本,提高资源利用率,防止错位。

如表4-5所示,假设某产品由四个功能部件构成,分别是A、B、C、D,总的目标成本是1000元,在整体目标成本满足的情况下,功能部件之间的调整更偏重于指导意义,而非强制性。

表4-5 调整目标成本

功能部件	贡献度(%)	当前成本/元	分配成本/元	调整值/元	建议
A	10	120	100	-20	下调
B	20	200	200	0	保持不变

续表

功能部件	贡献度（%）	当前成本/元	分配成本/元	调整值/元	建议
C	30	330	300	-30	下调
D	40	350	400	+50	上调

- **成本管理组织**

华为公司的成本管理组织分三层，第一层是公司管理团队，确定整个公司成本战略和方向；第二层是成本委员会，BG、BU（业务单元）层面设置成本委员会，是成本管理的最高决策和管理组织，负责制定本领域的成本策略、目标，管理成本措施的执行落地；第三层是各业务部门，负责具体措施落地和成本持续改进。

4.2.4　不一样的服务产品

服务也是一种产品，能够解决客户某方面的需求或提供问题的解决方案，但是服务产品没有一个明显的物理形态，缺少明确的规格，并不能给出一个相对公开的目录价。专业服务类和交付施工类是最常见的服务产品类型，他们的产出更多地表现为一种独特的服务交付能力，如机房代运维类服务、设计建造（DB）类服务等。可能每次建造的价格都不一样，即便是相同时间段，建造服务也有很大的差别，这是由服务场景化的特质决定的。

服务产品基本上是靠自然人或工具等完成客户的相关要求。这些服务产品可大可小，其最大的特征是项目化，也就是说，这类服务产品拥有项目的某些特征。

PMBOK（项目管理知识体系）对项目的定义：项目是为了完成独特的产品、服务或成果而进行的临时性的活动。其特点如下。

（1）每个项目都是独特的，因此总是存在非常大的需求不稳定性。

（2）项目是临时性工作，有明确的起点和终点。

（3）项目从方向性大目标到具体可测量的小目标，是渐进明细的。

服务产品的初始状态是"产品无形性"，不能像物理设备产品一样做到标准化，往往是看不到、摸不着的，体会不到产品"价值"，客户购买的是一种"预期状态"，往往得到的只是一些相关条款和承诺，容易导致客户的期望值和实际值有误差。如图4-13所示，客户认为预算可能是100万元，而服务提供商的报价则是200万元，这种明显的差距，很容易导致双方失去继续合作的可能性。

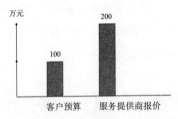

图4-13 服务报价与客户预期差异性

相对于物理设备，服务产品还具有"后生产性"，即服务产品的生产活动和销售活动同时进行，或销售先行，然后进行相关的生产活动，不可以先生产后再等待机会销售给客户。这种后生产性容易导致交付界面的错位，服务提供商在销售时可能为了拿下项目做出过多承诺，而交付时迫于成本压力则收缩界面。如图4-14左所示，客户理解的服务内容是大圈，而服务提供商理解的内容是小圈，造成交付验收不通过；或者如图4-14右所示，为了提升客户满意度，服务提供商超界面交付，导致交付内容大于销售内容。

图4-14 客户需求与服务提供商的差异性表现

第4章 价格的一级驱动：开发可行

服务产品的生产制造是一个"渐进明细"的过程，刚开始，客户需求的不确定性非常大，风险也大，变更时有发生。随着交付的逐渐进行，需求的不确定性逐渐降低，如图 4-15 所示。这些不确定性使得服务产品的价格极具"不稳定性"，所以很少有对外统一宣称的"目录价"，因此会严重影响报价效率，而价格的不稳定性会破坏客户和服务提供商之间的信任度，增加双方的交易风险。

图 4-15　项目的渐进明细

■ **场景化交付模型**

服务产品虽然与项目有很大相似性，但又不完全相同。服务产品是基于市场中的物理设备而开展的，物理设备是标准化产品，服务产品作为一种特殊的复杂产品，体现的是一种综合解决方案的能力，具备驱动教育市场客户的能力，但又不同于项目的执行整合能力，因此服务有产品化的需求动力。服务产品化的可能性来源于众多相近或形似的交付场景，如图 4-16 所示。

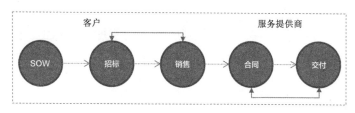

图 4-16　服务交付流程示意图

合同是客户与服务提供商的交易界面，既然从 SOW（工作说明书）到交付是一个渐进明细的过程，说明交付的内容才是详细的、明确的，如果能够从很多的交付项目中提取出相似点，然后加以模型化开发，推给匹配的客户化场景，这便是产品化的一种思路。以交付活动为主线，通过一定数量的项目可以进行不同场景的相同点提取，按照国家、区域、全球这种颗粒度由小到大进行产品相似性提取，可以实现不同组网模式下的不同场景交付模型。

招标是客户要求的实际内容，如果对其进行客户需求相似点提取，就会得到场景化的客户基本点需求，然后用其辅助优化上述交付模型。这相当于为交付模型注入市场和客户视角，将交付前移，以交付的语言来表达客户的需求。最终模型内容构成类似倒金字塔的结构，最上层是全球交付模型，占比最多，其次是区域模型，然后是国家模型。

虽然交付对准的是合同，而销售对准的是标书和SOW，但是场景化模型的建立有助于拉通销售语言和交付语言，使销售与交付保持一致，相当于在起始阶段就将客户需要交付的边界勾勒清晰。如此一来，服务产品也具备了价格准确性的基础，报价项自上而下依次取值，最大化地实现全球报价标准，提升服务产品价格的"准确性和公正性"，缩小客户和服务提供商的价值理解偏差，尽可能使双方达成共识。模型的建立使服务产品在一个或几个方面能够呈现出标准化，增加了服务产品的"真实"成分，给客户提供了服务产品质量的"标准"，具备了产品盈利的可能性。

由此可见，服务产品化过程遵循相似或相近的分类做法，以客户为中心，按照服务对象的服务特征进行划分，以已经完成的服务产品为样本，结合客户在服务现场的诉求和痛点，对服务产品进行分类。如因地区导致的不同可以按照地域划分，因服务等级导致的不同可以按照服务等级进行划分。这种划分可以理解成服务交付场景的标准化，划分一定是按照大颗粒度进行，具有普遍的典型意义，能够明显地将价值区分开来，方便后期的客户预期管理。例如，就设备的安装服务来说，室外型

第4章 价格的一级驱动：开发可行

设备安装相比室内型设备安装的环境要复杂，需要投入的资源要多，而室内安装则通常位于专用机房，环境较单一，现场交付相对简单，因此安装服务就可以按照室内和室外进行大颗粒度划分，这样一来，客户对这两种方式的交付预期，包括交付周期、交付成本等，自然也就能够分开。

在完成标准化交付场景的大框架下，下一步要做的就是标准化交付流程。标准化交付流程就是将作业流程标准化，明确作业的先后工序，避免重复或返工，避免多余投入。标准化交付动作是针对标准化交付流程的作业分解，确定完成某项任务的最佳工作方式，从而将服务产品分解为不同模块，每一个模块相对完整独立，从而逐步实现服务产品的标准化。

服务产品标准化程度的高低取决于服务交付动作模块化的实现程度。服务产品的模块化分为共用模块和专用模块。共用模块的重复利用率高，成熟度也高，可以实现共享化，其特征是不区分区域，服务集中在某地建设共享中心，各个区域交付按照资源买卖方式获取共享中心的使用权，如技术支持共享中心。专用模块限定于某些特定的场景或客户要求，不是完全意义上的标准化，而有点类似定制化，其前期没有明确的交付界面，只有大概的轮廓或功能框架，需要和客户不断沟通，通常是服务提供商给出客户一个明确的交付方案，或者是客户逐渐明晰自己的需求，然后把需求转交给服务提供商。

不管是哪种方式，经过长期项目经验的积累，通过不断优化修正这一系列的标准化过程，最终该服务产品慢慢形成了一套成型的交付方案，而且容易被接受和认可，标准服务产品基本实现。经过这一系列标准化过程，服务产品基本可以实现模块配置化，如图4-17所示。

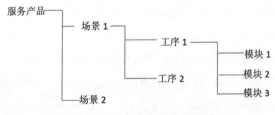

图 4-17 服务产品模块化配置

一旦模型建立,模型底层的模块成为报价的基本单元,通过自下而上的卷集操作就可以完成整个服务产品的报价,每个模块相当于标准化动作的最底层交付单位,可以在短时间内完成,也可以较为准确地计算所需资源,因此价格相对稳定。

■ 价格基线管理

模型建立起来后,应该如何进行定价操作呢?这里用到一个改进工具——基线管理。基线可以是客观存在的历史数据的相对平均值,也可以是业界的领先数据。经过公司相关管理流程评审的认可,建立基线相当于建立一个相对正式的参考标准。基线管理是指以基线为基准,在此基准上加一个"改进目标"系数,作为新开展工作的参考基准,完成后则以实际完成数据来回顾基线数据,进一步优化基线数据,形成闭环管理。初始基线的建立不一定多么准确,只是为持续改进提供参考和方法,促使公司的经营结果趋向于管理目标。

建立一个初始基线后,要例行审视实际达成情况,记录相关差值,并进行修正,直到下一个基线版本建立。例如,华为 2014 年拉美北地区部基线建设管理思路如下:拉美北地区部每个国家建立自己国家的基线,用过去三年的数据分析就会得出一个基线,以后的改进瞄准前两年的改进,今年跟去年比,明年跟今年比。不寻求统一的标准基线,因为不同国家情况完全不同。不追求最佳、最优、最科学,用平衡积分卡,发现哪个方面和去年比没有改进，明年就重点改进哪一方面，这样经过多年循环，就能达到相对优化的管理。

为什么服务产品价格管理不是直接制定价格，而是采用基线管理的方法呢？因为服务产品有明显的区域化和共享化特征，与硬件产品差别很大。硬件产品所需的物料虽然分散在各地，但集中采购后其制造生产中心通常集中在某一或几个区域，完成最终组装，很少涉及地域性，因此制造成本相对于各个销售区域基本是一样的。

但服务产品成本却具有"地域性"，服务产品的交付属于本地化交付，不同区域掌握相应技能的人员能力不同，导致投入劳动完成该需求所使用的作业时长不同，不同用工人员本身的成本也不相同。而且服务产品会受到当地社会环境的影响，因此服务产品受到地理因素或时间、区域限制，即使统一服务，表现在成本上的差异性也很大，如图4-18所示。

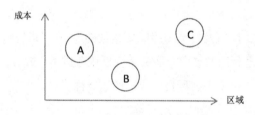

图4-18 服务成本存在区域差异

例如，一个基站设备的安装，其选址可能是山区、城市，也可能是房顶，成本显然不同。而同样是一个基站设备的安装，高级工程师可能需要一个星期的工期，低级工程师可能需要两个星期的工期。因此，对于服务产品来说，只能给出场景化的交付模型，在此模型下给出一个目标标准，形成牵引目标或改进目标，同时具体场景具体对待。

服务产品的交付主体是自然人，以及帮助人实现相关服务产品交付活动的配套工具等。其中人可以是自有人力，也可以是外包人力，在正常用工环境下，企业需要付给工人工资，为工人购买社会保险，给予工人必要的技能培训，这是企业培养员工最直接的成本，也是交付服务产品过程中人的直接成本。但是还需要考虑整个交付活动中人的活动成本，包括员工的差旅费用、出差补贴，交付过程中发生的场地租用、车辆使用费用等所有与交付完成相关的间接成本。

服务产品的成本基线建设就是基于历史完成项目所使用的资源，采用已经核算完成的数据，按照场景化交付模型进行拆分，把项目中消耗的直接成本和相关的间接成本进行拆分。建议成本基线区域维度的颗粒度设置在国家维度。如果国家较小，且与周边邻国的成本差别性不大，可以按照片区进行设置，而更高层级成本基线则可以通过底层卷集实现。

成本基线有利于服务产品的开发，有利于确定目标服务成本，以保障产品上市后的服务费用，以及将服务费用率控制在合理的范围内。在概念和计划阶段，可以通过可服务性成本基线、可服务性需求或工具的挖掘来支撑目标服务成本的制定要求；在服务产品开发阶段，分析完成服务活动所需工序以及每个工序需要达到的工时目标，提出成本优化的机会点，特别是利用共享中心服务来降低服务成本。最后，产品上市后，在实际的项目交付中来衡量目标成本的达成性。

同理，价格基线建设首先要遵循 3C 定价模型，建立客户基线、竞争基线和成本基线，同时包含基线的颗粒度、基线建立/使用的工具化等方面的内容。竞争基线和客户基线的颗粒度建议设置在国家维度，客户基线建设数据来源采用客户的报价邀请书。竞争基线建设难度最大，因为信息获取困难，而且对比有一定难度。竞争基线建设数据可采用项目招投标过程中获取的竞争对手信息，平时需注意信息的收集和积累，逐渐从点到线再到面。

竞争基线和客户基线是服务产品报价的基础，反映的是市场和客户的意愿。要基于竞争基线和客户基线向客户报价。成本基线则是自身改进效果的检验，检验是否通过改进获得了更高的盈利。可以认为，竞争基线和客户基线是成本基线的校验，三者在同一维度拉通比较，避免直接采用成本加成定价的方法。

因为基线是需要持续改进的，必须及时刷新，否则就会存在问题，故而需要组织承接基线的建设和管理。基线建设的责任人必须由代表公正的第三方担任，不应该放在销售部门或者后续的交付部门，价格相关的基线建设通常由定价组织负责。另外，基线由系统自动生成和更新迭代，避免手工方式可能造成的准确性和管理方面的问题。基线建设是一个长期的工程，建立和完善全球服务产品基线是面向客户、面向华为、面向合作方多赢的有效手段。服务产品有国家和区域的属性，基线建设需要因地制宜，通过区域试点，不断完善。

4.2.5 生命周期的退与进

就产品而言，一般会经历开发、导入、成长、成熟和衰退阶段，华为沿袭IPD理念，通常将产品生命周期定义为从上市导入市场到不再提供服务这个过程。新产品从上市到生命周期结束，不同的行业和企业的生命周期跨度长短不一，快消品的生命周期通常是3~6个月，而一些大型设备或化工产品，其生命周期会达到10年甚至更久。华为产品生命周期的关键里程碑如下。

GA（General Availability）：大批量交付给华为客户的时间；

EOM（End of Marketing）：产品停止接受新建和扩容订单；

LODSP（Last Order Day of Spare Parts）：备件最后购买日。在备件最后购买日后，正常维护用备件可以通过购买服务产品获取；

EOS（End of Service&Support）：华为公司停止此产品服务和支持。

产品的导入期是一个逐渐让客户和市场接受的过程，客户对新品上市时的价格很敏感，企业应注重培养市场。降价不是明智的选择，反而会影响到产品的市场认可和渠道推广。价值沟通和有效的促销方案能够较为有效地影响客户的购买决策,其考核重点是销售额。对于处在高速发展阶段的产品,企业应以抢占市场份额为目标。虽然考核重点是销售额,但更要关注潜在的销售增长,重点要考察对大国和顶级运营商的突破。争夺市场不仅指争夺地域上的市场,还包括产品市场;而对于发展速度趋于稳定、发展空间有限的成熟市场和产品,价格竞争力也趋于稳定,这时要努力挖掘产品潜力,以利润作为主要考核目标。

华为与其运营商在全球建设了 1500 多张网,网上存量相当大,因此要做好产品生命周期管理,否则难以提升客户满意度。华为轮值 CEO 徐直军在《华为公司就产品生命周期致客户的一封信》中说:"随着科技的飞速发展,新产品不断涌现,网络设备的部件会逐渐老化,功能逐渐不能满足用户不断丰富的沟通需求。老产品在节能环保、网络安全性、可维护性等方面也将面临越来越多的挑战,因此老产品会逐渐被新产品替代。对产品进行生命周期管理,有节奏地引入华为新产品,可以更加有利于您(运营商)吸引客户,增强您的市场竞争力。"

生命周期的定价管理应重点关注两个方面。一方面是对老产品的"善终",要做好上市后持续经营、持续监控产品的关键运营指标,包括价格、销售额、毛利率以及市场占有率等,通过对这些指标的分析,找寻老产品延续价值的价格机会点,通过对价格机会点进行分析,调整产品价格,优化产品;另一方面是对新产品的"善始",通过对老产品价格策略的总结,在新产品中预埋价格盈利点,为了不失去已有的市场地位和份额,需要考虑推出新产品价格的继承性,通过价格支撑新老产品更替衔接,提高客户满意度,提高利润贡献率,控制好新产品的上市节奏。

企业应对价格进行例行监控,特别是在产品成熟阶段,客户的购买需求趋于稳定,并且互相之间的竞争更为稳定,客户的价格敏感度更高,这种状态下通过价格和销量之间的变动可以做出更有效的判断。如果产品销售高出预期,需要及时扩大产能,满足市场需求;如果产品出现滞

第4章 价格的一级驱动：开发可行

销，为了消耗库存，有时需要降价促销。

在产品衰退阶段，老产品的退出节奏加快，价格要进一步降低，为新产品上市让路。降低价格的动作最好一步到位，这时新老产品交替的机会窗往往会打开，没必要在老产品上浪费过多时间。现在越来越多的行业推出以旧换新的服务，目的就是在新老产品更替时，尽可能地避免客户流失。企业将老产品的"评估价"制定得高于实际的残值，客户只需要填写相关资料，卖家直接将该"评估价"抵扣购买新产品的部分价款，使消费者获得"省钱又节省时间"的感受，而且可以即刻购得所需的新产品。

"备件"是产品生命周期管理中一个很重要的产物，特别是对偏硬件设备的企业而言，其重要性不仅体现在备件是保持设备正常运行的关键部件方面，还体现在提升客户满意度和整体利润上。备件制定的价格会高于原件的价格，而且具有天然的定价优势。

首先，备件产品主要是原厂销售，但在产品上市时备件并不直接向客户销售，而是根据客户与厂家签订的相关协议合同，在产品保质期（warranty）之后，才可以购买更换或维修服务。其次，备件具有高附加值，图 4-19 所示即华为商城某时段关于 HUAWEI ××000 全网通 8GB+128GB 手机的报价和备件的报价。

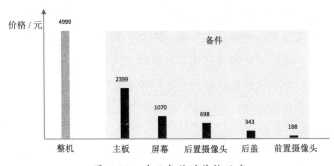

图 4-19　产品备件的价格示意

由图 4-19 可见，产品五个主要关键部件的备件价格总和已经占到整机价格的 94%。

很多企业对备件采用成本加成定价的方法，只在部件的成本基础上增加一定的人工费就直接报价，这样做显然低估了备件的价值，备件定价应遵循 3C 定价模型。首先，从客户视角来看，部件的损坏会对整机正常使用造成影响，而不仅仅是部件本身。其次，原厂备件更容易给人一种可靠性，而且有些备件本身只能由原厂提供，导致备件缺少必要的竞争对手，这些特性使得备件价格往往高于正常的售价。

正因为备件价格的特殊性，有时为了进一步督促老产品退市，企业将备件价格保持在一定的价格水平，而不再跟随产品价格的下降而下降，以此来"逼迫"客户进行老产品的替换。

4.2.6 系列化定价

理论上来说，在一定的消费水平下，市场需求量（该消费层级的购买者）的饱和度与价格水平有着密切的关系。由于消费者的可支配收入是一定的，因此他们会在支付的价格和从产品中获得的利益之间进行平衡。不同的消费者群体会寻找不同利益与价格的组合，这一点会体现在供求关系上。当市场对某种商品的需求量变大，导致供不应求时，商品价格通常会上升；随着商品价格水平的上涨，诸多厂家加入该商品的生产，导致供大于求，价格逐渐下降，恢复平衡。一旦企业与市场达成这种平衡状态，通常意味着价格水平被标定，消费者购买惯性产生，产品阶层逐渐固化，企业增长放缓。此时，企业应注重产品升级，实现纵向跨越，或者向其他细分市场渗透，实现横向跨越，如图 4-20 所示。

第 4 章 价格的一级驱动：开发可行

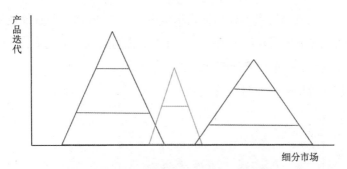

图 4-20　产品的横向渗透与纵向跨越

图 4-20 中三个三角形分别表示三个不同的细分市场，每个细分市场有其对应的细分客户，而每个独立的三角形自身被不同的产品划分，越到顶端表示产品竞争力越强，通常价格也更高。如果企业选择固守已有市场，就会被慢慢蚕食，最终失去市场。因此，企业不管做哪种跨越，都要打破原先的平衡。企业只有通过这种价格和市场的动态调节，才能做到努力创新，免于被市场抛弃，实现发展。

消费者市场是产品价格最为活跃的市场，消费者购买频率高而且具有较高的价格敏感度。系列化定价是指为同一个产品制定从低到高不同的价格，满足客户的个性化需求，通过改变价格要素中的一个或几个要素而得到系列化价格。系列化定价是面向消费者市场尤为重要的一种定价手段，它与垂直定价不同，垂直定价偏重于整个市场的策略，而系列化定价是对某个目标市场更加精细化的运营。

消费者市场的商品价格说到底是由广大消费者的收入水平决定的，这是左右价格最重要的力量，也是系列化定价的基础。对目标客户进行细分和选择是企业活动的第一步，如果没有合理的商品价格与目标客户相匹配，所有的营销活动将不能奏效。关于这一点，可以参考如下案例。

2013 年 8 月，我国著名主持人杨澜在天猫开了一家自己品牌的珠宝店铺——LAN 珠宝。杨澜拥有 3000 多万个新浪微博粉丝，在这一个月内,杨澜在其微博上为她的天猫珠宝店推广了 26 次,并且使店铺排在淘宝明星导航频道新店的第一名。在如此大力的推广引流下,珠宝店一个月才成交了两单,为什么?

其店铺价格分布如图 4-21 所示。

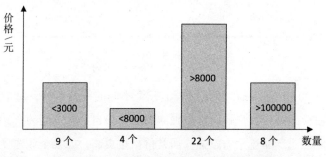

图 4-21　LAN 珠宝天猫旗舰店的价格分布

店铺内有 43 个单品,均价 52914.47 元,其中 1000~3000 元的商品有 9 个,3000~8000 元的商品有 4 个,8000~100000 元的商品有 22 个,10 万以上的商品有 8 个,两个成交的单品价格都是在 3000 元以内。

淘宝商城主流珠宝品牌的热销商品价格基本在 2000 元上下浮动,高端价位商品基本没有销售记录。虽然杨澜作为名人有自带流量的能力,但是淘宝店内珠宝商品的定价显然已经超过绝大多数消费者的购买能力。消费者没有购买能力,自然不会买单。由此可见,即使是在流量为王的电商行业,如果不进行客户细分,做不好店铺的价格和价值目标定位,仍然吸引不到目标客户,也就无法实现有效转化,无法获得理想收益。

系列化定价在消费者市场仍需要以客户为中心,但未来不能完全立足于目前的消费者群体,要注意引导和培养明天的消费者,扩大消费者市场,探索产品价格敏感性,为后续开发新产品提供依据。

系列化定价是垂直产品线和水平价格线合力对市场更为精细化的捕获,展现形式如图 4-22 所示。其中,圆圈中心点是价格点,也是价值点,

第4章 价格的一级驱动：开发可行

是本产品区别于价格线上其他产品最重要的产品特征。圆圈是该价格点所要捕获的市场消费群体。理论上他们之间没有重叠，这样做看上去好像是分散产品集中度，而实际上这样恰恰能稳固品牌价格形象。不同价格点形成不同段位的价格阻击作用，将品牌价格围绕在中心，可以做到伸缩自如，而不影响品牌价格形象。例如，很多品牌手机在推出新产品时，通常有普通版和高配版，每个版本又有2~3个不同的价格点，依次从低到高形成一条价格带。

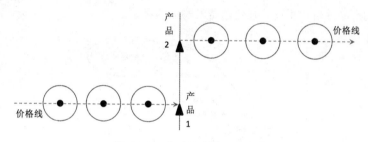

图4-22 系列化定价示意图

对于同一条产品线，我们可以在低端产品上进一步压低毛利率以压制战略竞争对手，同时在战略竞争对手缺乏竞争力的高端产品上持续提升盈利空间。

产品的系列化定价既可以扩大自己的品牌影响力，又可以拉开与市场竞争对手的差距。最低点价格要加强与竞争对手差异化的比拼，最高点价格要触及高端竞争对手的价格区间。

自身产品价格点之间同样需要拉开一定的价格落差，否则容易导致消费者选择困难。如某品牌的高端N系列手机，其系列化价格点如图4-23所示，它的低点价格与国内的小米、OPPO等同档位手机接触，而高点价格则延伸到苹果手机价格区间，形成下打上突之势。

系列化定价的伸缩性还表现在价格的"驱使性"上。在上述N系列手机中，根据相关的数据统计，最高点和最低点的销售占比不足

111

10%，购买集中度位于区间价格点，这种现象在快消品市场更加明显。其原因是消费者在购买前会做出对比选择行为，消费者总觉得好的产品价格太高，而又担心低价产品质量不好，最后通常会选择中等价位的产品。这个隐性的价格作用实际上恰好利用了消费者规避极端消费的心理，采用高价格产品作为锚点，驱使客户将选择权集中到中间价格产品。因此，在一些服装类快消品中，做出系列化定价的目的不是向客户进行所有价位产品的销售，而是通过这个系列化价格的对比告诉消费者某一区间的产品性价比很高，强化消费者购买的意愿。

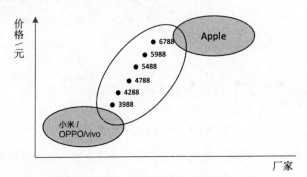

图 4-23 某品牌手机系列化价格点分布

4.2.7 阶梯定价

毋庸置疑，任何一个企业都希望争取最大的销售额，特别是在 B2B（企业到企业）模式下，人们希望出货速度越快越好，但是为了达到双赢状态，企业也需要考虑给予客户一定的让利。对于批量、交易频繁的产品，可以参考阶梯定价这种优惠形式。

阶梯定价是指企业以一定的销量为最低起点，买方的购买量越大，商品的单价就越低，以鼓励买方一次性多购买产品，便于卖方降低成本，加快资金周转。

阶梯定价还有一种表现形式，即企业可以采用累计的形式给予客户阶梯折扣，鼓励顾客在一定的时间内累计采购的数量或金额超过规定数额，然后给予相应的折扣奖励，目的是与客户建立长期稳固的合作伙伴关系，便于卖方进行销售预测，减少经营计划的风险性。

阶梯定价由两部分组成：起步价和阶梯价。起步价（基础价）是综合考虑投资收益后设置的一个最低价格，在一定范围内，不管是否满额使用，都收取统一的基础价格。而阶梯价是在不同的数量范围内对应不同的折扣，从而计算出对应价格，这样产品的单价表现在不同的数量范围区间内也就不同。阶梯定价是一种非常形象的说法，价格就像阶梯一样，要么"拾级而上"，要么"逐级而下"，如图4-24所示。

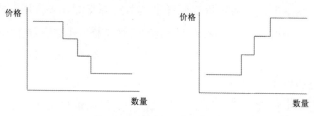

图 4-24　阶梯定价示意图

"拾级而上"的阶梯定价是指每增加一定使用数量或购买数量，价格就提高一个档次，依次递增。日常生活中，这种"拾级而上"的情况更多地出现在政府对稀缺资源、能源的调控上，最常见的就是水、电、气等的基础公共服务费——用得越多，单价越贵，付费就越多，目的是鼓励居民和企业节约资源，减少浪费。

资源是有限的，但是经济发展和居民生活水平的提高离不开水、电、气等资源的支撑，为了实现健康的可持续性发展，避免粗放经营造成资源浪费，资源产品价格必须充分地反映资源的稀缺程度、供求关系和环境成本。以居民用电为例，我国实行阶梯定价的用电制度，该用电制度是把居民平均使用的电量设置为若干个阶梯，对每个不同的分段区间进行不同的费用计算。我国对用电实行阶梯定价主要基于以下几点原因。

（1）为了保障低收入群体维持基本的用电需求，设置第一档电量和电价，这一档的电价一般低于企业供电成本。

（2）按照绝大多数居民的户均用电量或全部用户的户均用电量设置第二档电量，此档电价基本涵盖企业供电成本，并保证供电企业的应得利润。

（3）为了促进居民节约用电，设置第三档及以上分档电量，此档电价除了涵盖供电成本，并保证供电企业应得利润外，还要弥补第一档用户没有承担的供电成本及其他管理成本。

"拾级而上"的阶梯定价策略有利于政府平衡电力供需关系，保证市场供需基本平衡，通过价格杠杆来调节资源支配。多占用资源就要付出高成本，以此来不断优化居民用电的阶梯价格，建立有利于节能减排，引导用户合理用电的电价体系，提高电力能源的利用效率。

"逐级而下"的阶梯定价是指每增加一定使用数量或购买数量，价格就降低一个档次，最后设定一个底价。这里的价格是相对单价，不是总价，目的是让客户消费或购买更多产品。在产品交易过程中，卖方为了鼓励买方，通常会设置几个不同档位的数量与价格，呈现出买得多就便宜的情景，降低客户的价格敏感度。实行"逐级而下"的阶梯定价，需要解决好以下几个问题。

（1）确定数量折扣的最低批量起点及价格。最低批量起点可以看作企业的正常销量，或是买方的最佳订购量，根据最低批量起点确定价格，此价格可以作为起步价的最高单价。

（2）划分阶梯定价折扣档次。划分折扣档次就是在最低批量起点的基础上，对大于最低批量起点的销售量划分出不同的档次。划分不同的折扣档次是确定不同档次交易的折扣依据，要求卖方根据历史资料，统计买方在不同档次上的购买次数，以及市场竞争情况。

第4章 价格的一级驱动：开发可行

（3）确定各档次的折扣率。折扣率是各档次价格与最低批量起点价格的比值，各档次的价格应根据卖方成本降低程度来分配，最大批量的价格应弥补生产成本。

（4）运用数量折扣的难点是如何确定合适的折扣标准和折扣比例。实施阶梯定价策略要一视同仁，如果享受折扣的数量标准定得太高，比例太低，则只有少数顾客能获得此优惠，绝大多数顾客会感觉到失望；如果数量标准过低，比例不合理，又起不到鼓励客户购买和促进销售的作用。

软件 license 是指权利人或拥有版权的企业与使用人之间订立的确立双方权利义务的协议。依照这种协议，使用人不享有软件所有权，但可以在协议约定的时间、地点，按照约定的方式行使软件使用权。在满足负荷运行的情况下，软件所有者实行阶梯定价来降低企业的使用成本，同时增加自己的利润。

我们以 IPCC[2] 席位管理软件的阶梯定价为例，看一下其具体操作过程，本书对数据和过程进行了简化处理，仅呈现关键过程。

（1）确定数量分段区间。相关信息收集主要依赖以下几个途径：市场经理对竞争对手的调研、客户经理对潜在或当前客户的需求拜访、定价经理对历史成交的项目进行分析。最终敲定的数量分段区间为[0,100]、[100,300]、[300,600]、[600,1000]，相当于微型企业、小型企业、中型企业和大型企业四个类别，占比分别是 50%、30%、10% 和 10%。

（2）确定席位管理软件投入成本。软件的成本主要由销售费用、研

---

2 IPCC 是 IP Call Center 的简称，即 IP 呼叫中心，其本质上是以 IP 技术和 IP 语音为主要应用技术的呼叫中心构建方式，即利用 IP 传输网来传输与交换语音、图像和文本等信息。其应用涵盖电信、金融、零售业、物流、IT、电子商务等，用以实现查询、咨询、投诉、报修、客户关怀、市场调研、信息服务、紧急通知等业务功能。采用 IPCC 组网，企业就可以在人力成本较低、租金成本较低、管理方便的地方部署普通座席群，可以在距数据源近或联系方便的地区设立本地座席，因此受到大型集团的青睐。

发费用和管理费用三部分组成。假设产品是三年的生命周期，从第一年开始每年的总成本投入分别是 120 万元、100 万元和 80 万元，则三年总计 300 万元，平均每年成本投入 100 万元。

（3）确定起步阶段的基础价格。起步阶段区间是 [0,100]，假设第一年做市场拓展可以面向微型企业销售 10 套该软件，我们希望第一年从这个区间获得 50% 的投入成本，则基础单价为 1000000×50%÷10÷100=500（元/席位）。市场上同类产品竞争对手单价在 480 元左右，但品牌等方面相对弱一些，所以维持基础单价 500 元/席位。

（4）确定各个区间的阶梯价格。如果以起步阶段区间 [0,100] 进行销售，预计五年才可以收回成本，而如果采用 [100,300] 的阶梯价格进行销售，预计三年半就可以收回成本。可以采用净现值法计算大概的收益，同时客户也可以节省两次部署成本。把这部分收益进行量化，假设两者总共收益是 14 万元，则基础单价可以下降 140000÷3.5÷10÷100=40（元/席位）。[100,300] 的阶梯价格设置为 460 元/席位。为了形成一定阶梯，给予客户更好的价格感知，可将其调整为 450 元/席位。

（5）根据第 4 步的方法，可以依次计算出 [300,600] 和 [600,1000] 区间的阶梯价格。假设最终敲定的价格分别是 380 元/席位、300 元/席位。

（6）假设第一年市场上针对不同区间 [0,100]、[100,300]、[300,600]、[600,1000] 的需求量分别是 10 套、6 套、2 套和 2 套，根据不同区间的阶梯价格进行收益计算。收益计算遵循以下原则：采用每个区间的中位值作为客户购买的实际数量进行收益计算。例如，如果客户购买数量属于 [0,100] 这个区间，则假设客户实际购买数量是 50。以购买需求位于 [100,300] 区间的客户为例，计算过程如下：从起步阶段区间 [0,100] 算起，先将此区间填满，剩余数量再计算第二区间，所以总价是 6（套）×100（数量）×500（阶梯价格）+6（套）×(200-100)（数量）×450（阶梯价格）=570000（元），其他的依此类推，最终结果如表 4-6 所示。

表 4-6 IPCC 阶梯定价的推演过程数据

区间	区间中位值	购买数量	阶梯价格 / 元				总价 / 元
			500	450	380	300	
[0,100]	50	10	250000	/	/	/	250000
[100,300]	200	6	300000	270000	/	/	570000
[300,600]	450	2	100000	180000	114000	/	394000
[600,1000]	800	2	100000	180000	228000	120000	628000
总计			750000	630000	342000	120000	1842000

（5）求解 IPCC 席位管理软件的毛利值。假设其一年期成本为 100 万元，销售收入为 184.2 万元，则毛利为 84.2 万元，毛利率为 45.7%。根据经营要求，对 IPCC 席位管理软件的收益进行合理性评估，调整价格阶梯，最终结果如图 4-25 所示。

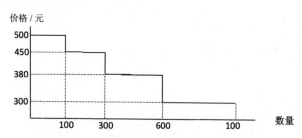

图 4-25 IPCC 席位管理软件的阶梯价格示意图

第5章

价格的二级驱动:销售可控

> 考核要关注销售收入、利润、现金流,三足鼎立,共同支撑起公司的生存发展。单纯的销售额增长是不顾一切的疯狂,单纯地追求利润会透支未来,不考核现金流将导致只有账面利润。
>
> ——任正非

在产品开发过程中，企业要不断地进行客户的需求识别，开发出能为客户创造价值的产品或服务，从价格管理的角度对市场细分、客户价值、客户购买方法和意愿等方面进行深入的理解。

在商品交易过程中，"产品"转化成"商品"的本质是被买卖、被交换，即被客户接受并购买。如果说开发过程是"从客户中来"，那么上市交易过程就是"到客户中去"。

交易定价在产品上市交易过程中发挥着举足轻重的作用，是价格管理流程中的决策环节。交易定价倾向于针对每个消费者和每次交易进行特别的价格处理，正如哈佛商学院的雷蒙德·科里所说："定价是真理的时刻——定价决策是所有营销活动的焦点。"

交易定价最基本的目标是，企业从整体的经营目标出发，利用确定的规则，根据特定的市场竞争环境，判断价格行为与企业经营成果之间的关系，以此采取科学的价格决策，处理不确定的交易因素，达成期望的利润，提高企业长期持续盈利的能力。要达成这样的目标，提高一线人员的积极性是必不可少的。要加大向一线的授权力度，"让听得见炮声的人呼唤炮火"！

5.1 让听得见炮声的人呼唤炮火

"让听得见炮声的人呼唤炮火"是华为公司把销售决策权根据授权规则授予一线的生动描绘。有"炮声"的地方是华为服务客户的主战场，快速地响应客户需求，夯实以客户为中心的"作战组织"，一直是华为倡导的理念。

项目是华为销售过程中最小的"作战单元"，条款、签约、价格三个授权文件，毛利，以及现金流共同支撑各级销售决策团队，价格同时又是项目盈利性决策最重要的要素之一。公司根据一定的授权原则将价格决定权下放，给予一线更多的自主权，在授权范围内，"让听得见炮声的人"直接"呼唤炮火"，超越授权要按程序审批。而机关或其他业务支撑部门要做到及时配合一线的需求，倾斜资源，形成合力，充分发挥"铁三角"的团队战斗力。

价格授权不是简单的罗列折扣，也不等于低价销售。价格授权要以"多打粮食"、获取利润为目标，借助价格授权使销售管理更加灵活，让被授权者明白在何时可以使用该授权。

同时，为了达到企业经营要求，一线要对自己获取的资源负责，"炮火"是有成本的，一线要能够根据经营表现做到收放自如，控制好经营风险，使决策与经营考核指标承担者联系在一起。授权是需要定期维护的，但授权管理的程序与规则，是不会轻易变化的。

5.1.1 铁三角工作小组

2006年8月，快速增长的华为苏丹代表处在投标中失利。事后的总结分析会上，意气风发的华为人痛定思痛，总结出关键的几个问题：一线各部门各自为政，彼此之间没有对客户信息进行互通和共享，做出了对客户不一样的承诺；与客户接口的部门太多，关系复杂，没有形成统一的规划，导致需求遗漏；对于客户需求被动响应。最典型的例子是在一次客户招标分析会上，华为有八个人参加，每个人都从各自的领域向客户解释各自的问题。客户的CTO（首席技术官）当场抱怨："我们要的不是一张数通网，也不是一张核心网，更不是一张交钥匙工程的网，我们要的是一张可运营的电信网！"

为此，华为苏丹代表处组建以客户经理、解决方案经理、交付经理为核心的项目管理团队，统一目标，形成面向客户的、以项目为中心的一线"作战单元",从点对点被动响应客户到面对面主动对接客户,深入、准确、全面地理解客户需求。这种"铁三角"的合作关系在随后的项目中大获成功,华为公司决定将这种铁三角运作模式推向整个公司,铁三角模式成为华为公司"以客户为中心"经营理念在一线的落地。铁三角以客户经理、解决方案经理以及交付经理为核心组建项目运作团队,具有灵活机动的特点,能更加全面地满足客户需求,做厚、做宽与客户的关系,提升客户满意度,实现项目高盈利,实现与客户的双赢。

■ 决策要前移

为了更好地服务客户,我们把指挥所建到听得到炮声的地方,把预算核算权力、销售决策权力授予一线,让听得见炮声的人来决策。打不打仗,后方决定;怎么打仗,前方说了算。由前线知会后方,而不是后方指挥前线。

——任正非

华为结合铁三角组织模式的推行,相应引入项目授权来增强一线的决策层级,实现决策前移,"让听得见炮声的人呼唤炮火",保证快速响应客户需求,应对市场竞争。

华为铁三角模式的推行是对过去统一管理、统一审批的"烟囱式"中央集权管理模式的挑战。中央集权管理模式下组织的运作机制是"推",机关拥有很多的权力和资源,应把资源从机关推向前线,推着业务沿着流程走。而实际情况是,机关不了解前线,但是又拥有很多的权力与资源,因此为了控制经营风险,设置了许多流程控制点,紧紧抓住自己手中的权力不愿意进行授权。过多的流程控制点滋生了官僚主义及教条主义,自然增加了工作的协调难度,降低了工作效率。

随着企业规模不断扩大,地域分布越来越广,企业经营呈现出多时间、多空间的规模化，经营环境更加复杂化。规模化加上经营环境的复杂化给管理带来了难度，很容易产生大企业病，导致组织不断膨胀，流程冗长，审批缓慢。这时会导致下列管理问题：沟通成本高，为了信息能够准确获取和有效传递，需要多部门沟通工作；协调成本高，多部门之间出于职责考核等原因形成无形的"部门墙"，需要反复沟通。

金字塔管理层级越高，管理成本越高。决策线拉得越长，竞争越激烈，时间越紧迫。有时一天会出现三次商务标，项目价格需要多次刷新，如果所有销售项目不区分大小紧急，都按照流程层层上报，完全依靠高层领导或权力部门进行决策，显然是不可行的。多层的金字塔决策组织无法满足市场需求，组织必须下沉到一线去，项目化运作和组织扁平化等已成为必然。

项目化运作，就必须给予一线员工更多的自由决策权，充分授权给相应部门，小项目完全可以授权给当地的主管部门进行价格决策，大项目则上报机关进行决策。决策前移不仅能实现项目快速果断抉择，而且能使高层领导从具体事务中摆脱出来。高层领导应主要负责企业的重大决策和长远目标的规划，做到抓大放小，及时有效地监督、控制下属职责的履行，从而改变领导管理方式，提高工作效率。

■ 授予决策权

我们公司将以毛利、现金流对基层作战单元授权，在授权范围内，甚至不需要代表处批准就可以执行。军队是消灭敌人，我们就是获取利润。铁三角对准的是客户，目的是利润。铁三角的目的是实现利润，否则所有的这些管理活动是没有主心骨、没有灵魂的。

—— 任正非

为客户服务是华为存在的唯一理由，资源是为客户服务的，"呼叫炮火"实际上是华为公司各职能部门资源的授予和下发,是为了应对日趋激烈的竞争环境,适应瞬息万变的市场需求。

项目制授权是指在项目立项决策、投标决策、签约决策、合同变更决策、合同关闭决策时,依据项目的等级进行相应授权。授权类别包括合同盈利性、合同现金流、合同授信额度、合同条款四个方面。铁三角依据授权进行决策,超越授权需要申请审批。项目制授权保证了一线决策的灵活性,也调动了一线团队的积极性。与此同时,公司要做好对授予的权力数量、权力类型、权力大小、权力使用效率等的规划和管理。

组织变革后,区域是指挥中心,拥有的是作战的权力,即拥有产品的选择权力、合同的决策权力。价格作为合同盈利性决策的重要支撑,以公司整体利益为前提,以一个共同的目标为指引,共同有效地使用公司赋予的资源。机关则变成系统支撑力量,主要进行协作推动、决策管理,及时有效地提供支持与服务,以及分析和监控。

5.1.2 "炮火"是有成本的

炮火也是有成本的,谁呼唤了炮火,谁就要承担呼唤的责任和炮火的成本,后方变成系统支撑力量,必须及时、有效地提供支持与服务,以及分析监控……后方平台是以支持前方为中心,按需要多少支持来设立相应的组织,而且要提高后方业务的综合度,减少平台部门设置,减少内部协调,及时准确地服务前方。

——任正非

在机关资源化、资源市场化的机制下,一线作为需求方,需要向机关功能部门"购买"相关资源来作为"炮火",这样一来,一线和公司内部的机关功能部门形成了一种类似资源买卖的市场行为。如何为"炮火"制定一个相对合理的"出货价",既不让一线背负过重的包袱,又要满足公司对盈利性目标的管控要求，授权的设置就尤为重要。公司坚持"以客户为中心"，但不是马虎地交付，公司是有盈利诉求的，因此一线要为自己的成本费用承担责任，而清晰的资源买卖机制能够真实反映项目的盈亏情况。

下面以一个典型的全场景项目为例，介绍价格授权的成本基础。在项目交付过程中，通常会涉及三部分，分别是主设备、配套物料、工程交付。其中，主设备是指处于不同网络层级上的通信产品，如前面章节中提到的硬件设备（如无线基站、光网络接入机柜等），主设备产品的制造加工中心通常集中在某一区域，很少涉及地域性，因此主设备制造成本相对于各个销售区域具有一致性，如图5-1所示。

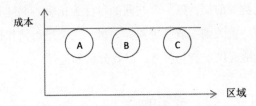

图5-1 硬件设备的成本具有相对一致性

其中，主设备从仓库发货给区域的过程中，经常采用以下两种贸易形式。

（1）CIF价。CIF是Cost Insurance and Freight的英文缩写，其中文含义为"成本加保险费、运费"。使用该价格，意味着卖方负责按通常条件租船订舱并支付到目的港的运费，在合同规定的装运港和装运期限内将货物装上船并负责办理货物运输保险，支付保险费。

（2）FOB价。FOB是Free on Board或Freight on Board的英文缩写，其中文含义为"装运港船上交货（指定装运港）"，即按离岸价格进行交易。买方负责派船接运货物，卖方应在合同规定的装运港和规定的期限内将货物装上买方指定的船只，并及时通知买方。货物在装运港被装

第5章 价格的二级驱动：销售可控

上指定船只时，风险即由卖方转移至买方。

使用最多的是 CIF 价格形式，将价格叠加成类似网络购物的包邮价格，这样可以使一线购买主设备的价格实现全球统一。CIF 价相当于各个产品线面向一线主设备的"出货价"，也是一线购买主设备资源的"采购价格"，这部分价格对于一线来说是确定性成本，价格保持相对稳定，类似制造成本，不随项目变化，是这类产品授权的成本基础。

配套物料是指销售合同所需的外购物料，如与主设备产品配套的小型机、电源、外购服务、软件，工程需要的微波、油机等配套产品，以及工程安装时需要的安装材料等。这部分在整个项目中占比很小，基本实现本地化采购，也可以委托公司采购。资源实现市场化，哪种方式价格低就采用哪种方式，是不确定性成本，因为价格在全球范围内并不一致。总部最好授权一线直接在当地采购和进行定价，由一线自负盈亏，平衡整体营收，同时做好采购基线的建设。

工程交付是前文讲到的服务产品的一种，具有区域性，其不仅是指工程场景的区域特性，还包括人力成本差异的区域性。工程交付所需的人力成本包括自有和外包两部分，工程的特殊性使得成本缺少确定性，只有通过不断优化基线管理模型，以及科学合理的交付机制，才能将成本控制在合理的范围内。

对于授权价格的成本管理，公司从战略经营的角度对其进行了重新定义，不再仅仅从产品线的开发角度出发，而是从销售盈利性考虑如何制定合适的成本，将相关费用叠加在产品的直接成本上，形成授权的产品成本，以满足公司内部经营考核要求。总部要以此为基础进行价格授权，一线和区域要在这部分成本的基础上提升整体项目的盈利能力。

通过资源买卖机制核算"炮火"的成本，也是对机关"高效、优质、低成本交付"目标的反向验证。机关平台帮项目做事，就需要向项目要钱，而一线项目因为利润考核则会严格地控制费用的产生，这样就形成了矛盾和平衡机制。一线通过推拉结合、以拉为主的合理化运作模式，不断地简化管理、提高效率，从"屯兵组织"转变为"精兵组织"，实现合理的盈利。

5.1.3 价格折扣授权模式

价格授权既增加了销售的灵活性，也是对市场波动性、客户差异性特征的回应。价格授权在考虑了产品的不同特征、授权对象以及客户的交易习惯后，通常采取不同的价格授权模式。但不论哪种授权模式，都是为了促成交易，实现增收，这个增收可以是多方面的，如销量、利润等。

其中，价格折扣授权应用最为广泛，如半价、5折、50% off等都是折扣不同的表达形式。折扣的本质是一种让利行为。每个行业都面临同样的问题：客户的要求越来越多，竞争越来越激烈，低价诉求俨然成为一种趋势。采用折扣形式对价格进行"让利"，优势是容易被记住，而且容易计算出实际的价格水平，方便交易双方进行价格的对比和判断。

价格折扣授权对象通常是一线销售代表，他们的工作焦点之一是与客户反复地沟通产品的销售价格。销售代表不仅要理解客户的痛点和市场的竞争情况，还要理解产品的卖点、盈利点。在直接面对客户和竞争对手投标报价时，销售代表既要快速灵活地实现客户所需的配置，又要迅速地刷新完成每一轮报价。因此，价格折扣授权应具有灵活度，快速而准确的报价可以帮助销售代表争取和客户进一步沟通的机会。

授权折扣的层级设置一定要尽可能简化，授权折扣的种类不能太多。在满足客户折扣习惯的前提下，层级设置太多会增加维护工作量，导致计算复杂，只会让销售代表在报价时感觉烦琐。总部价格管理部门可以直接授权给一线的销售代表，这样可以提高报价效率，而一线销售代表可以根据自己区域的销售情况，决定是直接转授权还是分层下发授权。

授权折扣的对外展示是以目录价作为参照物的。目录价是指产品公开列示价格或者价签标明的公开价格,供购买者识别参考。目录价在一定的时间段内通常是固定的,调整频率非常低。

客户或消费者在实际购买产品时所交付的价格通常被称为"成交价"或"交易价格",交易价格的高低直接决定了商品是否能盈利。因此企业希望产品能够在市场中维持一定水平的平均成交价,这个理想的平均成交价在价格术语中被称为该产品的"目标价",目标价对应的目录价折扣称为"目标价折扣"。目标价是牵引,可以理解为产品期望达成的价格水平或价位水平,其通常低于目录价。如果成交价均按照目标价进行交易,那么授权便没有实际意义,正是有授权,才使得成交价围绕目标价上下波动,并趋向于目标价。这几个价格的示意可以参考图5-2。

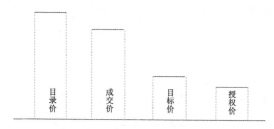

图 5-2 常见价格关系表达示意图

上述几个价格与折扣之间的关系如下。

$$成交价折扣 = 实际成交价 \div 目录价$$
$$目标价折扣 = 目标价格 \div 目录价$$

■ **授权折扣的设置**

对于多产品线企业来说,产品之间通常是互补关系。有的产品毛利率高,有的产品毛利率低;有的产品购买频次高,有的产品购买频次低。当这些不同特性的产品共同组合成解决方案时,就会导致授权折扣的复杂性,没有办法像单品授权那样做到整齐划一。

以一台接入层网络设备为例,假设设备名称是RTX,如图5-3所示,其通常包括主板部分、控制部分、电源部分、配套部分、监控部分，外加一些配套线缆等产品，这些部分构成了一个完整的功能模块。主板部分是设备的大脑，拥有核心功能，因此价格也是最高的。而其中的软件产品目录价非常高，因为软件产品附加值的价值属性评估波动性大，加之软件产品一旦开发完成，其成本会随着销量的增加迅速摊薄，导致软件产品在销售的过程中授权折扣非常低，软件产品的授权空间非常大，在这种情况下，如果采用统一授权折扣，必然造成顾此失彼。例如，如果按照高毛利产品进行折扣设定，当两者共同报价时，就会使低毛利产品亏损过多，从而导致产品之间失去平衡。因此需要用有差别的授权折扣来调节整个产品价格，以适应不同的投标报价，并维持核心利益产品的价格不受侵蚀。

				软件部分		
主板部分	控制部分	电源部分	配套部分	监控部分	控制部分	控制部分
①	②	③	④	⑤	⑥	⑦

图 5-3 RTX 设备构成示意图

情景一：先看一下相对简单的多折扣产品的整体折扣计算，即一个产品的组成部件数量非常少的情况。假设 RTX 设备现在组成部分只有②③④三部分，相关价格数据参考表 5-1。

表 5-1 简单型多折扣产品的整体折扣计算

部件	目录价/元	授权折扣	授权价格/元
②	100	0.7	70
③	90	0.6	54
④	150	0.8	120

因此，整体折扣 =∑ 授权价格 /∑ 目录价 ≈0.72。

情景二：仍然以图 5-3 中所示设备 RTX 为例，假设其整体部分是由很多个部件组成，而且每个部件的授权折扣是不同的，这时如果采用类似情景一的方法，先逐个计算，然后累加计算显然是不合适的，这样会降低效率，而且也不利于管理。

受到情景一方法的启发，为兼顾效率和产品属性差异，在多部件产品进行授权折扣设定时，可以采用相似相近的原则，将它们进行分组，然后针对不同的组给予不同的折扣，这样操作就可以将多部件复杂的折扣简化为情景一的简单场景。

采用分组归类授权折扣的目的，是把相同"折扣属性"的部件采用同一种授权折扣，不同折扣属性的部件通过分组进行隔离。例如，A 属性部件分组的授权折扣可以设定为 0.9，B 属性部件的分组授权折扣可以设定为 0.7，这样就可以避免高附加值和低附加值的部件采用统一的折扣，有利于整体产品的盈利提升。设置分组折扣时切忌分组过多，否则就失去分组的意义，反而会增加授权折扣的维护难度。下面以表 5-2 为例展示其过程。

表 5-2 复杂型多折扣产品的整体折扣计算

部件	目录价/元	分组授权折扣	分组授权价格/元
①	100	0.8	272
②	90		
③	150		
④	200	0.6	264
⑤	240		
⑥	80	0.5	65
⑦	50		

因此，整体折扣 =$\sum$ 分组授权价格 /$\sum$ 目录价 ≈0.66。

■ **价格折扣授权颗粒度**

价格折扣授权颗粒度是指授权价格的设定对象。如3支牙膏9折和5支牙膏9折，两者的授权颗粒度是不一样的。如果询问4S店销售人员一款新式轿车的价格，工作人员马上就可以给你报出价格和可以享受的折扣，但是如果询问这款车的轮胎价格，工作人员可能无法回答。

上述是两个有趣的假设场景，第一个假设中，虽然是同样的商品，同样的折扣，但两者的授权颗粒度不相同，分别设定为3支牙膏和5支牙膏，因此不能从这个套装中分离出单独的1支牙膏进行销售；第二个假设中，因为销售的对象是一部车而不是一个轮胎，所以工作人员只能回答整车的价格和折扣。这两个假设的共同点是可销售的独立单元。"独立单元"意味着能够满足或解决客户或消费者的某些需求，具有特定功能，可能是产品的某一部分。"可销售"意味可以交易，而且是合规的交易。虽然有些商品具有独立功能，属于独立单元，却不属于可销售的独立单元，如上面假设中的单支牙膏和单独的轮胎在特定的销售场景下不具有可销售性。

可销售的独立单元是可组合、可改变的，因此价格折扣授权的颗粒度也是可大可小的，回到根本，价格折扣授权的颗粒度还是要回答"卖什么"的问题。是卖硬件还是卖软件，硬件是卖整机还是卖模块部件，软件是卖特性还是卖用户数。卖什么是以客户为中心的客户需求的体现，是销售人员与客户的一种交流语言，而价格折扣授权则是对"卖什么"的销售管理。

5.1.4 销售毛利率授权模式

如果说价格折扣授权是为了销售的灵活快速，销售毛利率授权则相对谨慎保守，是为每次的销售进行量体称重，是直接从项目的盈利性角

第5章 价格的二级驱动：销售可控

度对销售毛利率进行授权。销售毛利率授权以产品的目标毛利率为基础，与企业的战略经营目标直接挂钩，因此销售毛利率授权的对象通常是企业高级管理者，是对经营直接负责的各级管理人员。

企业要逐步构建起资源买卖的交易模式，即机关资源化，资源市场化。一线作战单元调动后方资源，后方根据项目预算提供资源并进行结算，从而激活企业组织活力。这样指挥权就是谁有钱谁指挥，而不再由机关领导来审批，而且前后方相互制衡，前方对项目负责，后方对前方负责，慢慢就可以减少前线作战的盲目性，也给后方供应能力明确需求。

销售毛利率授权需要根据公司整体的战略经营思路来设定，做到抓大放小。抓大是抓大项目、战略项目，做好整个区域内外合规的经营环境，其他项目不直接干预一线的经营决策；做好目标经营责任制的推广，给予相关能力赋能培养，在此基础之上继续加大对一线的授权力度，放开双手，给予一线区域更多选择权，授予权力，也授予利益，鼓励大家能者多劳，多劳多得，让一线区域自己动起来。抓小意味着一线要有目标经营责任制的意识，对项目盈利性负责，因此授权需要有一定的弹性，不能过于保守，让一线管理者根据区域销售特点来调整项目取舍，允许一线做错事，允许一线做亏损的项目，但是要承担责任，从其他项目补回来，根据授权去平衡。如果事事都要求保证增值，就没有办法做事。

销售毛利率授权至少有总部授权和区域授权两个层级。其中，总部授权又可以分为事业群和产品线；区域授权可以分为大区、代表处和办事处的授权。在实际运作过程中，事业群负责跨产品线的超级大项目联席决策，这部分项目比例不超过5%，充分体现"抓大"，将权力下放到区域，充分调动不同大小的经营中心的作战积极性，让经营中心自我决策、自我管理，而不是层层申报，等待上层领导的决策。

在区域授权范围内，各个层级都有自己对应的授权范围内的决策权，总部根据盈利目标的分解，将产品维度的授权毛利率下发给区域的大区销售决策团队，由大区将授权毛利率在区域范围内按照管理层级和产品维度往下分解授权，总部只需要控制区域的大区价格授权，大区更多的是起组织协调作用，与总部共同支撑最小作战单元的经营目标。各层管理好各自层级的授权价格，大区控制好整个区域的价格，调整下层的授权值不再需要经过总部的批准，拥有灵活度，通过调整授权毛利率值的大小，实现收紧或放开价格授权。总部和区域、区域内部通过这种"松耦合"的方式形成了整个销售毛利率授权的管理链，如图5-4所示。

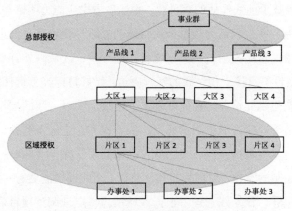

图5-4 总部与区域的授权关系

销售毛利率授权颗粒度不同于价格折扣授权颗粒度，前者是经营考核维度，颗粒度比较大，关注的是产品本身的盈利能力和对整体盈利性的影响。例如，假设实验室准备以预算6000元购买一台办公计算机，可能会有很多不同的配置，当然价格呈现方式也不尽相同，如配置A的价格是7折之后5800元，配置B的价格是8折之后5800元，站在购买者角度当然A更具吸引力，因为其提供了更大的折扣，但是对于商家来说，A一定比B获取的利润少吗？显然不一定，这也从侧面说明了价格折扣授权和销售毛利率授权的不同。在实际的项目运作中，满足客户需求的解决方案可能有多种，但带给企业的利润却有高有低。

第5章 价格的二级驱动：销售可控

根据企业经营管理的诉求，销售毛利率授权设置有多种方式，每种方式的侧重点不同。那么毛利率的授权值该如何设定呢？有以下几个方法可以参考。

■ 按照产品的盈利性大小设定授权毛利率值

一般来说，高毛利率的产品授权力度大于低毛利率的产品。通常认为，高毛利率的产品具有较大的溢价空间，更具价格弹性，而低毛利率的产品则价格弹性较小。如果一个产品的价格毛利率非常低，则该产品可以不授权。特别是一些毛利率非常低、投入周期长、占用资金多的产品，可以不进行授权，因为其建设周期可能是5~10年，需要持续投入，项目金额大，占用成本多，毛利率也比较低，如果这种产品发生亏损，则会对区域或者事业群的整体盈利性造成拖累，导致几年的整体毛利率水平很低甚至亏损。

因此，对于这种产品的授权要非常谨慎。为了防止造成这种潜在的利润损失，总部应该拉紧授权，甚至不授权。其表现为授权价格线和目标价格线重合，不给予一线团队灵活的销售权力。对于这种产品或项目，建议的做法是，每个区域都到总部进行申请，由总部进行通盘考虑，站在整个公司的盈利视角进行可行性决策。另外，这种项目本身数量不多，上升到总部处理符合抓大放小的授权逻辑。

■ 根据审批决策比例设定授权毛利率值

产品授权毛利率设置分为拟制和调整，前者通常是针对之前可能没有做过授权的新产品；后者是针对做过授权，但是需要根据管理要求进行调整的产品。以下介绍的授权毛利率的设定方法以W公司为例，W公司是铝铸造周边设备的提供商，已成立三年，在业界拥有良好口碑。随着业务量增加，公司CEO希望做出相应授权，因此选了其中五款产品做试点，情景提炼如下。

情景一：初次设置授权毛利率值的情况。

第一步，用基线法敲定一个可以基线化的产品。产品选择很重要，一定要选择同产品族产品，或相似产品族产品，如果两者产品属性相去甚远，则失去了可比性。

找一个参考基准，最好是比较成熟的产品，同时占营收贡献比重较大。这里的"成熟"产品是指在市场上经过磨合后，被认可、被接受、销售稳定的产品，销售人员对此产品的销售信心也已经充分建立。

基线法是一种标杆比较改进法，即先找到一个标杆，然后以标杆为基础目标设定初始值，再根据实际业务数据和管理要求进行迭代改进。在企业管理中经常用到基线法，如前文提到的人力基线、成本基线、开发基线等。基线意味着是相对稳定的固化状态，是经过多次调整磨合后的结果，具有相对"高的准确性"。可以以此作为管理基准来制定各指标的计划数值，或表征各指标的达成情况，或对管理者进行 KPI（关键业绩指标）牵引。采用基线法设定授权值，核心是需要组织相关的产品管理、价格管理方面的专家共同讨论。

第二步，制定一个可视化打分表格。表格中的打分项选择可以结合产品市场特征自行添加或删除，如对于竞争力不高的产品，可以将授权值适当降低。每一项的分值取 1～5 分。

第三步，计算出权重比例，折算成产品系数，最后计算出产品的授权毛利率值。根据表 5-3 可知，基线产品和待制定产品两者的分数比值是 13/12，则待制定产品的授权毛利率值为 $A\% \times (Y/X) \times (13/12)$，以此作为该产品的初始授权毛利率值。经过半年或一年的时间运作后，再根据实际的业务目标达成效果来调整初始授权毛利率值，不断优化改进，形成更加符合管理需求的授权毛利率值。

表 5-3　初始制定产品授权毛利率值

产品	市场空间分值	技术竞争力分值	客户认知度分值	目标毛利率	授权毛利率
基线产品	4	4	5	X%	Y%
待制定产品	3	5	4	A%	?

情景二：再次调整授权毛利率值的情况。

经过一段时间的运行，产品的授权设置基本满足了当初的期望，即 20% 的项目由总部决策。但随着更多产品的授权下放，总部想对部分表现较好的区域进一步地加大授权，希望区域范围内能决策 90% 的项目，总部只保留 10% 的项目决策权，形成一种放权但不放责的管理形态，可以让出更多的时间去拓展其他客户或项目。这种情况就属于调整，即在原先授权毛利率值的基础上做出改动，如表 5-4 所示。

表 5-4　调整情境下产品授权毛利率值的制定

项目	区域决策项目占比	总部决策项目占比	目标毛利率	授权毛利率
原先项目	80	20	60%	40%
调整项目	90	10	60%	?

这种授权毛利率值的设定方法相对比较简单明了，只需做个百分比统计即可。在目标毛利率保持 60% 的情况下，假设要加大授权毛利率值，使区域决策项目比例提升 10%，那么直接在原先授权毛利率值的基础上按比例空间下调即可。这里隐含着一种逻辑，即产品授权毛利率值与决策项目占比存在相对平衡的关系，而且基本遵循这种关系。相比之前总部决策比例下调 10%，由表中数据可知，原先的授权空间是 60%-40%=20%，因此需要降低的授权值是 $10\% \times 20\% = 2\%$，所以调整后的授权毛利率值为 40%-2%=38%。

■ **根据公司的产品定位设定授权毛利率值**

利益最大化,是很多公司耳熟能详的经营目标,这里的利益最大化可能蕴含着部分不盈利产品或盈利性较差的产品,但这些产品却是公司战略规划的布局,是满足主航道业务发展的必需产品,在某段时期内,他们的战略目标是如何突破市场,带动相关产品销售。

多产品线公司经常会遇到类似情况:一套完整的解决方案中,某些产品采用对外采购的形式,而对外采购产品往往因为竞争,价格没有优势,最终导致整体解决方案没有商务优势,因而丢掉客户。为摆脱竞争对手的打压,公司从长远的战略规划考虑,必须进行产品自研开发以补齐短板。新产品在授权方面应配合公司战略目标的实现,加大授权力度,以攻占市场为目标,凸显公司整体解决方案的优势,降低商务报价,不断地反制、淘汰竞争对手,逐步实现自己的战略目标。这种授权毛利率值的设定通常是公司根据战略规划直接进行下发,不需要自上而下审批分解,目的就是希望一线销售代表和区域管理者放开手脚,大胆拓展。

5.1.5 授权包模式

不管是价格折扣授权还是销售毛利率授权,都是一个相对概念。授权值像是一把尺子,被授权人利用这把尺子来测量销售项目的可行性大小,而授权包的授权方式则是一种绝对概念。授权包相当于一张公司发放的信用卡,只是按照年度授予额度,根据区域表现来调整额度,每使用一次授权包,就相当于刷卡消费一次,卡内可用额度就会变小。随着时间的推移,年度可用额度逐渐减少,直至可用额度为零。如果消费高频,则可用额度可能提前归零。第二年,公司依据营收达标情况、授权额度使用情况,并结合公司新一年的战略要求,重新审核并发放新年度的授权包。授权包的操作方式在以订单金额为考核目标的牵引中非常实用,能够清晰地表现出订单金额与授权包的联动关系,便于管理者直观地对项目进行决策。

$$\Sigma\text{订单目标金额} - \Sigma\text{订单已成交金额} \leq \text{授权包剩余额度}$$

授权包根据年度预算的订单目标金额给出，直接在客户报价的基础上进行价格的折减，因此每次在使用时，直接被授权人都被要求在授权书上签字（授权书上明确的被授权的第一人，非转授权人），实行严格的管控。授权包通常限制在低毛利产品或信用等级评级为低级别客户的身上使用。受制于这些条件和要求，授权包在企业内的使用并不普遍，这些限制类使用条款需要转化成可以量化的数据，而不是一些风险提示的罗列。只有经过量化的风险才可以被有效衡量，才可以判断授权包使用的合理性。

■ **2/8 原则操作法**

2/8 原则操作法与授权包形式有些类似，但不完全相同。具体如下。

将历史项目按照成交金额大小做统计，采用帕累托图整理出金额占比为 80% 的项目，然后把这部分项目取一个相对平均的金额数值，以这个金额作为授权的衡量标准，金额高于该标准的项目需要由总部作出决策，而金额低于该标准的项目，决策权由一线部门自行决定，遵循 2/8 原则，满足抓大放小的管理诉求。

5.1.6 价格授权与授责

授权，字面理解即授予权力（权力可理解为由组织结构及职位所决定的正式职权）。从组织关系的视角看，授权是指组织中的职能部门、上级部门或领导将部分权力和相应职责授予有关人员或部门代为行使，使其拥有相当的自主权和独立性，以便开展或完成某项工作或任务。在这里，价格授权人作为价格权力拥有者，根据规定的权限和程序将价格权力授予被授权人，从而使双方形成授权与被授权的关系，但是对授权与授责的把握在实际的业务运作中容易存在误区。

下面两幅虚拟的成交价格图可以帮助理解授权管理过程中可能出现的问题。图 5-5 中，每个图有 10 个价格点，这里的价格点代表价格折扣授权模式和销售毛利率授权模式下所成交的价格。同理，目标价格线和授权价格线也代表这两种授权模式，其中虚线表示的是目标价格线，实线表示的是授权价格线，实心圆点表示实际成交价格高于目标价格线的价格点，空心圆点则表示实际成交价格低于目标价格线但高于授权价格线的价格点。

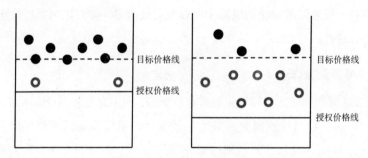

图 5-5　授权的不同状态

图 5-5 中左图的授权状态下有 8 个价格点的实际成交价格达到了目标价格线，说明成交价格质量好，有 2 个价格点落在了目标价格线和授权价格线之间，也就是说，这 2 个价格使用了价格授权。在这种授权状态下，授权价格线非常接近目标价格线，导致目标价格线和授权价格线之间授权空间狭小，被授权人的自由度受到限制，因此使用授权价格成交的价格点数量非常少，属于保守型的价格授权。这说明总部还是"一把抓"的控制方式，有放权的形式但没有放权的实质，在实际销售过程中的表现就是需要频繁地向上申请项目。正确的价格授权应该是销售代表利用合适的授权做出收益权衡，减少层层往上请示的次数。这样做还可以赋予销售代表以自信，使他们不再害怕交易失败。

图 5-5 中右图的授权状态下有 3 个价格点的实际成交价格达到了目标价格线，有 7 个价格点落在了目标价格线和授权价格线之间，成交价格点明显偏下限。在这种授权状态下，目标价格线和授权价格线之间授权空间大，授权价格线远离目标价格线，被授权人有非常大的自由度，属于粗放型的价格授权，总部的角色基本是"甩手掌柜"。

价格授权经常被视为执行者手中的一把利剑，原因就在于他们将价格授权认为是被授予的特权，单纯地利用价格来获取销售量，结果往往是杀敌八百自损一千。授权的最终目的是企业能够获得利润，而价格是赢得利润的护城河，所以必须要对价格授权有所管控和约束，否则盈利就无从谈起。

由图 5-5 可以直观地感受到，在目标价格一定的情况下，通过调节授权价格线的上下波动，可以实现对授权力度的加大或缩小。理想价格授权状态下成交的价格点，通常会在目标价格线两侧相对均匀地分布，在保证充分授权的前提下，实现对销售的持续关注，满足最终的盈利要求。这种授权状态分布图可以对各级授权执行状态进行定性分析，但并不能给予明确的改进方向，只有结合实际的价格策略才可以达到有效剖析预判与期望授权的一致性。

严格的价格授权程序和制度是保证授权后价格管理工作质量的前提，"史坦普定理"的提出者彼特·史坦普认为，成功的企业领导者不仅是授权高手，更是控权高手，授权不意味着放弃权力，而是仍需要对企业的经营活动进行持续的监督，使权利与义务、责任相匹配，有效地实现结构性授权架构下不同层次的管理目标。如果授权之后放任不管，授权就会变成弃权，而做"甩手掌柜"是授权管理的大忌。所谓授权不授责，管理者必须对被授权者在授权范围内的行为承担责任。

■ **价格授权值的下发**

价格授权值经过定价委员会评审通过后，需要向区域下发价格授权书。价格授权书包括两部分，分别是授权责任书和授权值。授权责任书涵盖被授权人、授权方式、授权管理制度、授权考核和签名。通过这种管理方式，授权价格被逐级落实到各个作战中心的责任人，而授权责任书则明确了各层级应该承担的价格管理责任，各层级各司其职，每个层级管理者既是权力行使者，同时又是责任承担者，拥有权力的部门必须承担相应的责任。被授权人承担的这份责任对价格授权的优劣成败起着至关重要的作用。

企业的定价组织是价格授权管理的主体部门，并对其中的制度要求和使用进行相关培训和赋能。其建立由定价委员会领导的独立的审查组织，持续地对各级授权单元下的目标的实现方式、效果等进行审核，并保证行使权力的可靠性、真实性，保证责任和义务被适当履行，并对每一个功能节点职能的定位和责任进行监督。同时，给定价组织设定必要的考核同样重要，但是不能牵引到与销售部门相同的考核指标上，这样反而会使定价组织失去中立性。考核要有助于增强对授权执行的关注度，以便总部及时发现问题并及时进行纠偏控制，使管理受控，支撑产品销售利润的达成。

综上所述，价格授权与授责的管理活动应围绕五个方面开展。

（1）目标管理。

授权人和被授权人都要清楚公司的盈利目标，所做的授权行权要围绕公司盈利目标展开。根据公司的要求，通过在不同组织结构的不同层次间签订目标责任书，确定相应的责任人，并确定绩效考核的依据。

（2）执行管理。

所有被授权的经营责任主体需定期或不定期报告权力执行情况，将权限范围内重要的事项进行汇报，包括但不限于重大项目签约情况报告、价格盈利异常情况报告等,并根据报告情况及时进行分析,对目标达成的关键控制点进行风险量化。

（3）审查管理。

建立独立的审查职能,持续、动态地对各级授权机制下目标实现的方式、效果等进行审核。保证行使权力的可靠性、真实性,保证责任、义务被适当履行,这样做也是对公司从上到下价格权力分配、资源流转、业绩考核等一系列机制操作的审视。

（4）制度管理。

在授权执行的过程中,需要用规范的制度和流程对行权的方式、路径、效率等进行规范,以约束和规范权力行使行为,为授权监督和控制提供基础环境。

（5）奖惩管理。

授权的最终目的是获取利润,在"分灶吃饭"的经营模式下,鼓励多劳多得,但也要勇于承担经营责任,能够接受目标没有达成带来的后果。

5.2 现在和将来,短期和长期

没有短期的成功,就没有战略的基础……管理要权衡的基本问题是现在和未来、短期和长期。如果眼前利益是以损害企业长期利益,甚至危及企业生存为代价而获得,那就不能认为管理决策做出了正确的权衡和取舍,这种管理决策是不负责任的。

——任正非

确定交易定价的目的是促成交易，但是市场环境具有不确定性，为了实现预期收益，就要让客户理解产品价值，在交易过程中尽量避免直接降低价格，因此需要配合使用多种营销手段和交易模式。

华为公司刚成立的时候是以销售额为导向的，但是公司要与时俱进，现在的华为不再追求卖得越多越好，而是认识到高阶的价格管理的重要性，越来越关注整体销售额、毛利率及利润之间的平衡关系。公司要提高经营效率和项目管理能力，项目管理是华为公司管理的基本细胞，公司的每一笔收入和利润都来自一线每个项目的颗粒归仓。华为对干部资格有一个明确的要求：高级干部首先必须是成功的项目经理，要有成功的项目实践经验。

5.2.1 1%的价格意味着什么

前些年，华为销售任务屡创新高，公司上下一片欢腾，但实际上，很多项目不仅没有实现当期盈利，而且在整个合同履行期处于亏损边缘。华为2011年的财务表现就很典型，其收入虽有增长，但是利润大幅下滑，而且增长速度低于主要竞争对手的增长速度。华为近几年对于合同签约管理水平的要求逐步提升，从任正非高频的内部讲话可以直观地感受到这一点，合同管理的数量要求正在不断向质量要求倾斜。居安思危，时刻注意"狼来了"是华为一贯持有的警惕思维。

仅仅考核任何单项指标都不代表公司能取得持续发展。如果单纯地考核销售额，有些地区部门、办事处、产品线就会不断地向公司要战略补贴，要求公司把价格降下来，这是典型的销售无能、干部无能的表现，因为他只能将产品卖到最低价。这样的销售额越大，企业死亡就越快。

很多企业存在类似的情景，认为高销售额能够带来高市场份额，拥有了市场就能实现盈利，因此很多企业前期不断压低产品价格以谋求成交，这种做法不仅忽略了市场竞争，而且忽略了价格与利润率之间的直接关系，可能也并不清楚交易价格提高 1% 对企业意味着什么。这里可以借助麦肯锡公司的 1% 理论直观地理解一下。麦肯锡曾对全球 1200 家大型上市企业 5 年周期的平均利润构成做过一个统计，如图 5-6 所示。

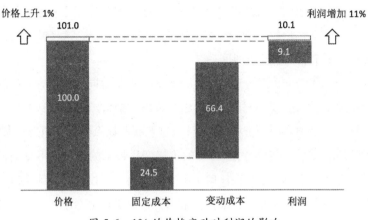

图 5-6 1% 的价格变动对利润的影响

假设初始价格指数为 100，不难发现固定成本占价格的 24.5%，变动成本占价格的 66.4%，这样销售利润率就是 9.1%。如果将价格提升 1%，价格即由 100 变为 101。假设产品没有变化，即固定成本和变动成本保持不变，这时利润率则变为 10.1%，相对增长幅度达到 11%。

显然，交易价格微小幅度的提高带来的是利润的大幅增加。而相应的固定成本、变动成本下降 1% 和销量增加 1% 的利润增长幅度分别是 2.7%、7.3% 和 3.7%。最让企业难以置信的是销量的影响，企业经常投入很多精力，设法增加销量，但实际销量对利润的改观却远小于价格对利润的影响。

如果将这个数据套用在华为公司身上，会怎样？2018 年华为净利润为 593 亿元，价格提升 1% 意味着利润可以增加 65 亿元，每个代表处平均可以增加 1 亿元的利润，这是非常有震撼力的数据。

华为公司很多项目都是长周期的，需要分多期建设完成，这些运营商客户与华为签署的往往是框架合同（合同双方就交易达成意向并对主要内容予以确定而订立的合同），在不同的建设时间，客户下发相应的PO（订单）作为华为公司的交付依据。随着客户需求越来越多元化，在框架合同下客户的小PO会越来越多、越来越广泛，这样的签署可以为客户交付节省大量宝贵时间。

　　目前，华为同大部分运营商客户签署了框架合同，框架合同中的框架价格通常作为后续PO下发时的参考价格，销售经理在接到客户下发的PO后，与框架协议的价格进行复核。这意味着如果框架合同是亏损的，后续的所有交付会持续亏损。1%的价格变化带来的影响绝不是危言耸听，基于此，华为紧紧盯住任何一个交易机会，严控合同签约质量，精益管理，致力于颗粒归仓，维护价格水平，敢于拒绝不盈利合同，提升一线代表处的经营收益。

　　然而，事物总是有两面性，价格杠杆是一把双刃剑，既然价格提升1%能够改善企业利润的增长，那么价格降低1%同样会使企业的利润迅速地下降。所以，在交易定价过程中，每一分钱的争取都是值得的！

5.2.2　避免直接降价

　　我的长远看法，就是从内部来提高服务质量，不要把价格降得太低。不提高服务质量，客户没有比较，比较就只是比价格。我们服务质量没有提高，然后我们价格还很低，实际上竞争力差距是没有拉开的。我们通过提高产品的质量来进行竞争，避免把西方公司逼到死路上去……公司通过针尖式发展战略，部分领域我们已进入"无人区"了，但我们不要低价，如果使用低价，西方公司就进不来，华为公司就是垄断，我们就很危险，所以我们的价格定得比较高,盈利能力就提升了。

——任正非

2012 年,美国的零售空间(仓储和店面)的平均增长率达到 4%,但是人口增长率却很低,同期的美国人口年平均增长率跌至 0.7%,创下历史最低纪录。这两种相悖的趋势创造了一个供过于求的局面,在买卖双方的角力中,消费者占有了最终决定权。而且互联网的高速发展对此更是推波助澜。因为这些因素,消费者在购物之前货比三家已是常态,这样便给商家的产品销售带来巨大挑战。同样的压力在华为也是不可避免的,虽然华为整体收入依然耀眼,但运营商业务已经出现负增长,2018 年其运营商业务下滑 1.3%。

面临这种形势,很多企业认为"降价是不可避免的",所以会选择用降价来拉动销量的提升,特别是在消费品领域。这是一种基于在经济学上被称为需求价格弹性的假设(通常用来表示一种产品的价格敏感性,它反映了价格变化对市场需求量的影响程度和消费者在价格变化时购买量的变化),认为价格下降能够带来销量增加,从而增加企业的收入。需求价格弹性公式如下。其中,P 表示价格,ΔP 表示价格变化量,Q 表示数量,ΔQ 表示数量变化量。

$$Ep = \frac{\Delta Q/Q}{\Delta P/P} = \frac{\Delta Q}{\Delta P} \times \frac{P}{Q}$$

一般来说,价格弹性根据其数值不同,有如表 5-5 所示的几种类型。

表 5-5 价格弹性的类型

价格弹性数值	价格弹性类型	实行降价时的销量变化
价格弹性 >1	富有弹性	增加
价格弹性 =1	单一弹性	不变
价格弹性 <1	缺乏弹性	降低

从上一小节麦肯锡对 1200 家公司的统计数据可知，销量增加 1%，带来的利润变化仅有 3.7%。但销量的增加依赖于价格的降低，除非销量增加带来的收益高于价格下降带来的损失，否则这个假设不成立。这条道路并不是康庄大道，而且现在消费者购买产品越来越趋于理性消费，使得产品价格弹性非常低，长时间的低价竞争或者无序地跟随降价，只会不断强化消费者对所购买商品的低价记忆力，反而增加其价格敏感度。即使购买人群认同该产品的价值，但如果获得了不必要的价格折扣，他们也会继续频繁地向商家索要折扣，导致双方逐渐失去信任，形成降价死循环。

而且有些产品即便是降价，仍然不见得有销量，如果在这个时候盲目地降价，有时反而会起到相反的作用。近几年 SUV（运动型多用途汽车）市场一直处于销量走高的状态，深得年轻购车人群的喜爱，各个厂家不断发力 SUV 市场，国内厂商凭借本土优势更是高歌猛进。奇瑞作为国内老牌的自主品牌，自然也不会放弃这一市场，很多的 SUV 车型在上市之后表现相当不错。

可能是过于追求市场拥有量，奇瑞尝试将一款销量不错的紧凑型 SUV 进行改款升级，不管是对外观、内饰还是功能，都做了提升，但是上市的价格却没有提升，升级之后新车价位相比老款反而降低了近 2 万元。奇瑞公司从自己的角度出发，认为降价给消费者带来了实惠，能够拉动市场销量，但这种做法对奇瑞的忠实顾客来说却是一种伤害，因为对于期望购买新车的客户来说，降价使他们对产品不信任，他们甚至隐隐地猜疑是不是汽车出现了什么问题。因此新款车在上市之后一度出现销量低迷的现象。这种现象改变了过去传统的价格与销量的理论认知，使得价格和销量的关系变成一种正相关性，即随着价格的降低销量也逐渐降低，如图 5-7 所示。

第5章 价格的二级驱动：销售可控

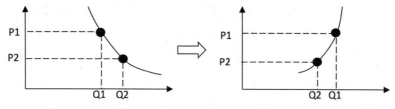

图 5-7　价格与销量的相关性表达

这种正相关性也给企业提供了一种新的定价管理思路，即维持产品相对较高的价格也能带来高销量，关键是使客户认为产品价格是"合理且可以接受的"，形成有效的"价值主张"。当客户认为产品价格与原先价格或同类产品价格相比是合理的，就会降低对价格的敏感度。定价确实是一项很具有挑战性的工作，了解价格弹性不是为了降价，而是为了针对不同的产品采取不同的降低顾客价格敏感度的方法。

5.2.3 价格的预期管理

在经济环境不景气的情况下，消费者的购买需求减少，但这并不意味着所有人在当时的价位都停止了购买行为，只是对商品价格比较敏感。比如，2008年经济危机时，虽然很多行业受到了冲击，但是原材料价格并没有下调，市场上购买产品的客户少了，但并不表示产品的价值降低了，因为人们的各种需求还是存在的，只是做出了选择性的调整，如开车上班可能转为乘坐公共交通工具，一日三餐可能更多地转移到自家的餐桌上。企业要做的不是直接降价，而是想办法维持价格形象，寻找降低价格敏感度的有效方法。最有利的价格往往是那种在很大程度上显示自己可能获得市场份额的价格。苹果公司如果将 iPhone 价格降低，相信它的市场份额会上涨很多，但是它要考虑这样做是否会失去更多的高价值客户，多年经营的这部分市场份额是否还能维持得住。

价格的预期管理重点在于提升产品的"客户价值"，让客户认可产品价值。交易定价将企业从幕后推向了台前，使得众多企业有机会同台竞技。每个企业都有自己的竞争优势，但是在交易过程中仍然面对诸多挑战。不同的客户由于支付能力、心理偏好、使用计划不同，对产品价值的认知也不尽相同。某些潜在的客户不能真正了解产品的价值及其与竞争者产品的差异，他们通常会倾向于以低价去购买相似的替代品。面临竞争者的多轮拉锯战，客户越发显得咄咄逼人，不断提出低价要求，这非常考验销售决策团队的能力。

最佳的解决途径是，企业进行有效的价格预期设计并传递给客户。客户的购买行为不仅受到价格或提供的产品或服务的影响，还受到卖方所营造的预期影响。不同的交易环境下，设计有效的价格预期管理，会对最终客户购买决策产生正向影响。通过价格预期管理，可以保护企业产品的价值主张不受竞争者的干扰，提高客户的支付意愿，并增加客户购买产品的可能性。

价值传递不是贴在公司墙上的大字报，也不是挂在嘴边的口号，而是企业自上而下形成的一种文化氛围和一套流程体系。在定价模型章节，我们详细介绍了如何进行客户的需求理解和价值挖掘，现在我们重点探讨一下如何建立顺畅的价值传递渠道，以便更好地理解顾客会如何评价产品的价值，从而愉快地接受企业提供的价格。

客户（个人或企业）的购买行为不是只有复杂性的一面，还有"可诱导性"的一面，也就是说，我们可以利用确定的营销手段来刺激或规范客户不确定的需求或购买行为。有效的信息认知过程通常如图5-8所示。

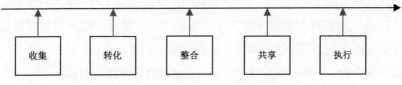

图5-8 有效的信息认识过程

收集是信息的输入,是通过相关媒介收集到相关信息,然后根据需求进行信息的过滤和转化,这相当于客户与企业间接进行信息互换交流,然后形成自己认为有决策指导意义的信息。获取信息的可能是不同的人,也可能是不同的渠道。每个人或每个渠道的侧重点不一样,这时候还需要将不同的信息分门别类进行整合,使信息的指导意义更具针对性。

共享是指在利益相关方之间进行已有信息的共享,目的是相关方给出最终的执行意见。最终客户在交易过程的表现看似水到渠成,实际是企业价值主张的长期铺垫。

虽然现在多数企业都引入了CRM(客户关系管理)系统,企业与客户似乎可以进行更流畅的沟通,但信息的传达仍不对称。首先,企业内部没有形成全员意识形态,价值传递被定义为仅是某几个部门的工作职责,特别是开发部门,且关注的重点往往是技术,导致员工在与客户交流时,对价值的传递往往比较技术化,容易导致附加价值的缺失,而且对于价值传递不容易形成统一口径。其次,企业高层缺少在公共场合的价值传递,而高层在公共场合的站台或互动胜过数场的市场交流会。最后,沟通以推式或拉式为主,缺少互动式沟通,这种缺少体验式的沟通容易导致价值主张在传递过程中衰减。

在当今市场中,许多产品的价值是一种"无形"价值,仅凭广告等手段宣传效果并不理想,特别是品牌信誉度相差不大时。如手机的很多功能虽然有量化指标,但是如果没有切身体验,客户很难做出购买决策。

体验式营销不仅能使客户有切实的体验,还能通过现场销售人员与客户的互动,拉近与客户的关系,提高客户的购买意愿。2020年11月20日,华为公司董事长梁华在中国移动全球合作伙伴大会上明确提出,面向消费者市场,需要让体验成为"价值量纲"之一。华为通过多量纲套餐设计,引入5G视频彩铃、VR/AR等新业务,让用户对5G有实实在在的感知体验,有感知之后用户就愿意为更好的内容和服务进行付费。

因此，基于体验的价值定价将成为常态。

■ **维护价格形象**

2018年10月，一则报道引爆国内电商圈。在双十一来临之际，意大利奢侈品品牌古驰（Gucci）首席执行官马可·比扎里（Marco Bizzarri）明确表示，由于假货泛滥，古驰在中国市场不愿与中国的电商平台合作。另据英国《金融时报》报道，就在当月，马可·比扎里在"BoF时装商业评论"于上海举办的一场会议上也发表过如是观点，他说："坦率地讲，多数平台上都存在大量假货，我不想因为我在这些平台上的存在而给假货认证。"

这则报道表面给出的信息是网购平台的假货行为，实际上品牌方真正担心的问题是，一旦出现假货，低价乱价问题就随之而来，从而破坏商品价格体系，最终导致品牌形象受损。目前顶级奢侈品品牌路易威登（Louis Vuitton）、古驰、香奈儿（Chanel）和普拉达（Prada）等对于线上销售都是一种谨慎的观望状态，因为很多经销商都是冲着品牌知名度去做生意，赚取利润，但是如果了解到线上都是比拼低价，经销商会怀疑自身利益被大打折扣，久而久之，各销售渠道都不愿意代理该产品，进而影响产品的线下推广，受损的还是品牌方自己。对消费者而言，低价乱价现象使得消费者没办法辨别真假，因此不敢购买，同样使品牌形象受到很大损害。

品牌维护可以体现为经销渠道管理和整体价格体系的管控，前者的最终目的是保护经销商利益，而管理好价格水平在很大程度上就等于管理好经销商渠道。首先，公平公正的价格能够有效抑制窜货行为，保护不同渠道经销商的利益。以手机销售为例，其线下体验店、线上官方商城以及第三方平台实行统一售价，严格控制交易界面的价格，使得价格透明，这样才会使客户的价格敏感度提升，因此最好统一价格。其次，不断通过高价形象营造客户认知，而在企业级市场增加打击窜货行为的力度，坚决维护公司的价格形象，吸引更多的经销商加入，从而创造一个健康、稳定的经销环境，促进公司长远发展。

认知大于事实，这种现象不仅发生在大品牌身上，品牌度不高的产品也遵循这样的规律，而且更加需要维护品牌的价格形象。根据价格质量效应，在不受品牌度影响的条件下，当消费者无法衡量产品的质量时，他们的第一反应是看价格，他们通常会认为价格在某种程度上是质量的保证，认同"高价是高质量和稀缺的象征"这一说法，因此很多时候消费者会认为产品的高价格代表高质量。而且一旦客户购买产品后觉得自己支付的价格与获得的收益是一致的，就会极力说服周边人进行购买，形成一种品牌聚集效应，品牌带动价格，价格带动品牌。

5.2.4 面向客户的交易模式

什么是交易模式？通俗地理解就是采用什么方式把东西卖出去，又采用什么方式把钱收回来。为什么要提到交易模式呢？因为交易模式涉及公司回款问题，关系到公司的现金流，这是公司的内部需求，另外还有重要的外部因素，这些都需要从市场的竞争说起。

以前的竞争是华为与竞争对手的竞争，虽然竞争激烈，但设备服务提供商只需关注如何把设备和服务卖给客户，然后签合同，一次性完成交易，后续就是回款。但是现在竞争环境发生了很大变化，运营商客户也面临业务竞争的压力，他们对网络建设的关注点已经转移到整体解决方案的规划能力上，更关注中长期的发展，"铁盒子"已经成为历史。在一次次跨界竞争的对手面前，运营商客户也一次次被迫降低利润保市场份额，预算大大缩减。

在电信运营商市场，CAPEX(Capital Expenditure)和OPEX(Operation Expense)是进行成本收益等内容分析的两个主要指标。CAPEX 即资本性支出,一般是指资金、固定资产的投入。对电信运营商来说,有关的网络设备、计算机、仪器等一次性支出的项目都属于CAPEX,其中网络设备占最大部分。OPEX即运营成本,是管理支出,主要指当期的付现成本。华为的产品实现和商业实现要瞄准降低客户的这两个关键指标的支出,增加收益,帮助客户实现价值最大化。

云计算,尤其是公有云的发展和应用越来越成熟,主机、存储、计算等服务租赁使客户在面对机遇的同时,对未来业务的发展也变得不确定,又没有很好的风险评估方法,不管是从财力上还是从能力上独自建设IT网络设备,一次性投入CAPEX的方式让运营商客户变得忧心忡忡。

华为从"以客户为中心"出发,与运营商及第三方运维机构或合作伙伴合作,共同承担建设投资风险。如允许运营商客户通过动态按需购买服务的方式构建IT基础设施,与设备商共同担负后续运维成本,减轻或转移运营商部分风险,设备商根据未来业务量或业务收入发展状况对收益进行分成。典型的收入分成模式在业界通常有Pay As You Grow、Pay As You Use、Revenue Sharing三种,三类交易模式为企业或运营商带来新的希望,华为与客户共同成长,给客户吃了一颗定心丸。但不同的设备商也会根据实际情况进行更加具体化的操作,进而延伸出更多细化的模式。

■ **Pay As You Grow 模式**

Pay As You Grow 模式通常被称为"按使用增量付费",简称PAYG,即客户或运营商按一定时间周期(月度/季度)内的新增使用容量支付部分或全部的项目金额,如图5-9所示。初始费用相当于保底价,保底价通常以满足双方协商的最低网络KPI来设置,即满足最低要求需要的投入。整个合作期内的总收入是初始费用与各期增加收入之和,各期增加的收入等于业务增长量×单价,这时的报价要体现出随业务增长量带来收益的增加,要按照平滑扩容的方式作为报价量纲,如每TB的容量等。为了争取风险与收益的平衡,尽早收回投入成本,保护收益,需要设定扩容触发条件和扩容步长,业务量超过当期业务量一定的百分比即触发扩容,扩容的步长应该限制在现网半年平局值一定的比例内。

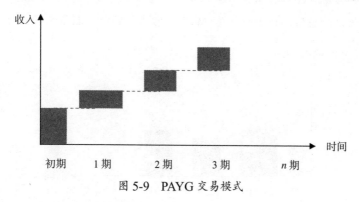

图 5-9 PAYG 交易模式

当年,华为与爱立信共同对南太平洋地区部某项目进行投标。在竞标的报价中,爱立信给客户的报价方式是,CAPEX 的价格设置得较低,但设备维护费用 OPEX 逐年增加。爱立信的首年维护费用是 1 亿元,次年的维护费用是 3 亿元,第五年的维护费用已经达到 10 亿元。最初华为也直接照搬这个报价方案,但当时的华为在很多方面还处于劣势,客户对华为高昂的维护费用颇为不满,质疑华为维护费用为什么这么高,设备质量是不是不好,3 年以后设备还能使用吗,等等。

客户的反馈就是客户的痛点,针对客户的反馈,华为重新分析了爱立信报价,认为其产品报价已经接近于成本甚至低于成本,报价收入主要是设备的后期维护费用。于是,华为调整了报价方案,将产品报价略微提高,以凸显华为高质量的形象,同时降低维护费用,采用新的按业务增量收取维护费用的报价方式,通过交易模式的转变,华为在保证盈利的前提下赢得了客户信任。

■ **Pay As You Use 模式**

Pay As You Use 通常被称为"按使用量收费",简称 PAYU,即运营商按一定时间周期(月度/季度)内的网络业务总量支付部分或全部的项目金额,主要应用在增值业务类、应用类产品上,收入取决于未来业务发展的总量,基于业务总量付费,收入不确定,如图 5-10 所示。

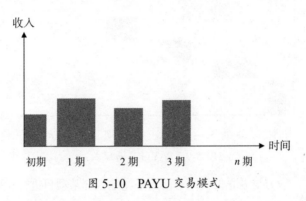

图 5-10 PAYU 交易模式

PAYU 与 PAYG 在初始保底费、扩容要求等方面相同,区别点是报价量纲,因为 PAYU 是按照客户使用量来收费的,相当于是租赁,当然是希望客户使用得更多,而不是像 PAYG 那样更多的是为了刺激用户量的增加,因而报价量纲采用打包方式,如每个用户、每个 VM(虚拟机)、每个 Disk(硬盘)等。现在的云计算业务就是典型的 PAYU 模式,在面向终端使用者时,按照使用量收费,不同的使用量有不同的收费标准。PAYU 模式在提供了便利的同时也增加了长期盈利风险,服务商面临用户不续签带来的收益不连续的问题,因此服务商不仅需要想办法持续地增加用户量,更重要的是要增加用户黏性。

■ **Revenue sharing 模式**

Revenue Sharing 通常被称为"按业务收入分成",简称 RS,如图 5-11 所示,即部分或全部的项目金额按照业务收入分成(图中柱形的深色部分），然后再按照双方约定的分成比例进行收入分成，在一些公司还称之为"Pay As You Earn"。

相比PAYG和PAYU，RS的风险更大，RS模式的盈利点不仅基于量，还基于用户使用活跃度。该模式一般适合比较稳定的收费项目，而且可以承受相对较大风险的产品，通常是设备商和运营商联合运营，双方共同参与价格制定，将风险降至最低，共同实现收入。

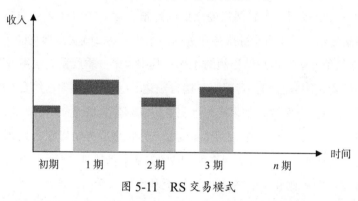

图 5-11 RS 交易模式

不管是哪种模式，设备商与运营商之间通常是租赁关系，在租赁期所有权归设备商，但是合同到期后可以根据协商折算转移给运营商。这种共同承担风险的模式虽然会有一定程度的利润牺牲，但是能够带来持续的现金流量，有助于企业健康发展。这种操作模式还有助于后续运维等相关服务产品的签署。短期让利，长期收益，形成一种良性效应。

5.2.5 长线产品要瞄准"制高点"

全球经济的衰退对很多企业都造成了不小的压力，运营商也未能幸免。虽然在视频等业务的驱动下，数据流量的使用呈几何级数增长，但是运营商的收入并没有随之增加，OTT（Over The Top，在通信行业通常指越过运营商开展各种视频和数据业务的互联网企业）服务提供商分走了传统运营商的部分收入。与此同时,随着网络的不断演进与升级,复杂的网络运营维护与管理也给运营商带来了巨大的压力,使其不能全身心地聚焦于业务发展。

因此,很多运营商开始将网络交由指定的设备商来运营管理,由此管理服务也应运而生。管理服务早年由爱立信推出,被业界普遍认为是一门苦差事,投入多赚钱少,弄不好还要亏损,但是为什么爱立信还继续投入市场呢?先看两组爱立信的财报数据。2013年爱立信第一季度财报显示,其来自全球服务业务的净销售额达215亿瑞典克朗(约合32.87亿美元),占总销售额的41%;其中,第一季度爱立信签署了21个新的管理服务合同,管理服务销售额达59亿瑞典克朗(约合9.02亿美元),同比增长3%。如果将管理服务折算到爱立信的总体销售比例中,则占比11%;2018年爱立信财报显示,其管理服务销售额达到25.8亿美元,占比12%,销售毛利率为11.2%,基本仍然是"双十"角色。从10%左右的占比和10%左右的销售毛利率可以看出,管理服务业务的地位已经明显提高,已经成为爱立信四大业务之一(网络、数字服务、管理服务、融合业务),爱立信对管理服务越来越重视。

管理服务是一个长线产品,长线产品是指聚焦主航道的纵向延伸的多个产品组成的解决方案,主航道是以价值为中心,而不是以技术为中心。长线产品是公司战略,必须重视,华为公司的管理服务销售占比在整个服务中也基本处于半壁江山的状态。长线产品对价格盈利性的影响是间接的,更多地体现在长期收益上,但这种模式很重要,可以实现多点开花,以原先传统的管理服务为基础平台,实现其他增值类服务的销售,形成整个管理服务产业。如果用一张图来表示管理服务产生的派生效应,可参考图5-12。

第 5 章　价格的二级驱动：销售可控

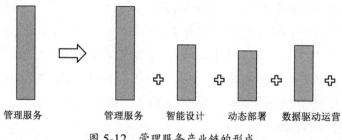

图 5-12　管理服务产业链的形成

爱立信在传统管理服务的基础上，推出了"体验至上"的管理服务模式，不断升级管理服务增值内容，将关注网络质量的 KPI 转移到关注服务 KPI 上，如服务可用性、服务可获得、服务激活时间和服务响应时间等。管理服务的产业化以及运营商实践的认可，也使其成为爱立信营收增长的一大保证。

华为则推出了提升 TVO（Total Value of Ownership，总体拥有价值）的管理服务解决方案，该解决方案通过提升运营商的运营效率和用户体验，为运营商增加收入，提高利润率，从而帮助运营商实现真正的商业成功。2016 年，华为与瑞士 Sunrise 签署了五年期的管理服务，这项合作是一个重要的里程碑，它标志着华为作为管理服务提供商在 IT 领域的快速投资取得了重大进展。

另外，管理服务的优质体验无形中降低了客户对其他增值服务的价格敏感度。对客户来说，可以节省很多的前期单独部署成本，设备商也可以通过规模效应持续地降低成本，这样便形成了一种"隐形"的捆绑销售。一般认为捆绑销售的目的是进行优惠促销，在面对客户的降价诉求时，捆绑销售是避免产品直接降价的一个很好的选择。

捆绑销售由一个主项、一个或几个附加项组成，主项和附加项进行价格的分工协作，捆绑制定价格。对长线产品来说，捆绑销售的目的是发掘客户存在的隐性需求，然后在合理需求的基础上进行具有互补性、关联性产品的逐步销售，产生裂变效应，实现 1+1>2 的效果。如订机票顺便带出订酒店的需求列表，不断丰富产品，满足客户需求，避免客户流失。早年华为在中国区拓展市场时，就经常采用部分服务产品搭在设备上赠送的方式，以维持主航道的价格水平，换得主航道的价值获取。2019 年，爱立信财报显示，公司管理服务销售额为 25.6 亿美元，销售毛利率达到 15.6%。

最后，长线产品形成组合销售，而管理服务有助于围地防守，一旦赢得了运营商的管理服务，设备商就会拥有整网设备升级搬迁的发言权。整网搬迁意味着战略要地的丢失，如果想再回过头来进攻，难度就大了。管理服务在初期并不被业界看好，因为表面利润确实很薄，隐藏在背后的"利润"没有被发现，而组合销售带来的是整体收益。刚开始时，运营商只是希望借助管理服务降低运营成本、提升网络质量和网络 KPI 指标、增加财务表现等，而爱立信则瞄准战略制高点，步步为营，通过做加法的办法，构建了实现盈利的模式。

5.2.6 最后的决策

我们请顾问来，重点是建立规则，建标准。行政平台建设的目的是方便支持与服务前方决策，以规则的确定性对付执行的不确定性。有清晰的规则，以及执行中有灵活度，事后监管。

——任正非

项目是华为公司经营管理的基础和细胞，只有保证高质量的项目经营，才有整个公司高质量的运营。销售的目的不仅仅是签订订货合同，不论多么激动人心的机会都必须变成收入，不论多大的收入都必须转化成利润和现金流，否则就是饮鸩止渴，必然将公司拖入灭亡的泥潭。

第5章 价格的二级驱动：销售可控

可以说，华为公司发展的 30 年，就是不断以确定规则对付业务不确定性发展的 30 年。对于不确定性问题，最好的处理办法是将不确定性降低。其具体做法，一是强调组织和人的重要性，正如任正非所说，"我们处在一个巨大变化的时代，也处在一个伟大的时代，谁也无法看清楚五年以后的行业和机会。但这又意味着巨大的机会和潜力，这一切的不确定性，都需要我们有优秀的团队来进行管理和面对，也只能靠最优秀的人来管理不确定性"。二是强调规则的重要性，"只有以确定的规则才能在激烈的市场竞争中不断提高竞争力，最终存活下来。以规则的确定来对付结果的不确定是亘古之道，只有制定明确的规则，才能从容地面对将来的不确定"。

前期我们做了大量的努力，目的就是在销售最后的临门一脚时，达成一个好的合同价格。但市场太残酷，企业的销售人员不仅需要将产品或服务提供给客户，还需要判定如何才能从与客户交易的过程中实现这些价值并使其满足利润要求。在此过程中，不仅是直接面对客户的销售人员面临挑战，公司同样面临巨大的挑战。我们的客户是动态变化的，客户在实际的交易过程中提出 SLA（服务级别协议）、支付方式和交易价格等交易需求，这些需求都具有不确定性。

项目概算以项目为对象，以交付方案、基线、风险、假设等为输入，是基于完全成本模型的量化分析，既用于支撑销售决策，也用于支撑方案优化（含合同条款改善），提升方案竞争力。批准生效的项目概算就是项目经营的初始目标。项目概算不仅包含项目概算量化结果（损益和现金流），还包括对概算产生重大影响的风险、关键业务假设，项目的销售决策意见也是项目概算的重要构成部分。

首先，项目概算是一个工具，它支撑方案优化，支撑合同谈判，通过对客户需求的解读，将客户的需求方案转化为价格表征。客户方案就是做配置的过程，价格表征就是客户的期望价格以及相应的价格条款，这是合同签订必不可少的动作，因此在投标或者合同签约的过程中，价格、合同商务条款上的来回博弈，既是对客户需求深入理解的过程，又是对项目概算"契约化"交付精神的落实。

其次，项目概算是设计项目利润的过程。概算结果是初始化的预算，概算瞄准的是销售项目，预算瞄准的是交付项目，根据概算形成预算资源。如果概算质量太差，整个项目最终的盈利压力全部压在交付环节上，这也是不合理的。

概算工具中包含了明确的损益计算规则，一旦企业与客户建立了意向方案条款，概算工具就可以快速地根据方案配置和价格计算出对应的方案损益，这是确定的，但是方案的形成基于相关的风险和假设，因此概算工具还需要关键假设和风险清单，这些是不确定的。假设要合理，风险预估要适度，这些项目概算中的假设及风险恰恰体现了团队的专业能力，否则概算会一直是敞开的喇叭口，概算的利润设计也是虚假的。一个完整的项目概算过程通常包含几个关键点，如图5-13所示。

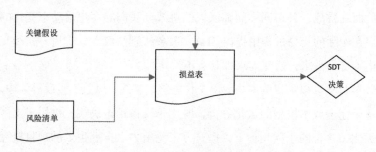

图5-13 项目概算过程的组成

风险是一种具有不确定性的事件或条件，一旦发生，至少会对一个项目的目标有正面或负面的影响。风险清单建议采用量化的形式体现在损益表中，可称之为风险应急储备金，一旦发生风险，可用以弥补风险所造成的损失。

风险应急储备金通常依赖于风险评估工具，其对价格具有明显的侵蚀，是销售决策团队在评审决策时的重点关注点。风险概率和影响矩阵是一个简单有效的风险评价方法，通常的步骤是：①识别项目所有的风险；②评估风险概率；③评估风险影响；④风险优先级排序。

如表 5-6 所示，风险的影响定义根据项目时间、成本和质量来设置，而风险概率和影响矩阵则由项目组根据过往项目经历和当前希望控制目标的要求来设置。

表 5-6 风险的影响定义

概率	对项目目标的影响		
	时间	成本	质量
>80%	>6 个月	>300 万美元	对整体项目影响达成度非常大
61%~80%	3 ~ 6 个月	200 ~ 300 万美元	对整体项目影响达成度大
……	……	……	……

关键假设是项目团队对预期行为结果的判断，一般考虑的是对经营结果产生影响的业务假设，包括价格降幅、成本节约以及当前做法对后期持续盈利的影响。例如，CPI（消费者物价指数）是度量通货膨胀的一个重要指标，通常认为 CPI 持续攀高说明通货膨胀相对严重，而且会导致消费者购买能力下降。CPI 是一个国家进行宏观经济干预的参考指标，对于企业来说，监控该指标也具有现实的意义。如果一个国家 CPI 上涨较快，在该国进行较长周期的项目投资时，关键假设一定要做好 CPI 上涨幅度的预判假设，考虑其对项目收益的影响，如有哪些可以降低项目利润损失的措施，以及如何在合同条款中体现等。

不管是关键假设还是风险清单，都是责任承诺，需要在后期交付的过程中持续跟踪检验。特别是在项目决算阶段，不仅要对项目的实际经营结果做出全面评价，同时要对概算阶段的风险及假设进行回顾，形成闭环管理。假设及风险如果与实际结果偏差较大,业务部门需要继续改进。

价格在刨去风险应急储备金后,在损益表中首先要转化为账面上的净收入,净收入刨去相关成本就可以得到销售毛利率。根据这个结果,一线销售团队与自己的授权做关联对比,形成分级评审和决策,支撑销售决策。假设某产品损益毛利率超过了代表处给予的或系统部授权的毛利率,他们并非直接向上申请,而是优先优化客户的配置报价方案,确保项目经营管理机制以及基于收入、利润和现金流的考核和获取分享机制落到实处。

华为公司正处于努力地将重心转向以利润为中心的主体建设时期,显然项目概算要由经营主体来承接,也就是由各个利润中心的一把手担任概算经理,目的就是要让他们心里面有一本账。如果心里没有概算,就不会清楚项目哪里赚钱,也不会清楚怎样能把钱赚回来。也就是说,华为公司以利润为中心就是将项目的利润作为基础决策主体。好的开始是成功的一半,良好的合同价格及其条款是提升收入、利润以及现金流的基础,项目概算测算也是对前期价格授权的回应。拥有价格授权,各级销售团队才拥有更加灵活的项目调节能力。

但是后方的BG(业务集团)和产品作为资源中心,在为利润中心服务时,站在全局方向上能够看到更多的销售机会,同时希望追求更多的销售额,因此步子会迈得大一些,销售计划普遍偏于激进,对项目利润关注度则相对偏少,这就与区域相对保守的销售计划产生了矛盾。

基于以上问题,区域代表处应承接与BG达成一致的年度业务目标,自上而下和自下而上地对齐,并对达成的业务目标承担相应责任。对于低利润、高风险项目,BG应该给予相当的补贴,否则代表处可以行使否决权;但代表处在行使否决权的时候也应同时对各BG和产品的业务目标负责，不能因过度关注利润和风险而失去收入增长的机会。

SDT（Sale Decision-making Team）是项目的销售决策团队，要对获取合同负责，以满足当期的销售和收入，这是短期的利益，是为了确保企业生存。但也要考虑项目成交的价格水平和增长机会，对经营结果负责，这是长期的利益。决策的最终目的是做好短期和长期、现在和未来的利益平衡。

项目的决策过程对公司价格策略的制定和优化是一次非常好的机会，客户的购买行为也是客户需求的一种表现，不管最终项目的决策意见是同意还是拒绝，都应提取有价值的信息，形成案例或者专业评审要素，共享项目的成功经验或失败教训，丰富销售人员的作战经验，形成优良的销售习惯。

第6章

价格的三级驱动：经营可视

回归经营，才是公司的发展主线、主航道，所有的经营活动最终都体现为对销售毛利、利润和现金流的价值贡献，否则就是不增值的活动。从根本上说，定价管理的目标是一切活动都要服从于企业的经营目标。虽然企业的经营目标在不同的时期或环境下有所不同，但获取利润，并在此基础上获得发展是企业最基本的目标。

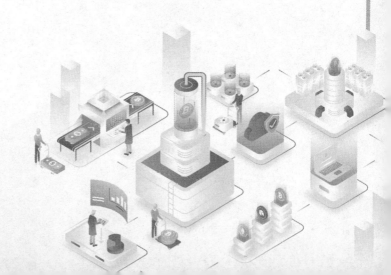

第6章 价格的三级驱动：经营可视

持续盈利是定价管理成功的唯一评判标准。定价管理有两个循环，如图6-1所示。一个是小循环（实线部分），即价格自我闭环管理流程，包括价格制定、价格授权、交易价格、价格回顾和价格预测。另一个是大循环（实线＋虚线部分），即年度预算管理流程。预算是盈利的灯塔，这里的衔接点是以目标利润为导向的全面预算管理中的销售预算。销售预算以产品销售价格为起点，将战略规划执行落地，是企业盈利的基本活动。大小循环相交于年度预算，并且通过大循环来牵引价格自身的小循环，以达到企业经营目标。

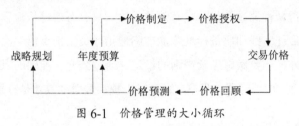

图 6-1 价格管理的大小循环

但是在通向持续盈利的道路上，必须保证企业的发展是健康的，定价管理要充分发挥职能行管的作用，暴露业务存在的问题，保持合规性经营。授权前移了，监管工作也要跟上，以防止企业堡垒从内部崩塌。

6.1 合规的才是真实的

"合规"，是指公司所有的经营活动沿着既定的政策方针和流程正确前行。而"真实"，是指遵循业务的本质，保持数据与背后故事的一致性，这是业务的原本反映，是可以核实的。

在企业经营中，要不断加强权力下放，让"听得见炮声的人"发挥指挥作用，同时也要加强监督和管理的作用。没有可靠的监管，授权就不能完成。授权要前移，相应的监管工作也要跟上，只有规范前端业务行为，才能提高经营质量，而且有效的监管工作能为"积极授权，有效行权"提供制度上的保障。

企业员工不仅要遵从流程的各个环节，还需要对经营的真实性负责，还原业务的真实情况，支撑经营管理，不能因为个别人的不合规操作而毁掉整个公司。

华为一直认为最主要的监管还是在流程中，因此华为一直坚定不移地进行流程管理。全流程 KCP（Key Control Point，关键控制点）的设置以及流程遵从性测试等是行之有效的手段，只有有效遵从流程，固化到流程中的最佳实践和质量标准才能准确地指导员工把事情一次性做对。在流程之外，还要做好经营规则的设定，通过公允、准确的定价信息支撑业务持续健康地经营，只有在此基础上提高经营绩效才是有意义的。

6.1.1 监管要以改进为核心

必要的监管是对业务运行的纠偏，业务在运转过程中难免会出现问题和风险，管理有时也难免出现漏洞，定价业务从前端的产品开发开始贯穿始终，直到形成收入，其间经过很多个环节，每个环节出现问题都会给后端带来成倍的负面影响。

价格无小事，一个简单的操作失误，就可能导致产品的目录价在录入系统时多出一个零，从而导致丢标；销售经理一次违规的越权，就可能导致项目实际盈利的亏损⋯⋯火车在高速轨道上行使，目的是快速将乘客送达目的地，因此不可能每公里进行一次检测，同样，华为公司的业务监管也不能停下来做检查，而是要修好"流程"这条路，保证业务沿着流程做事，然后定期检查业务有没有出现问题，一方面改进优化"流程"，另一方面帮助业务解决在流程中出现的问题，共同提升业务质量。

■ 流程本身就是防线

华为公司投入 90% 的精力致力于流程控制建设，因为流程本身就是防线，只有让业务在流程中跑起来，才能减少走歪路的次数。在流程中完善监管，监管既要有规范性，又要有灵活性，失去灵活性就不能及时响应客户需求。

流程是一个团队做事的基本规则，每个职能组织都要对"端到端"的结果负责，而不是"段到段"。各组织之间要共同参与，一起执行业务流程，将流程建设按照一线业务需要来设计，实现"从前到后"的拉通。

流程体系在内控监管建设方面应遵循"改进"的核心思想，即发现问题并改进问题，取得应用的成效。问题的改进提倡在当地解决，即一线部门发现问题后快速地解决问题，而不需要等待机关下达指令，其目的是发展优先。内控只需验证问题的关闭效果，而对于比较共性的问题，机关可以成立 Top N 专项改进工作组，拉通机关和区域层面共同解决，遵循抓大放小的处理原则。

流程内控设计要关注 KCP 和 SOD（Separation of Duties，职责分离），KCP 是在业务流程或应用系统中由流程管理者确定的，为降低重大风险（影响公司资金资产安全、财报和数据质量、产品质量等），实现相关流程目标而采取的一项或一系列活动；而 SOD 通过将相互冲突的职责或权限分配给不同责任人，降低舞弊风险，防止重大差错，避免给公司或业务造成损失。

KCP 是流程内控的基石，该活动对流程目标的达成和业务风险的控制起着至关重要的作用。一个业务流程的节点有很多，业务管理者不能对每个活动都进行管控，而识别出 KCP，业务达成、风险就能够得到控制。例如，在价格授权过程中，KCP 可以保证价格经过定价委员会评审，符合授权且价格正确。

SOD是流程内控的防腐基石，可防止流程关键节点责任人既是运动员又是裁判员的行为，如报价制作申请人不能是价格的审批责任人，价格授权的制作人不能是产品的销售人员。

■ 监督不等于不信任

内部监控是内部要求，目的是防止腐败、控制风险。亏损项目不是不合规的项目，既然授权一线，就意味着允许一线做错事，如果做了亏损的项目，可以通过其他项目补回来。做审视的目的是查看是不是因为操作过程的不规范、不合规导致亏损。

监控与效率存在天然的矛盾，企业应该以客户为中心，快速响应一线需求，但是如果发现问题就停下来整改，然后再继续发展，那么公司早就止步不前了。因此应该在发展中解决问题，不能因为出现问题而不发展，也不能因为发展而不去进行监控。当然监管也不等于不信任，建立内部监控的目的是保证经营健康，支撑各个业务部门有效合规运作，助力公司的长远发展。

主动性审视（Proactive Review，PR）是一种事后抽查行为，既能保证响应速度，也能履行监控责任。PR是从业务角度出发，由内部监控的工作人员和流程责任人联合开展，通过不打分的内控检查和评估，对流程的设计执行进行主动性审视，揭示业务存在的问题或痛点，并提出整改措施，推动改进，以改善经营指标，提升盈利能力。监管永远只是手段，商业成功才是目的。PR审视的过程示意图如图6-2所示。

第 6 章 价格的三级驱动：经营可视

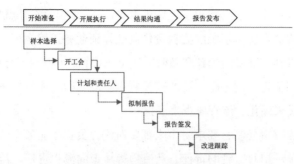

图 6-2 PR 审视过程示意图

监督业务的有效履行，能保证定价数据真实地反映业务实质，也能帮助业务主管做出正确的选择和决策。业务主管是第一责任人，承担经营风险和内部监控的责任；定价作为业务的助手，提出建议和揭示风险，双方各自做好自己的本职工作，共同成长，在发展中解决问题。

■ **产生威慑感**

> 监管的根本目的不是为了监管而监管，也不是为了让我们的队伍变成一个无比纯洁的队伍，而是为了威慑，帮助公司沿着既定的政策方针和流程正确前行，避免因为个别人的贪婪葬送了整个公司。
>
> ——任正非

企业除了要建设基本的流程制度，还要制定相应的问责机制。流程的作用是及时、正确地服务业务，如果不能做到这一点，就是流程管理者的失职。流程管理者是流程管理的第一责任人，不仅要对流程负责，保障业务数据准确、及时、规范，并约束部门不能造假，而且在流程的执行过程中如果出现漏洞、腐败问题或效率低下，流程管理者也需要被问责，负连带责任。

贯彻流程责任制是指出了问题就要被问责,不担负责任就要被处理,以形成流程威慑感。组织的流程责任制能保证业务正确运行,正确运行就是需求得到了准确的理解和及时的满足,运作成本得到了合理的管理,权与利得到了正确的分配,使腐败没有滋生的空间。业务的正确运行需要流程建设来固化,流程履责来确保。

建立流程责任制,要求每个人都要对流程负责。业务主管和流程管理者要真正承担起监管的责任,从流程遵从走向流程责任。流程遵从即按照流程工作。而流程责任要比流程遵从提升一步,即任何一个流程的负责人都要对流程承担责任。

■ 案例:xx外购件为什么亏损

(1)起因。

2015年,在例行的PR(主动性审视)工作中,内控人员发现有三个项目出现毛利异常走低的问题,三个项目都发生在同一个区域。

(2)过程。

发现这个问题后,内控人员和定价人员决定采用倒推的方式进行追查。他们首先调取了当时的评审决策过程归档文件,其中概算结果显示当时的报价是合理的,流程也符合要求;再往前推到授权环节,授权值没有变更记录,而且满足授权管控要求;一直倒推到定价环节仍然没有发现问题。

就在大家一筹莫展的时候,有人调取了该区域相同时间段的其他几个项目,对比发现,部分项目满足要求,但有几个项目发生了与PR工作中出现的同样的问题。审视人员将这些"同病相怜"的项目提取出来,向一线人员求助时,发现这些项目有个共同特征,即报价中包含大量外购件。难道问题发生在外购件上?

查看这些项目的报价单,发现确实存在大量外购件,而且大约80%

是相同的,也就是说,这些项目中外购件的共用性很大。重新对这部分的外购件进行价格测算,发现其毛利非常低。也就是说,这些项目毛利异常的原因出在外购件上。

外购件通常是授权一线进行价格制定,因为要保证项目的特殊性,很多外购件是临时采购的,因此定价直接在一线完成。经与当地的采购人员和销售人员沟通,问题终于找到了。这批外购件在当时报价时,成本是 A,满足盈利要求,但实际合同价格却是 B,所以造成了 PR 工作出现差异。而且随后几个有问题的项目也出现在相同的时间段。一线部门采用先低后高的采购成本,故意绕过监管,以获取销售合同。

(3)整改措施。

首先,督促一线部门更改外购件报价策略,先归档成本再定价;其次,对相关责任人员进行地区部问责,并公示给地区部行政管理团队。

■ 华为内控的"三层防线"

第一层防线:在业务运作中控制风险。这是最重要的防线。企业 90% 以上的精力要用在建好第一层防线上,使其既要有规范性,又要有灵活性,没有灵活性就不能响应不同的客户服务需要。其最终目的是要让业务主管承担起内控责任,经营责任人也是内控责任人,每个层级都应该这样。加强第一层防线建设的目标绝不能动摇,逐步走向流程责任制,给流程管理者赋权。代表要转变为总经理,承担好综合经营责任。公司流程要做到既简化又有效,因为最主要的监管还是在流程中。流程本身就是防线,完善了流程就建立了良好的防范系统。打通流程,是华为矢志不移的奋斗目标。

第二层防线:针对跨流程、跨领域进行高风险拉通管理,内控及风险监管的行业部门要担负起方法论的推广职责,大量干部接受内控赋能后要走向前线。这层防线是为第一层防线提供方法论,补充和培养干部。

公司要确认流程责任人的责任，采用SACA（半年度控制评估）对责任人进行评价，建立起流程监管的制度、岗位、角色，并使其发挥作用。同时，建立金种子计划，一个国家一个国家地推行现场交付的项目，如果项目在这个国家成功了，负责人就被调往其他国家继续推行该项目。经过这样不断的实践，最终把优秀的人才挑选出来，培养出"金种子"。这些拥有成功实践经验的人才，就变成了新干部提拔的后备力量。

第三层防线：通过审计调查，对风险和监控结果进行独立评估和冷威慑。

6.1.2 收入划分多少是合适的

上述案例中，PR监管手段总体来说还是一种事后行为，通过事后的经验教训和问责，形成对业务的威慑，让相关人员在边界范围内按照规则做事。除此之外，还可以通过建设明晰的规则和工具，避免可能犯错的机会，杜绝过多人工干预，减少不必要的内耗工作，从源头上让工作步入正轨，使员工的注意力集中在"多打粮食"上。

一旦签约交易，合同界面的成交价格对客户来说就变为内部成本，对企业来说则是初始化的销售额，但要等到回款可能还需要较长一段时间。对很多企业来说，首先面临的问题就是"瓜分"这些销售额，毕竟销售额的考核对每个企业来说都是非常重要的一环，特别是销售多种产品的企业。

例如，产品A单独销售可以100元成交，产品B单独销售可以200元成交，但两者一起销售时最终成交价格是260元，这时该如何划分产品A和B的最终销售额呢？通常这种提供多产品销售的行为被称为组合销售。组合销售与捆绑销售不同，捆绑销售是事先组合在一起，对外呈现的是一个销售单位，而组合销售则是根据客户的需求，提供的是交易时的"一篮子"式解决方案。

很多情况下,企业是以成本或价格作为划分依据的。先看一下以成本作为划分依据的情景。相关假设数据如表 6-1 所示,其中价格是实际成交价格,不是目录价,展现的是分别在盈利和亏损的情况下的拆分结果。以成本作为组合产品的划分依据通常是财务的主要做法,其认为在盈利的情况下,大家要共同享受盈利,而在亏损的情况下则共同承担亏损,这样看上去合乎情理,因此被很多企业采用。

表 6-1 以成本为依据的划分结果

(单位:元)

产品	成本	价格	盈利(销售额 > 成本)	亏损(销售额 ≤ 成本)
A	90	100	96.43	77.14
B	50	80	53.57	42.86

但从实际划分的结果来看,这种划分原则的潜台词就是"赶紧把成本做大",成本越大,越容易在划分时占到优势地位,这看似公平,实际却是在鼓励做大成本。即使是两者的成本相差不大,也会拉低业务部门市场拓展的积极性,最终导致公司的销售毛利和利润越来越低,这显然与经营导向是相悖的。

再看一下以价格作为拆分依据的情景。还是采用上述的案例数据,从表 6-2 所示的拆分数据中可以得到以下结果,不管是在亏损还是在盈利的情况下,产品 A 都是亏损的,而产品 B 却都是盈利的。不管怎样,产品 A 也做出了贡献,可是却没有分到一点盈利,长期下去肯定没有人愿意做产品 A 的销售,这样便挫伤了员工的积极性。

表 6-2 以价格为依据的划分结果

(单位:元)

产品	成本	价格	盈利(销售额 > 成本)	亏损(销售额 ≤ 成本)
A	90	100	83.33	66.66
B	50	80	66.67	53.34

由此可以知道，采用一个合理或者公允的拆分原则，对拓展业务非常重要。其实解决这个问题还是要回到业务本质上来，公司经营的目的是盈利，是要获取利润，产品存在的目的也是为盈利服务，不能单纯地以成本或者价格来判断盈利能力，高价格不代表高利润，高成本也不代表高利润。案例中产品 B 虽然价格低，但它的盈利能力显然大于产品 A。

组合销售的合理化拆分规则要建立在产品盈利的基础上，产品的盈利能力代表着产品对公司利润贡献的大小，因此要按照盈利能力的贡献进行划分，如果按照这种规则，结果会怎样？还是先看下结果变化，如表 6-3 所示，然后再详细讨论。

表 6-3　以盈利贡献为依据的划分结果

（单位：元）

产品	成本	价格	盈利（销售额＞成本）	亏损（销售额≤成本）
A	90	100	92.5	49.2
B	50	80	57.5	70.8

可以看出，不管是在盈利还是在亏损的情况下，相比之前以成本或价格为依据进行划分时结果发生了显著变化。首先在盈利的情况下，依据盈利贡献占比来划分毛利，谁盈利贡献大谁得到的多，组合毛利为（92.5+57.5）-90-50=10（元），产品 A 盈利能力为 100-90=10（元），产品 B 盈利能力为 80-50=30（元），按照盈利贡献占比，则结果如下。

$$产品 A 销售额 = 90 + 10 \times \frac{10}{10+30} = 92.5（元）$$

$$产品 B 销售额 = 50 + 10 \times \frac{30}{10+30} = 57.5（元）$$

在亏损情况下，同样依据产品的盈利能力进行划分，不过盈利能力的表征方式需要转变一下，采用单位盈利能力。产品 A 的盈利能力为 100/90≈1.11，即投入 1 单位可以换取 1.11 单位的回报；产品 B 的盈利能力为 80/50=1.6。既然已经亏损，便不能再在成本的基础上进行扣减，否则容易出现负值,而是直接将组合销售额按照两个产品的单位盈利能力占比做划分,结果如下。

$$产品A销售额 = (49.2 + 70.8) \times \frac{1.11}{1.11 + 1.6} = 49.2（元）$$

$$产品B销售额 = (49.2 + 70.8) \times \frac{1.6}{1.11 + 1.6} = 70.8（元）$$

拆分原则没有绝对的对错,但需把握一个原则,即回归到公司经营的本质上,无论是哪种情况下的组合销售划分都要鼓励以盈利为导向。

6.2 回归经营主航道

> 在项目报价时要有成本基线的支撑,项目报价结果作为项目交付的预算,并贯穿整个项目管理的主线。
>
> ——任正非

合同一旦签订,项目经营的大幕就被拉开,价格从销售舞台跳转到项目经营这个大舞台上。项目经营得不好,公司的优质经营就无从谈起。项目概算结果作为初始化的预算,合同界面的成交价格转变为项目的销售额,随着项目交付的推进,进而形成收入等各种形式的经营数据。

全面预算是公司年度全部经营活动的依据,企业应坚持以客户和项目作为预算的源头。预算是战略执行的落地,是公司资源的价值匹配,是提高公司整体绩效和管理水平的重要途径。价格作为年度销售预算的主要输入,通过年度规划中的盈利预测合理牵引资源、匹配资源,并根据经营预测及时调整资源配置,这是经营管理的主循环。

对价格的定期审视要采用多视角的思路,一方面要自我发现价格交易过程中存在的问题，从而识别和管理可能存在的经营风险；另一方面要时刻关注经营要求和表现，及时发现经营背后可能存在的价格问题，自内向外和自外向内两条线相互校验，共同提升经营质量。

6.2.1 围绕预算转

> 我们的利润来源于"客户"，因此，我们的预算源头也应该是"客户"，只有把面向客户销售的预算做清楚，才能向后分解成可靠的、扎实的产品及区域维度的年度预算。
>
> ——任正非

面向客户的销售预算是公司预算的开始。预算要鼓励增长，增长意味着既要开源又要节流，开源是以客户为中心，拓展高质量的销售项目；节流是要避免投入浪费，将公司的平台费用预算控制在一个最低限。从价格管理的角度来看，"开源"更多的是与期望的客户价格相关联，而"节流"则与成本相关联，两者之间形成经营的毛利、利润等。

预算管理的主要作用是牵引公司前进，牵引目标实现，经营围绕预算展开。华为要与客户对齐，同样要按照年度管理预算开展经营活动，因此项目全生命周期的预算既要同客户的年度预算相匹配，又要和华为内部的年度预算相匹配，支撑代表处的经营管理。基于此，价格的调整尽量与年度预算保持同步，进行年度调整。

公司年度销售经营目标由存量和增量两部分组成，其推演过程如图6-3所示，两者各自的量价关系最终形成某个产品或某个区域的年度经营目标。存量经营侧重于交付项目，而增量经营则侧重于销售项目，这两部分项目都对年度经营目标产生贡献。理论上说，只有这两类项目各自达成目标，最终的年度经营目标才能达成。

第6章 价格的三级驱动：经营可视

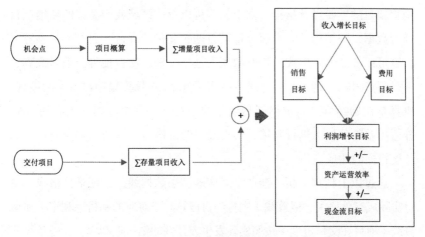

图 6-3　销售预算推演模型

不管哪种形式的项目，都离不开项目四算（概算、预算、核算、决算）的管理。项目四算是项目经营管理中的关键活动，价值在于支撑项目层面的经营管理。项目是代表处经营管理的重心，是公司经营组成的最小颗粒度，只有项目做到精细化经营，才有代表处、地区部和公司的累积，这种向上的累积才具有管理意义。

项目四算作为项目经营的关键活动，在项目全生命周期中应遵循以下原则：概算支撑方案优化，支撑销售决策，确立项目初始经营目标；预算继承概算，按照预算投入资源，支撑项目经营目标达成；基于项目决算，对项目经营进行全面评估与评价。

概算先行，即合同谈判是基于概算进行的，在概算阶段就要提高合同质量，压缩合同风险，否则转向有效增长就是一句空话，项目想要提升利润就会无从谈起。好的合同条款是实现盈利的基础，在合同谈判中要敢于坚持原则和立场，每个销售项目都是客户对产品销售价格的完整表达。

合同一旦签约，与之对应的概算则成为项目经营的快照，成为新增销售项目的重要经营指标。向上累积可以形成区域或产品线的新增项目经营数据，如销售毛利。而存量项目随着交付的进行，通过项目预算、核算可以统计实际形成的经营数据。这样一来，项目报价、项目概算、项目预算(核算)通过项目这条主线串了起来，预核算是项目真实的经营，概算是初始经营，而价格则是期望的经营，三者通过相互之间的 GAP 分析（差距分析）进行互锁，实现最终的价格与经营两条腿走路，支撑年度目标的达成。

通过以上梳理分析，会产生对应的三条数据线，分别是价格线（项目实际成交价格）、概算线（销售项目概算阶段对应的销售毛利率）和预算线（项目在交付进度中按照实际发生或预判的销售毛利率），每条线都有自我目标和实际表现，共同服务于公司的经营目标主线，如图 6-4 所示。

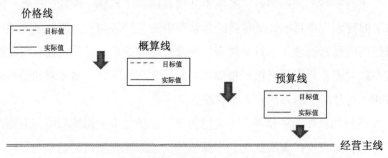

图 6-4 项目价格、概算、预算与经营的关系

将上述三条数据线叠加，通常会出现以下几种典型状态，每种典型状态都是价格与经营之间的互相作用的反映。

状态一：参考图 6-5，三者都达成各自目标，即项目成交价格达到了价格本身的目标线，新增销售项目的概算满足目标要求，预算满足偏差要求。这种结果是经营管理希望看到的结果，即预算对价格有牵引，价格围绕预算波动。但是仍然要做横向和纵向的拉通对比，寻找成功经验。

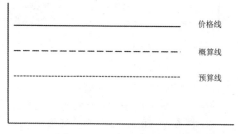

图 6-5　三线目标均达成

另外，如果图 6-5 代表的是某个产品的全球目标完成情况，建议还要进一步打开每个地区或者代表处的数据，层层钻取，查看每个责任中心的达成情况，查找可能被掩盖的问题。在一些区域，迫于业绩考核压力，经常会出现将高价产品 A 的销售额挪一部分到低价产品 B 上的情况，这样不仅使得总包任务达成，而且使得产品 A 和 B 各自的目标达成，经营数据看起来很漂亮，但是却扭曲了业务经营的实质。经营分析要回归经营主航道，经营分析不仅是找差距和完成目标，而且更需要还原真实业务、提升业务经营质量。

状态二：参见图 6-6，项目成交价格达到了目标线，概算线达成目标，但是预算线没有达成目标。造成这种情况的原因通常是存量项目交付出现问题，例如未及时确认收入导致收入和成本不匹配，毛利率可能降低，也有可能存在超长期未开工项目。概算和预算之间基于会计确认的原因本来就存在时间上的错位，所以概算和预算有时会出现较大偏差，解决办法是拉齐该项目的概算与预算进行对比，同时借助滚动预测等手段分析导致概预算偏差的原因，如是否存在客户变更，是否存在概算成本与预算未拉通的情况等。对于预算和概算的成本偏差问题一定要设置偏差率考核，以防止出现销售盈利好看，但实际却给交付造成压力的情况。

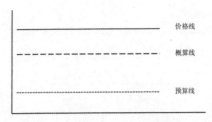

图 6-6 预算线未达到目标值

还有部分项目,其状态是图 6-6 中概算线和预算线互换位置,即达成预算线而未达成概算线,通常认为这种情况是销售项目表现欠佳,有可能是战略项目或山头项目亏损,反而利用存量项目的努力交付转亏为盈。当然,预算和核算的经营数据也是对概算的校验,不断挤掉概算基线中的"水分",消除经营主线上的"鼓包",使其准确可信。

状态三:参见图 6-7,项目成交价格达到了目标线,概算线没有达成目标,预算线也没有达成目标。这种情况下首先要做的是统计范围内 Top 项目(按照体量划分)的概算数据,测算假设去掉该项目,其概算线和预算线会上浮多少,是否会达标,并判断是否因为重大项目的亏损导致整体盈利不达标。若重大项目的影响很小,且基本是处于授权范围内的合规项目,这时需要考虑存量交付项目的影响,如是否存在重大变更等。在对存量经营进行分析时,也不是一味地降低成本、确认收入等,也要关注客户对交付的需求变化,发现可能的盈利机会点。

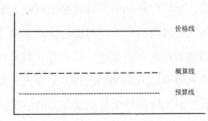

图 6-7 概算线和预算线均未达标

除此之外,还有一种情况,即价格线没有达成目标,而其他两条线达成。如果有这种情况出现,就要考虑是定价太高,还是价格与经营的互锁关系没有建立起来。

以上列举了价格与预算关联分析中常见的问题,因为其中的数据涉及概算、预算以及核算等过程,所以首先要保证使用的数据口径一致,否则会失去可比性。在实际的业务分析中,遇到的问题可能远远比这些复杂得多,定价人员在分析时,除了借助各种文档、工具和数据外,更要注重与相关业务部门的合作,在给业务提出预警的同时也给出有效的处理建议。

6.2.2 价格的侵蚀效应

当你打开一个已经完成的销售订单,你会发现,因为各种各样的竞争,产品的实际成交价格通常低于目录价,而从客户界面的实际成交价格直到形成公司可衡量的经济收入,即收入价,其间因为优惠、赠送等,价格面临进一步下降的可能性,如图 6-8 所示。目录价通常作为交易定价环节的起点,成交价格高低不同,最终形成的收入也高低不平,价格的这种现象称为价格侵蚀效应。

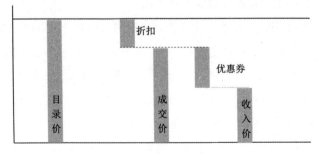

图 6-8 无处不在的价格侵蚀效应

价格侵蚀无处不在,即使公司内部没有出现价格策略上的波动变化,绝大多数公司,无论其销售是面向消费者还是企业,都面临价格侵蚀的压力。特别是在一些软件行业，其价格落差能达到80%。随着越来越多的买方市场的出现，这种问题会更加突出，如果公司对此不采取任何措施，价格会持续下降，最终导致利润被吞噬。

在上一节已经做过介绍，价格通过预算和实际的经营结果关联起来，侧重于一段时间内的经营回顾分析，强调整体协调性，但企业利润的折损都是从价格的侵蚀开始一点一点地形成的。通过对价格侵蚀过程的分析，控制上游交易质量，同样有助于提升企业的经营结果。

先看一下有哪些因素可能造成价格侵蚀。同行业大同小异，不同行业基于交易习惯原因会存在差别，这些因素通常也被称为侵蚀因子，一般包括以下几个方面。

（1）现金折扣：鼓励客户现金交易或者提前付款，不同的付款期限通常对应不同的优惠折扣，使企业实现资金快速回笼。

（2）其他折扣：针对特定的市场目标和特定特征的客户或者渠道，给予各种优惠政策，包括限量折扣、大客户折扣、总价折扣、年度折扣和买赠等。

（3）优惠券：发放给客户的、满足一定条件可以抵用一定额度的优惠形式，包括纸质优惠券和电子优惠券。

（4）物流费用：有些企业将物流费用作为成本费用单独计算，而有些企业则实行满一定金额免运费形式，这种情况也被认为是价格侵蚀点。

以上列举的这些价格侵蚀点，在不同的销售场景中或多或少都存在，从价格评审的角度看，企业需要做的是如何"正确、合理运用"价格侵蚀，正确运用是指应用对象应满足相关的应用条件，而合理地运用是指在正确运用的基础上保持一个度。例如，面对小国运营商应该采用哪种优惠政策？优惠的力度是多少？采用分期付款还是一次性付款？

著名管理学大师德鲁克说："如果你无法度量它，你就无法管理它，要想做有效的管理，就很难绕开度量的问题。"因此，要建立一个评审标准和与之对应的表格，有标准才有评审的依据，才能使问题趋于收敛管理。

首先，明确有哪些价格侵蚀因子，可通过历史销售数据挖掘客户的购买行为和客户分布，或者根据客户的社会特征做市场调研，或者分析客户直接提出的明确要求，总之要了解客户的行为习惯。其次，最好能根据产品、客户、区域划分出不同细分特征下的侵蚀因子，因为相对于不同客户，不同区域的利润要求也通常不同，这样划分能够保持一致性。最后，根据以上信息设置初始的标准目标、每项侵蚀因子的小目标和总体目标，而目标值通常根据历史客户成交习惯加上改进目标给出。

维护这样一张表可能比较复杂，但是想象一下企业成交的复杂性，成千上万的合同中很难找到完全相同的价格侵蚀路径，足以说明维护这样一张表的必要性。这张表开始不一定要非常准确，重点是建立起规则标准，在使用中进行优化，而且这张表只维护一次，后续只需要在此基础上刷新就可以了。当然也可以借助信息系统实现工具化。

建立评审标准还可以实现数据存储的结构化，为采用相对偏差分析法进行价格侵蚀的跟踪分析打下基础，具体如下：理想状态下，每个企业都不希望有价格侵蚀点，但在实际运行状态中，价格侵蚀会保持一个理想的目标值，企业通过监控各个项目或者订单的价格侵蚀与目标值的相对比率（如果是负值表示价格侵蚀变大，如果是正值表示价格侵蚀变小），从而采取相应的措施。

例如，如果我们期望最终收入价是目录价的80%，也就是容忍20%的价格侵蚀，可以将20%设置为目标值。如果一个订单的最终收入价是目录价的70%，出现了30%的价格侵蚀，则通过下面公式计算出相对比率是-50%，即价格侵蚀扩大了50%。

$$价格侵蚀相对比率 x = \left(1 - \frac{1-收入价折扣}{目标值}\right) \times 100\%$$

以H公司为例进行说明，H公司主要从事小家电生产，其中产品A

在大中华区的价格侵蚀分布如图 6-9 所示。以 20% 的价格侵蚀作为目标值，数据点越接近 100% 说明价格侵蚀越小，相反则越大。看上去好像只有一个地方价格侵蚀比较大，即图 6-9 的左下方，偏差达到 300%。

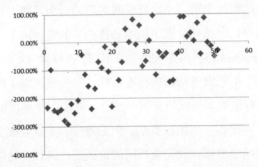

图 6-9　H 公司大中华区产品 A 的价格侵蚀分布

首先要针对这部分做重点分析：打开这些数据点对应的销售订单，在后台查看项目的每个侵蚀因子对应的侵蚀力度，可以给侵蚀因子排序，以方便寻找相似点和不同点，逐一排查。经排查发现，这些销售订单对应的客户有大有小，而且这些订单的金额都在 50 万元以下，却使用了同样额度的优惠券，这是一个可疑点。试着"抹掉"订单中的优惠券侵蚀因子，然后进行刷新计算，将所得结果展示于图中，则图形的变化如图 6-10 所示，这部分订单的相对偏差明显缩小。

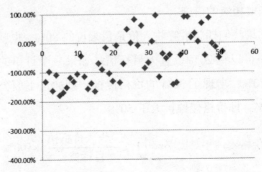

图 6-10　产品 A 抹掉优惠券因子后的价格侵蚀分布

依此类推，将其他项目的优惠券使用情况一并查看，发现优惠券使用确实存在明显缺陷，没有设置使用门槛，只要客户申请都审批通过，没有进行客户和订单金额的区别，失去了激励消费的作用，造成了不必要的损失。解决措施是，在系统中设置优惠券与订单金额的比例限定，如果优惠券使用比例高于设定比值，则无法发放。

价格侵蚀效应是客观存在的，进行侵蚀效应分析不是为了清除所有的侵蚀因子，而是分析其存在的必要性和合理性，给出工作改进的方向，减少不必要的侵蚀，提升项目的经营利润。

6.2.3 价格预测

价格预测虽然处在价格管理的后端，却起到了承前启后的作用，这在以客户为中心的企业中非常重要。华为并不推崇破坏性创新，而是喜欢延续性创新，因为企业需要面对的市场规模和增长率一般都是已知的，技术进步的轨道有迹可循，而且主要消费者的需求通常都非常清晰明了，而这恰恰为实现预测提供了可能性。

价格预测通常有两个目的，一个是通过价格的变化趋势预判客户需求的变化，洞察业务发展的潮流，通过客户的需求变化来判断自己的产品还有哪些优势，与竞争对手相比是否优势减弱，给产品开发做输入，以满足客户需求。丝毫不差地预测未来是不可能的，没有谁手里有一个能够预测未来的水晶球，而且企业发展还要受到国家的宏观环境和产业政策等影响，只能利用某些工具直观地了解趋势走向，因此根据客户和市场的可延续性，准确预测其中的60%～80%是可能的，而且尤为重要。

价格预测的另一个目的是通过价格的变化趋势预判经营目标的达成，把握价值转移的趋势和方向，根据经营目标提前布局，提前采取相关措施。前面论述过的价格预期管理对价格的预测同样具有重要的意义,客户过去的购买经验和价格,以及与其他供应商的购买经验和价格,都会促使客户形成一种在什么情况下应该以什么价格进行购买的预期行为,这种预期行为对未来产品的购买会起到决定性作用。

因此,通过分析历史来了解客户形成不同价格敏感度和支付意愿的定价驱动力是非常有价值的做法,企业做出价格预测要基于这些客户的预期,但是更有价值的方法是预测未来一个月乃至一年的市场环境的变化,并建立一个稳定的"条件—结果"假设分析模型来分析它是如何影响商业效益的。

■ 一元线性回归分析法

预测分析是由统计、预测和模拟能力实现的。回归分析作为一种统计分析工具,可用于分析同时拥有两个或多个变量值的成对数据,如散点图(拥有 X 与 Y 的成对数据)。回归分析还具有以下特性:允许在数据量很小的时候就能查看更好、更敏感的行为模式,并且查出在过程中一个变量是如何影响另一个变量的,也就是预测的能力。

表6-4是D平台为分析销量变化与价格变化之间的关系收集的数据,现在以此为基础找出两者之间是否存在一定的相关性,是否有可能据此建立模型做价格预测。利用表格中的数据一步一步展示回归分析法。

表6-4 D平台销售变化与价格变化的数据收集

价格变化率 x(%)	销量变化率 y(%)	价格变化率 x(%)	销量变化率 y(%)
3	59	16	137
6	105	20	160
8	88	20	169
9	119	22	159
12	117	26	232

1. 数据线性相关性定性判断

判断自变量 X 与因变量 Y 之间的相关程度，可以通过散点图（见图 6-11）获得一个大概的印象，如果数据点的分布形状是从左下往右上以一定的角度展开（见图 6-11 左），表示自变量和因变量是一种正相关关系，也就是说，这种趋势走向表明"随着 X 的增大，Y 有增大的趋势"，而另一个则非常离散，看不出什么相关性（见图 6-11 右）。

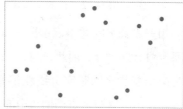

图 6-11 数据相关性判断

散点图显示出很强的正相关性并不能百分之百地保证 X 值的增加一定会导致 Y 值的增加，有可能取值的范围处在一个短期行为中，如圣诞节大促期间销量的增长是短期行为，不能代表后期销量的持续增长。任何时候都不能从 "X 与 Y 高度相似" 得出两者存在因果关系。因此，需要再利用精确的计算来进行回归分析，以获得确定的统计模型。也有可能经过一番努力最后判断这两者之间是完全无关的，没有任何模型。

案例中的数据做成散点图（见图 6-12），根据图形可以初步判断两者之间存在线性相关性，这是定性的判断。为了定量确定两者的相关性，需要用到一个度量指标，即相关系数 r。

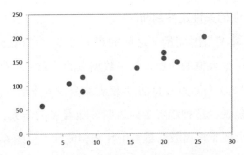

图 6-12　销量变化数据与价格变化数据的散点图

相关系数 r 的大小表示两个变量 x 与 y 之间线性相关的程度，r 值范围为 $-1 \leqslant r \leqslant 1$，因此，当 $r = \pm 1$ 时，表明所有的点在一条直线上，这时两个变量之间是完全线性相关的；当 $r = 0$ 时，两个变量之间不存在线性相关，这时散点图的点分布可能是毫无规律的，当然它们之间可能存在某种曲线的相互关系；当 $r > 0$ 时，两个变量之间存在正相关，即 x 值增加时，y 值也有增加的趋势，r 值越大说明两者的关系越密切；当 $r < 0$ 时，恰好相反，两个变量是一种负相关关系，这时 x 值增加，y 值逐步减少，r 值越小说明两者的关系越密切。借用 Minitab 软件进行定量计算，案例的数据计算结果如图 6-13 所示。

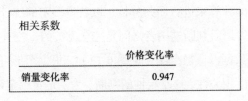

图 6-13　r 值的计算结果

那么，相关系数需要达到多少才可以认为两个变量之间确实存在相关关系，才能用于后续的回归模型的建立呢？作为一个通用的规则，样本量超过 9 时，只要相关系数达到 0.7，那么就可以认定两者之间是确实相关的；当样本数量超过 25，只要相关系数达到 0.4，也可以认定两个变量之间确实相关,不过在实际使用过程中,通常以相关系数达到 0.9 以上认为相关。案例中相关系数是 0.947。

2. 建立一元线性回归模型

x 是自变量,其值是可以控制或精确测量的,非随机变量。

y 是因变量,对于给定的 x 值,y 的取值实现不确定,y 是随机变量。

假设 (x, y) 的散点图显示有直线关系,则可以认为观测值 y 由两部分叠加而成,一部分随 x 的变化而呈线性变化的趋势,用 b_0+b_1x 表示;另一部分是其他随机因素影响的总和,用 ε 表示,常设 $\varepsilon \sim N(0, \sigma^2)$,故有如下数据结构公式。

$$y_i=b_0+b_1x_i+\varepsilon_i, \quad i=1,2,3,\ldots,n$$

通常用最小二乘法进行回归方程系数的求解,也就是对最小的误差平方和进行求导,这里不做具体的计算过程推导,直接借助于 Minitab 软件计算,计算结果如图 6-14 所示。b_0 的值是 49.64,b_1 的值是 5.976。求出价格变化率与销售量变化率之间的回归方程是 $y=49.64+5.976x$,其中,斜率 5.976 表示价格变化率每变动一个单位,销售率的变化值平均增加 5.976 个单位。

回归方程为

销量变化率 =49.64+5.976× 价格变化率

图 6-14 回归方程的计算结果

3. 回归方程总效果度量

检验的目的是从总体上判断回归方程是否有效,如果实际观测值与拟合出来的回归曲线很贴近,说明回归线与数据拟合得很好,也可以说回归方程总效果很好。还是借助于 Minitab 说明如何判断,见图 6-15。R-sq 越接近于 1,R-sq(调整)越接近于 R-sq,说明模型拟合越好;另外,

2倍的 S 是用来判断观测值可能的波动范围,即以回归线为中心,上下各距离 2S 的平行线区间将包含 95% 的数据。如果能容忍此误差,则认为回归方程是有意义的,如果有多个回归方程,可以取 S 值最小的那个方程,本案例中假设能够容忍 2×16.4841 的误差。

模型汇总

S	R-sq	R-sq(调整)
16.4841	89.76%	88.48%

图 6-15　回归方程的度量值

4. 回程方程系数的显著性检验

建立回归方程的目的是表达两个具有线性相关性的变量间的定量关系,因此,只有当两个变量确实具有统计意义上的线性相关关系时,所建立的回归方程才是有意义的。系数的显著性检验不是简单地比较系数的大小,而是通常采用方差分析法,基本逻辑是求出多个 y 的观测值的总波动,如同方差的分析一样,在这里不再做详细的过程推导,直接引用 Minitab 计算的结果,参考图 6-16。

方差分析

来源	自由度	SS	MS	F	P
回归	1	19058.7	19058.7	70.14	0.000
误差	8	2173.8	271.7		
合计	9	21232.5			

图 6-16　回归的显著性检验

在假设检验中最常见到 P 值(P-value, Pr), P 值是进行检验决策的一个重要依据。P 值即概率,是反映某一事件发生的可能性大小,在统计学中根据显著性检验得到的 P 值,一般以 $P<0.05$ 为有统计学差异,

$P<0.01$ 为有显著统计学差异，$P<0.001$ 为有极其显著统计学差异，其含义是样本间的差异由抽样误差所致的概率小于 0.05、0.01、0.001。本案例中 P 值比 0.001 还小，因此认为回归方程具有显著统计学差异。

5. 残差分析

为了确认拟合效果，即整个回归模型是否与数据拟合得很好，能否进一步改进回归方程以优化模型，检验整个回归过程是否符合前期基本的假设，必须采用残差分析方法来进行判断。x_i 的残差是利用估计的回归方程预测 y_i 而引起的误差。如果对案例中的数组进行残差计算，则结果如表 6-5 所示。

表 6-5 残差计算表

价格变化率 $x_i(\%)$	销量变化率 $y_i(\%)$	估计的销量变化率 $\hat{y}_i=49.64+5.976\times x_i$	残差 $y_i-\hat{y}_i$
3	59	67.568	-8.568
6	105	85.496	19.504
8	88	97.448	-9.448
9	119	103.424	15.576
12	117	121.352	-4.352
16	137	145.256	-8.256
20	160	169.16	-9.16
20	169	169.16	-0.16
22	159	181.112	-22.112
26	232	205.016	26.984

如图 6-17 所示，残差图的纵坐标是残差，而横轴可能取不同的值，假定对所有的 x 值，ε 的方差都是相同的，并且假定描述变量 x 和 y 之间的回归方程是合理的，那么残差图表明，所有的散点都随机落在一条以 0 为中心的水平带之间。不管是因变量 $\hat{y}$ 的残差图（见图 6-17 左），还是自变量 x 的残差图（见图 6-17 右），都随机分布在以 0 为中心的两侧，

符合要求。

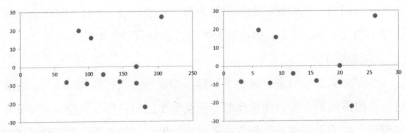

图 6-17　残差图

同时还可以结合 Minitab 的四合一残差输出图加以佐证，如图 6-18 右下角图所示，表明残差是随机波动、相互独立的，整体说明符合假定，拟合比较合理。

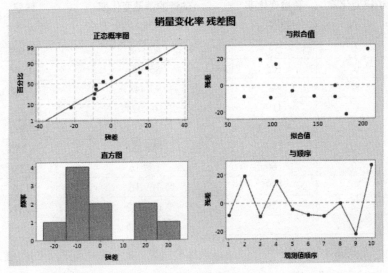

图 6-18　残差图

6. 利用回归方程进行预测

求得了回归方程，并且经检验效果是显著的，这时便可以用来做预测。所谓预测就是当 $x=x_0$ 时，对 y 所对应的取值 y_0 做出推断。由于 y

是随机变量，它的实际值是多少无法准确预测，只能对它的平均值做出预估，这就是 y 的预测值，因此

$$\hat{y}_0 = \hat{b}_0 + \hat{b}_1 x_0$$

但是方程中的系数是由样本（案例中的 10 组数）估计出来的，系数本身存在波动性，因此导致估值 $\hat{y}_0$ 也存在波动性，即理论上的预测值与 $\hat{y}_0$ 有可能存在偏离，再加上模型中本来就假设 y 具有围绕均值波动的随机性，为了得到 y_0 的预测值，对绝对偏差 $|y_0-\hat{y}_0|$ 做出限制，不超过某个 δ 的概率为 1-α，通常 α 取 0.05，将 1-α 置信区间称为预测的理论均值的置信区间，也就是前面说的囊括 95% 数据的置信区间。借助 Minitab，如图 6-19 所示，如果价格变化率取 10，则销量变化率预测结果是 109.399，满足统计学的要求。

预测			
拟合值	拟合值标准误	95% 置信区间	95% 预测区间
109.399	6.01293	(95.5333, 123.265)	(68.9368, 149.862)

图 6-19　回归方程的预测值

■ 多元线性回归分析法

在实际工作中，因变量 y 会与多个自变量 x_i 有关，这时候需要建立多元线性回归方程。有时，y 还可能与 $x_1 \times x_n$ 等类型的项有关，这只不过是多元方程的变化形式。一元线性回归模型重点介绍线性回归的内涵原理，这样有助于在此基础上理解多元线性回归分析法。

与一元线性回归不同的是，多元线性回归分析法即使总效果是显著的，变量 y 可能也只与几个自变量密切相关，因此除了对整个回归方程的总效果进行显著性检验，还要对各个回归系数进行检验，要判断回归

方程中哪些自变量是显著的，将不显著的自变量删除。请注意删除原则，因为自变量之间可能存在相关性，所以在做回归系数显著性检验的时候，只能逐个进行自变量的筛选和删除工作。对于特别多的自变量，如几十个，可利用 Minitab 提供的工具进行删除。可遵循逐步回归的方法，做加法，一个一个地将感觉重要的变量导进去做分析；做减法，全部导入然后按影响度删除。

■ 二次移动平均法

二次移动平均法是价格预测中常用的方法之一，特别是对于成交价格具有一致性的价格预测，如一些大型设备企业，产品的销售很少受季节等时间因素的影响，在一段时间内成交价格平稳，因此可以历史销售数据为基础，按照时间顺序分段，反映价格变动的趋势。二次移动平均法是对一次平均数再进行第二次移动平均，以一次移动平均值和二次移动平均值为基础建立预测模型，其计算步骤如下。

（1）首先根据历史价格记录 X_t，计算一次移动平均值 M_t^1。

$$M_t^1 = (X_t + X_{t-1} + X_{t-2} + \cdots + X_{t-N+1})/N$$

（2）在一次移动平均值基础上计算二次移动平均值 M_t^2。

$$M_t^2 = (M_t^1 + M_{t-1}^1 + M_{t-2}^1 + \cdots + M_{t-N+1}^1)/N$$

（3）分别计算方程系数 a_t, b_t。

$$a_t = 2M_t^1 - M_t^2$$

$$b_t = 2 \times (M_t^1 - M_t^2)/(N-1)$$

（4）计算价格预测值 Y_{t+T}。

$$Y_{t+T} = a_t + b_t T$$

t：本期；

X_t：第 t 期实际价格，一般为一段时间内的平均值；

M_t^1：第 t 期的一次移动平均值；

N：进行移动平均计算时所包含的期数或时段数，一般为给定值；

M_t^2：在 M_t^1 基础上的二次移动平均值；

a_t，b_t：线性方程的系数，后者通常用来修正一次移动滞后造成的偏差；

T：本期 t 至待预测期间隔的期数；

Y_{t+T}：价格预测值。

表 6-6 中的数据是某设备制造商某产品在 2018 年前三季度的平均销售价格，记录如下（t 和 X_t）。现在尝试用二次移动平均法试预测该年度 10 月份、11 月份的平均销售价格。（取 N=3）

表 6-6　2018 年前三季度的平均销售价格

销售月份（t）	月度平均价格/元（X_t）
1	1632
2	1654
3	1660
4	1690
5	1650
6	1610
7	1680
8	1630
9	1620

首先计算一次移动平均值（M_t^1），如 3 月的 M_t^1 和 5 月的 M_t^2。

M_3^1=（1632+1654+1660）/3=1649（元）

M_5^2=（1649+1668+1667）/3=1661（元）

依此类推，计算出其他月份的 M_t^1，同理根据公式在 M_t^1 的基础上计算出 M_t^2，把这些结果填入对应表格，然后依次计算方程系数 a_t，b_t 预测值，最终数据见表 6-7，10 月和 11 月最终预测值分别为 1643 元和 1606 元。

表 6-7　移动平均法的计算结果

销售月份(t)	月度平均价格/元(X_t)	一次移动平均值(M_t^1)($N=3$)	二次移动平均值(M_t^2)($N=3$)	a_t	b_t	Y_{t+T}
1	1632	—	—	—	—	—
2	1654	—	—	—	—	—
3	1660	1649	—	—	—	—
4	1690	1668	—	—	—	—
5	1650	1667	1661	1672	6	0
6	1610	1650	1662	1638	-12	1678
7	1680	1647	1654	1639	-8	1627
8	1630	1640	1646	1634	-6	1631
9	1620	1643	1643	1643	0	1629
10	—	—	—	—	—	1643
11	—	—	—	—	—	1606

二次移动平均法相比于线性回归法更容易理解记忆,但是计算过程比较烦琐。不论哪种预测,都是从过去和现在已知的价格状况出发,利用不同的方法和算法技巧模拟未知的将来的过程,前期的关键假设很重要。随着人工智能和大数据技术的发展,相信依赖于计算机模拟模型法,预测能够更进一步智能化,如能回答"假设……应该怎么办"的问题。

6.2.4　小步慢跑提价格

在这个供过于求的时代里,企业一旦发出提高价格的要求,总是显得有点自讨没趣。但面对全球日益严峻的通货膨胀,不断飙升的人力成本,为了维持生存,提升价格有时也是迫不得已。提高价格带来的压力是多重的,首先公司内部的销售部门会心生怨言,其次客户可能会重新考虑供应商,订单可能会减少。如此这些都可能导致公司最后的收入和利润下降,这也是企业提及价格上涨如同谈虎色变的原因。

多数客户不是不能接受价格上涨的事实,而是不能接受价格上涨可能采用的方式。例如,一个客户的采购经理刚做完年度述职,承诺本年度采购物料成本降低××点,今天却突然对该客户宣布价格上涨,结果可想而知。因此,如果不能做好现有客户的价格上涨预期管理,那么一系列的问题将会随期而至。

■ 松土,再松土

提高价格,对客户和消费者来说,是一件严肃的事情,是公司策略的推行和过往意识形态的变动。在公司宣布涨价之前,应该有一系列的松土计划,包括公司内部、外部客户以及其他利益相关方,根据松土计划不断地加强沟通,公开解释这种价格上涨的实际原因。公司内部动员大会最好邀请相关委员会主任、产品线总裁等高级别领导参加,将会议达成的提高价格的计划里程碑、关键结论(包括切换时间、沟通方式、利益相关方等)通报给相关责任部门。整个计划可能会需要半年左右的时间。这样的会议可能会召开多次,目的就是传递信心和决心。

■ 小步慢跑

对于提价涉及面比较广的产品或客户,提价不可能一步到位,因为提价带来的连锁反应需要时间消化,如在途订单;企业的客户也需要时间向他的客户进行解释和宣传,而且不同的地区有其法律条文的限制,所以不宜一刀切。企业的价格提升最终还是要转嫁到客户那里,客户的资源预算也是有限的,因此最好将价格提升的幅度分成几个时间段完成。例如,30%的价格提升在发出正式切换的函件6个月内完成,后面12个月内完成另外30%的价格提升,最后40%价格的提升在最后6个月内完成,争取两年内将价格调整到位。

小步慢跑还意味着先行在一些有代表性的客户或区域内进行提价试点,将成功的经验逐渐向周边区域或客户进行推广,企业可以集中精力做好试点区域提高价格的工作,树立示范标准,而周边区域或客户也有直观感受，更容易接受后续价格提高的事实。

■ 一视同仁

客户会担心自己受到不公正的价格歧视，这可能是提高价格过程中客户最担心的问题。让客户意识到价格上涨是不可避免的、确实必要的，但是如果让客户意识到价格上涨只是针对客户自己，这就变成一种欺诈行为。因此，企业应采取一视同仁的涨价政策，增加客户的价格可信度是维持客户关系的长久之计。如果企业销售有不同渠道不同价格的情况，那么应该对同一级别的客户一视同仁。一视同仁还包括降价的情况，即这种价格上涨的理由也可能是降价的理由。比如，原材料成本上涨，企业对客户提出价格上涨的要求，但是在原材料成本下降时，企业也应该给客户进行降价优惠。

■ 优惠取消

企业在市场拓展期间或新品推广期间，通常会采用优惠促销策略，如前面提过的各类折扣或其他形式的优惠。面对这些销售场景进行提价，可以从减少或取消优惠的角度进行尝试，如试用期结束，恢复原价。相对于直接提高价格，把优惠力度降低，如7折的折扣变为8折的折扣，返点由3%降低为2%，这种处理方式对客户来说更容易接受，毕竟优惠不是与生俱来的。当然，也可以让客户选择是减少优惠力度还是直接提高价格。从长期影响看，建议提高价格，优惠可以作为短期内的过渡方案，实现平滑的价格变动。

提高价格不能以单方的企业受益作为唯一的出发点，还要考虑上下游和企业的合作伙伴，否则仅依靠强大的市场地位和占有率生硬地提高价格，只会不断挤压客户的利益，企业拥有了短期的收益，却容易失去长远的生存基石。正如任正非所说：

我们还是深淘滩，低作堰，我们不想赚很多的钱，但是我们也不能老是亏钱。低作堰嘛，我们要有薄薄的利润，多余的水留给客户和供应商。这样我们就能保持生存能力。你只要活到最后你一定是最厉害的，因为你每次合作的时候都要跟强者竞争，留着活下来的都是蛟龙。

6.2.5 调整价格授权

调整价格授权是指在原先授权的基础上进行升级或者优化，最常见的授权调整形式是伴随产品价格的调整而做出相应的动作，如上一节所述的提高产品价格，与此同时需要进行授权的调整，具体方法可参见5.1节部分内容。

授权的形式虽然有很多种，但是最根本的目的还是支持一线的冲锋陷阵，多销售产品。工作结束后，要回过头来审视公司当初的目标是否已经达成。为了更好地服务一线，也为了有利于公司对整个经营的把控，价格授权的审视与调整是价格管理中非常重要的一环。

为了更好地为客户服务，及时抓住市场机会，销售授权要往前端移动，"让听得见炮声的人来呼唤炮火"。前端是对付不确定性的组织，后方是对付确定性的平台和共享组织；前端的主要任务是降低经营风险，针对交易条件的不确定性进行判断，进而进行管理经营。

2016年W公司侧重于客户体验的服务产品在西非运营商市场出现了连续性丢标的现象，当时的5个项目中有3个项目因为商务价格没能拿下，3个项目全部被Z公司抢走。Z公司是W公司在该区域的重要竞争对手。该区域是W公司主要产粮区之一，一线销售决策团队认为授权假设条件已经发生变化，决定向机关提出加大授权的要求。但总部拒绝了该请求，给出的理由是：区域经营环境发生急剧变化，多国总统大选导致的经济政策和贸易政策尚不明确，鉴于此，该区域属于谨慎投资市场，建议以利润为主获取市场，占据能够盈利的据点，根据后期大环境的变化再发起市场的争夺。

通信市场是一个重资产运营的市场，建设周期长，一旦失去，就意味着几年时间的市场空白。面对激烈的拼抢，竞争对手非常有可能以低价进行应标。公司的销售决策团队首先要意识到市场就是公司的生命线，要利用手中的授权价打压、对抗竞争对手，维护自己的市场利益，敢于亮剑，让竞争对手知难而退。即便竞争对手最终以更低价中标，销售决策团队手中的授权价使用也会让其亏损严重，使其项目失去获利的可能，这样既维护了自己的利益，又可以正面打击竞争对手。

以上案例中授权调整的操作路径属于自下而上，一线区域销售人员发现问题并上报，在区域范围内达成共识，然后被授权人发起调整申请，授权人或组织评审其需求的合理性，然后决定是否调整其申请，这种操作路径可以快速应对市场的变换，快速响应客户的需求。

更多的价格授权调整是自上而下进行的，往往是对被授权人在一段时间内行权执行的回顾，通常的做法是，由定价管理委员会或各分委会根据这段时间内项目签单的情况，结合经营目标达成情况进行分析，召集相关销售、财务、成本和产品线等业务部门，站在公司或事业群的角度告知一线区域销售代表和总部业务人员整体目标达成情况、各个区域之间的差异，以及如何在区域之间达成平衡。

授权调整可以看作区域和总部的沟通会，总部首先要看一下区域的经营目标达成状态，超授权的占比是否符合经营要求。如果一个区域很少向上申请，但经营目标完成得很好，则可以考虑继续加大授权，给予一线更多的自主权；但如果一个区域经营目标完成得不好，则需要考虑收紧授权。总部也可以对一线申请的项目做出盈利性平衡。

一个有效的价格授权机制要做到"放得出去，收得回来"，放得出去是指价格授权信息要及时、准确地通过授权管理规则传递至各个一线的经营责任人，使他们可以及时、准确地获得价格授权数据；收得回来是指总部对于价格的管理和监控，总部可以随时看到价格授权执行情况，

第6章 价格的三级驱动：经营可视

及时发现价格授权的异常点，并及时整改和调整价格授权值。

综上所述，价格授权调整仍然要遵循授权时的"制衡"二字，根据业务策略需要（扩张、盈利），审视地区部、代表处、产品线等不同BU（业务单元）运营所需的权力和行权执行情况。

给予一线的授权是"有限"授权，如在条件比较成熟的领域，开展对业务单元的商务价格、条款以及预算范围内财务审批权的授权，目的是希望地区部关注盈利，生产更多的"粮食"，所以这是价格授权调整的关注点和依据。与此同时，机关优先关注产品的扩张，但也保留了部分权力，即明确对公司具有重大影响的内容应作为公司的保留权力，公司、产品和一线通过审视扩张和盈利的目标达成性来调整授权，从而实现组织间的相互制约与平衡。

第 7 章

定 价 组 织

很多企业对定价的印象是"游走在管理之外",所以,看不到定价能够带来的经营绩效是自然而然的事情。出现这种比较尴尬的情景,首要原因在于公司组织内缺少一种定价文化,或者说公司的定价思想仅仅停留在核心管理层之间。但公司内有太多的人接触定价工作,每个人都能够影响定价,因此每个人都需要正确理解他们的行为是如何影响价格的,每个人都需要拥有正确的动机、信息和工具,这一切显然需要一个强有力的组织去承接、去规划、去落地。建立定价组织可以使各级管理人员统一定价思想,并将思想有效地融入公司的方方面面,打通跨职能部门之间的工作流程,采取同方向的行动。

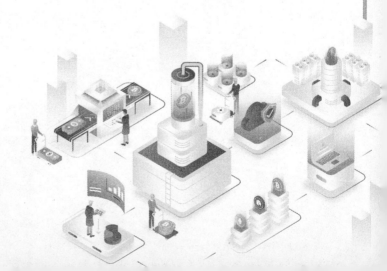

第7章 定价组织

在定价贯彻执行的过程中,还存在一个现实的困难,即交易越来越复杂,仅凭管理者的思想和经验无法做出正确的决策,有时仅仅是庞大的订单数量就已经让管理者无力应对。缺少必要的工具和方法,越多的数据只能带来越重的负担。该如何从海量的数据中提取关键信息?又该如何将这些信息转换成价格决策使用的信息?最后又该如何在需要时及时送到决策者手中?这些都是定价组织需要考虑和解决的问题。定价组织必须通过合理的平台建设,明确价格运作所需的信息,并以此为出发点制定有利于实现盈利的方法,供管理者使用并做出正确决策,为公司长远发展保驾护航。

7.1 定价委员会

公司在早期阶段基本上处于产品相对单一的状态,组织层级相对扁平化,管理容易延伸下去,而且常常是销售驱动的策略,因此更适合在公司层面建立定价委员会,作为公司价格管理的最高权力机构,统一制定和管理价格。

随着公司的发展,产品线不断扩充,对应的客户也越来越复杂,原先统一的管理模式已经跟不上多而复杂的市场节奏,于是公司将定价委员会的职责向下授权,在每个业务产品线组建定价分委会,负责管理本领域的定价策略以及相关的执行。定价委员会的作用转变为提供一个优良的平台来帮助各产品线分享最佳实践,并为制定更有效的定价战略提供支持。

过去重大的定价决策都是交由公司定价委员会评审处理,现在定价分委会就可以负责,而且因为对自己本领域的产品有管理优势,所以定价分委会定价策略等相关的制定和决策更具针对性，能够使公司大幅提升利润。公司层面仍然留存定价委员会，其通常由每个业务产品线的定价分委会代表组成，每个季度或半年度举行一次会议，从公司层面对重点产品进行单独的价格制定或回顾，特别是面对公司级整体解决方案时，会给予相关指导，在公司层面树立定价的影响力，建立公信度，为各个业务产品线的定价分委会决策提供支持。定价委员会组织关系图如图 7-1 所示。

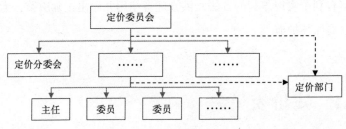

图 7-1　定价委员会组织关系图

定价分委会的委员通常由各业务产品线下负责具体产品的经理组成，另外还有三个角色，分别是财务总监、销售总监和产品线总裁。虽然每个产品的经理要"端到端"地对产品负责，包括完成经营目标，但是具体的市场销售工作通常由销售部门完成，其更多的是从整体的角度管理销售。定价委员会成员需发文任命，通常按年度进行委员的增补和退出任免工作，主要考虑产品的新生、合并事项。另外，企业本身的领导更替基本也是按年度进行，中途不做任命，除非有重大组织调整。

定价委员会是典型的集权式管理，与一线销售决策团队分工合作。越到前端，越要强调首长负责制，即一线销售决策团队负责一线授权范围内的项目；越到上端，越要强调集体决策制，即上升到机关的项目投票决策，集体决策时，委员会要承担一定权重的责任。执行相关决策时，委员一人一票，但主任委员通常有一票否决权，以便做出快速决策。

第 7 章 定价组织

经营考核按区域和产品线考核，不按项目考核。公司只考核这个区域要贡献多少总利润，但具体在哪个项目上亏损一点，在哪个项目上多赚一点，就不需要公司做主，区域完全可以灵活机动，这就是一线销售决策团队作为首长负责制要发挥的作用。产品线也一样，区域认为这个地方是战略要地就可以投入，产品线自负平衡就行了。当然，在让"听得见炮声的人"发挥指挥作用的同时，也要加强监督和管理的作用，最起码机关要设几条高压线，然后按照公司要求，逐步给予区域和产品线自主作战的权力。

定价委员会是决策机构，会议上不做相关议题的评审工作，因此，所有上会的议题都需要在线下先进行评审，特别是有争议的议题，相关方需要先就问题的结论有一个共识，原则上没有经过预审的议题不得上会。会议的预审工作通常由定价委员会的秘书机构组织完成，秘书机构同时也要具备一定的"预判决策"能力。通常议题会很多，要预判哪些是需要上会决策的，哪些是线下就可以解决的。准备上会的议题一定要逻辑清晰，让定价委员会成员都能清楚地理解其中的隐含逻辑，做选择题而非判断题，这样可以短时间内进行决策；而需要制定相关规则或出台管理细则的议题，则讲清楚如果不这么做会损害公司哪些利益或产生什么后果。对于会议上悬而未决的问题，如果是紧急需求，会后完善后不再组织单独会议，而是直接采用委员签字的方式完成。定价委员会作为一个权力机构，要为最终的经营负责，所以经营回顾要作为例行议题进行必要的展示，重点展示价格问题和其可能对短期经营造成的影响。

定价委员会还是定价变革项目的坚定拥护者，成功的变革项目除了需要强有力的项目经理的执行，最重要的就是领导层的支持。领导层的支持最重要的表现是说到做到，而不是一方面表示高度支持，但是在遇到实际的问题时却倾向于妥协，或者不能给予资源上的支持。曾经在华为公司主导 IPD 变革的 IBM 资深顾问 Stas 说："我参与过很多公司的业务变革项目,有很多项目都失败了。我认为失败的最重要原因是关键人物没有真正参与进来。IBM 公司为什么通过 IPD 变革项目取得了巨大的成功呢?主要原因是得到了高层的大力支持,总裁郭士纳非常重视,总是要求公司高层领导亲自参与。"

而且,对于成功的项目最好给予即时激励,或者在取得阶段性成果时就给予更多的曝光度,这对项目的推广能起到很好的示范作用。对于特别想突出管理层意志的地方,可以寻找相似方案或过去的案例作为对照样本,展现"什么是好的"。除此之外,在项目开展的过程中,项目经理要善于使用定价委员会的影响力,因为定价变革项目多数是跨部门协作,需要推动和沟通协调的事情比较多,难免碰到"部门墙"利益。如果仅凭项目经理的一己之力,通常情况下进度会很慢,如果项目中有定价委员会成员加入,而且在项目组利益相关人中进行展示,问题的解决往往会变得很高效。

7.2 定价部门的职能角色

定价部门是定价管理的秘书机构,在公司的经营组织中为定价委员会或定价分委会处理各种事务,包括但不限于政策的发放、组织汇报、例会召开,以及其他一些日常的管理工作,并辅助管理者进行价格决策。从公司或事业群的组织关系图上看,定价部门通常处于"脖子位置",居于决策与执行的中间转换位置,既是决策层和执行层的职能管理机构,又是决策层和业务管理层的纽带。

定价是个持续的过程,对价格进行持续管理,是定价部门的主要日常工作。定价部门的主要职责如下。

第7章 定价组织

- 收集与分析一切有关定价方面的信息;
- 对客户价格接受程度做市场调查并进行模拟;
- 与各部门协调和沟通,制定定价战略;
- 开发定价策略;
- 拟定产品定价方案;
- 对外发布价格;
- 实施定价策略;
- 对产品定价做持续跟踪,提出提价、降价或调整定价策略的建议。

但实际情况是,很多企业并没有设置单独的定价部门,仅仅存在定价职位,而且分散在不同的职能部门,如财务、市场或其他部门。这样设置背后的原因,通常是企业并没有想清楚定价在整个组织中要承担的责任和能发挥的价值。一个独立存在的定价部门在公司内通常有四种关键角色,如图 7-2 所示。

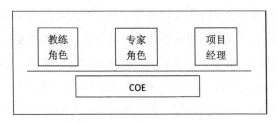

图 7-2 定价部门的四种角色

首先,定价部门作为公司的 COE(Center of Excellence),即能力中心,在对外输出能力的过程中,需要做好自身能力的建设。能力的建设要对准客户,包括人才培养、定价政策、流程、工具以及方法等。对人员的能力要求通常是具备各种专业技能,如更先进的分析能力、更有效的管理成本的能力等,所以需要向先进靠齐,如引进业界优秀的定价管理人员,学习业界领先的定价模式,并将其运用到公司的产品定价管理上,增加产品的竞争力。

面对日趋复杂的商业环境，利用合适的工具和方法进行定价管理能够起到事半功倍的作用，也是定价部门能力建设很重要的一块，其不仅是企业迈向规范化、职业化的重要一步，而且可以提高管理的准确度。如近几年非常火热的职位——定价管理产品经理，就是致力于公司定价管理平台的开发建设工作。COE很重要的一个能力就是对政策的解读，对公司高层定价政策要领悟透，不能失之偏颇。

教练角色担负着为业务部门赋能的责任，是公司内部的"顾问"，要为不同的部门提供专业化的指导。教练角色本着服务的宗旨，随时准备解答业务伙伴的各种咨询，为他们耐心地解释政策、排除疑虑、指明方向及解决问题；倾听、观察并激励业务合作伙伴，支持他们自主解决问题，提供他们解决问题所需的必要帮助。

例如，教练角色要定期进行定价管理相关的政策、流程、工具以及方法的宣讲和培训，增强业务伙伴的专业能力，提升他们的自信心。如果企业产品需要提价，首先反对的肯定是销售人员，因为他们觉得东西不好卖了，没有提成了。更重要的是，他们无法对老顾客说出口，无法面对客户的质问。销售主管为了追求销量最大化，即为了让产品好卖，总是希望降价销售产品。财务主管也不希望提价，因为他们害怕产品卖不出去，资金回流速度会减慢，害怕提价会增加销售和服务成本，使现金流受到影响。而市场主管则希望避免降价销售，因为他们在价值塑造上下了很大功夫，尽量让自己的产品与其他产品不一样，希望自己的产品能卖个好价钱。作为一名教练，其可以对销售人员说："价格提高了，我们为客户提供的服务不一样了，创造的价值也不一样了，如果能将高价的产品卖出去，更能体现我们的价值，提成也会提高。另外，我们还有一个自主的折扣空间，可以进行适当的价格调节，有利于促成交易的成功。"

专家角色为支撑管理者决策提供一切可能的需求，相当于公司内部的"智囊团",更多的是强调如何帮助管理者做出有效决策。专家虽然没有最终的决策权力,但是有关键的建议权力,通常是与其他各个业务部门共同合作,提供最终的建议。在中央集权的管理模式下,为了取得商业成功,定价部门最重要的一点是整合各种信息,以辅助领导决策。

另外,专家要随时准备接受上级机关的咨询,为机关的决策及时提供和反馈真实可靠的信息。"瞬间"决策的完成是背后大量决策信息的铺垫。例如,面对一个新产品的定价,在决策之前,定价经理需要召集相关业务部门共同收集、调查各种信息,包括公司内同类产品的信息、市场上的销售信息、客户的需求信息等。这些辅助性的工作可能需要做很多遍,以完善整个定价决策方案,而且还要在决策过程中根据情况变化及时做出调整与信息补充,而对于一个需要到总部进行决策的项目,要做的工作更多。

一名合格的项目经理,沟通工作占据全部工作的 70% 以上,定价部门在沟通协调方面同样占比很多。仅仅在产品开发阶段,拟制为产品定价的方案就需要召开各种大小会议,了解利益相关方诉求,收集信息,然后进行整合,在各部门之间进行协调,最终达到共同的定价目标。而在支撑一线销售的过程中,更是需要反复沟通确认,来回互换信息。加之定价决策是专业性决策,定价部门必须扮演好自己的角色,通过知识传递来增加定价决策的效果,扩大影响力,不断树立能力中心的声誉。

作为项目经理,定价部门还应做好"端到端"的管理,不管是对上还是对下,也不管是在实际的项目运作中,还是在日常的工作中。例如,决策后要做好总结工作,知会利益相关人,安排遗留事项跟踪责任人,定期回顾问题的进展,对出现的问题及时给予必要的解决措施,做到早发现、早解决、早关闭,建立流畅的沟通渠道。

同时,我们需要认识到的很重要的一点是,没有任何一个定价组织的设立能对所有的公司和市场都有效果,组织的设立要有助于问题的解决,要能体现为一线服务的价值,关键是要确保组织结构的决策与公司的战略目标、商业行为保持一致,因此定价部门的考核设计也要围绕以上关键点进行,同时注意要轻销售、重经营,从价格与经营的角度进行考核指标的设计。

7.3　成为业务信赖的合作伙伴

　　企业不需要纯粹的"表哥表姐"(企业内的俚语,特指工作中经常用 Excel 表格记账、算数、分析的人),企业需要不仅能讲数据,还能讲数据背后的故事的定价人员。不管是在剖析问题时还是在平常的工作中,定价人员都应试着从以下角度进行自我提问并回答,相信这样就可以把数据背后的故事讲好。

- 我们宣称的物有所值感提高了还是降低了?
- 客户对我们产品的价值感受有变化吗?
- 客户对我们产品价格的反应是怎样的?他们是欣然接受还是有所抱怨?是什么时间开始出现这种变化的?
- 渠道商或最终消费者对我们产品价格的反应是怎样的?他们是支持还是抱怨?是什么时间开始出现这种变化的?
- 主要的竞争对手最近有降价或提价的举动吗?
- 是否有新的竞争者进入这个市场?
- 上次价格变动带来的市场反应如何?对销售额和利润的影响如何?
- 我们现在使用的定价策略对该产品产生了什么样的效果?
- 我们还需要继续调整产品的定价策略吗?
- 业界在该产品的定价策略上有哪些创新或值得学习的地方?

　　定价人员首先要理解自己的定价工作,然后才能试着理解业务,要想定价驱使业务，必须了解业务是怎么运作的，不能仅凭想象。定价人员通常是在机关办公，缺乏一线的"现场感"，因此深入一线，多出去走走是非常好的做法。企业对定价人员的职业素质模型要求应该是"混凝土式"，背景要"复杂"，不仅要懂产品，还要了解市场。图7-3展示的内容是某著名咨询公司发布的一则关于定价分析师的任职要求，以作参考。

---

1. 在本领域有五年以上产品规划、商业模式设计、定价、销售、商务管理经验；
2. 深刻理解本领域相关的客户需求和市场需求的强大竞争点，以及不同定价模型和利润优化的优缺点；
3. 具有优秀的产品/商业视野和格局，持续跟随业界动态和趋向，并有自己成熟的理念；
4. 自我驱动，目标感强，具备优秀的沟通与协作能力。

图7-3 定价分析师的任职要求

所谓职业化，就是在同一时间、同样的条件下，做同样的事的成本更低。让专业的人做专业的事，如华为的组织建设和客户管理系统CRM是采用埃森哲的，精益生产模式是学习丰田的，集成产品开发流程IPD是引入IBM的，等等。这些方法如果都是华为自搞一套，可能就没有华为现在的传奇了。专业意味着尽可能在自己能力范围内把这些专业的事情做好，也十分清楚自己在专业方面存在的不足与缺陷，因此，定价人员对定价工作的了解深度和认识广度，肯定比一般人要强许多。

当然，也不能只低头拉车，还需要抬头看路。定价人员要成为业务信赖的合作伙伴，跟随业务的步伐前进，通过设置合理的经营规则对业务进行监控和牵引，识别出业务的合理性与真实性，发现业务管理上的断点，给予业务合理建议，提供有价值的解决方案，协助业务成长。对业务的管控不仅满足合规，还要兼顾效率，注意平衡，不能紧盯着指标不放手，否则反而会耽搁业务成长。定价人员不能做业务行进路上的"绊脚石"。

数据是在业务运作过程中产生的，是业务活动的记忆，但是有时数据是无序的，在使用数据时，必须遵循数据生产路径。业务想要使数据"为我所用"，必须依赖拥有专业化数据分析能力的定价人员，提供至小、至真、至实的数据，特别是各种基线数据，这是定价人员作为业务合作伙伴的基础。定价人员凭借对数据逻辑的认识，加上对业务的深刻理解，通过收集、整理、归类而形成基础的信息，在数据整合、洞察、建模和分析的过程中，识别业务管理改进的机会和目标。

定价人员需掌握业务运作的规律，结合其自身独有的数据分析能力，在此基础上提供优化业务运作的方法，才能真正成为业务的助手，否则工作就很容易被替代。很多公司的决策制定文化非常具有数据驱动性，正是高度依赖高素质的综合型人才及其严谨精密的分析技能，才实现了对业务的关键决策支持。

解决问题要有"端到端"的意识，在工作中没有完全绝对的职责划分，总有一些工作处于模糊地带，没有具体责任人，但是要实现业务高效运作，这些工作又是必不可少的。因此，定价人员需要有一种主动意识，"胳膊伸得长一点"，避免只管"分内事"，要勇于积极承担边界模糊的工作。这种做事情的方法在华为被称为奉献精神，当问题出现时，周边相关部门要积极行动，共同寻找一个最优的解决方案，否则，可能旧问题没解决又冒出新问题。善于合作，借助于大家的力量共同解决问题，不仅提升了业务，还锻炼了自己，这样的定价人员才是业务离不开的合作伙伴。

7.4 定价系统

定价系统和其他系统一样,是流程与数据的有机结合,既要保证正确做事,也要保证做正确的事。"想要富,先修路",对一个企业来说,流程就是很重要的"路",有了流程,各业务才能实现无缝衔接、标准作业,然后才能输出高质量的交付,以供下游作业使用。各流程中天天流淌的就是来自各个业务部门产生的各种各样的"数据",如配置数据、成本数据、目录价等。数据是公司的战略资产,从上游到下游把各业务贯通起来。如果没有流程,则数据流会泛滥成灾;如果流程中没有数据运行,则流程的建设也毫无价值。IT集成不仅仅是工具,更是对流程的固化,防止业务走形变样,保证输出的数据质量是满足要求的。

7.4.1 流程

我们留给公司的财富只有两样,一是我们的管理架构和流程与IT支撑的管理体系,二是对人的管理和激励机制。人会走的,不走也会死的,而机制是没有生命的,这种无生命的管理体系,是未来百年、千年的巨大财富。这个管理体系经过管理者的不断优化,你们说值多少钱?只要我们不崩溃,这个平台就会不断发挥出作用。我们公司上市后能值多少钱,其实就是这两项管理财富值多少钱。所以我们会很重视流程。

——任正非

流程本身就存在于组织中,只是没有被深刻理解并充分重视。其最明显的一个缺陷是,虽然不断给业务引入流程管理,也做好了流程规划和制度的梳理,并且在职能部门发布了相应的流程规划文件,而且这些文件、制度看似规范工整，最终却没有明显改善业务的运作现状。为什么？因为公司业务的开展往往是若干部门协作的结果，原先的流程被职能部门划分成不同的碎片，因此"端到端"的流程最后通常变成了若干职能部门相关的"段到段"的局部流程。部门只对范围内的局部流程负责，只建设一段，最后连接起来，运行效率就非常低。因为中间衔接环节大家都不想管，公司业务越发展，这种问题表现得越突出。

李华（化名）曾在中东沙特代表处担任投标管理人员，他回忆当年流程建设情景时深有感触：工作开展非常缓慢，主要原因是团队内部缺乏流程意识，在处理很多事情上缺乏全局观念，导致团队成员根本不明确自己的责任和权力，连他自己也不知道要为业务的推荐提供哪些支撑。在一线项目紧急交付的压力下，整个团队非常混乱。这种缺乏流程意识和统一的业务流程管理体系的现象，在当时普遍存在，导致团队工作效率极低，盈利能力也较差。

流程是业务发展的载体，公司引入的各种管理理念、制度，内部产生的优秀的作战经验，这些宝贵的管理财富会通过流程的整合与集成，形成一套统一的对实际业务运作的指导。也就是说，各种管理制度、做事方法都需要落实到一套标准的业务流程上。流程建设是分层级的，主流程、二级流程以及细分的操作指导书等，一层一层地将作业质量构筑在流程中，减少对人的依赖，从少数人能做到多数人都会做，在更大范围内推动业务的发展，实现利润目标。流程的分层建设如图7-4所示。

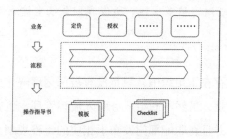

图7-4 流程的分层建设

第7章 定价组织

因此，要意识到流程是为业务服务的，企业关注的核心问题是价值创造，流程规划设计要以业务为导向，从前到后根据业务的需求和目标设计流程，使业务和流程融为一体，通过组织中的业务流程体系为客户创造价值，为相关利益者带来回报，这是流程存在的本质。

在基于业务做流程设计时，还要通过梳理关键流程的具体运作环节，整理清楚业务流程内部的脉络，梳理出最大价值流，删除不增值的冗余环节。一些职能部门总是害怕担责任，担心流程设计有漏洞，为此把流程设计得非常烦琐，把相关的业务和人员全部纳入流程中，结果导致流程环节非常多。例如，华为之前××地区部的价格评审流程，项目金额在50万美元级别的订单，要求遵循以下过程：首先技术方案和商务报价需要经过产品经理、产品线主管，以及商务人员共同测算，然后经过地区部部长和地区部解决方案副总裁邮件审批，才能完成一整套流程，这个周期动辄一个星期甚至更长时间。但是每个代表处客户经理的订货目标通常在千万美元的级别，这种严重的权力和考核目标的不对称不但导致运作效率低下，而且代表处压根没有更多的时间去拓展优质客户，可以说是两败俱伤。

流程节点的设计很关键，关系到业务是否能够平滑流转，作业效率能否提升等。因为定价业务在实际运作中本身就是多部门协作，所以在做定价流程的规划时，一定要做好前期的业务调研，否则重复的建设会让业务无所适从，图7-5列出了流程节点建设的四个要点。

总而言之，定价流程不仅是价格制定的流程，而且是一个囊括了创造公司利润的多项活动。定价流程建设同样要体现"做正确的事"，摆脱依靠个人英雄主义的做法，使定价各个环节的过程规范、高效，输出高质量的交付件，把研发人员、市场、采购、产品管理、财经、销售等部门人员高效地组织起来。因此，流程必须要有清晰的定义和层次架构，所有参与的人员都必须清楚自己在流程中的工作、职责和要求，以及用什么方式去完成，如何配合这些工作的完成等。

在理解业务需求和管理需求的基础上进行线路设计，在业务的上下游会涉及不同的部门或部门内不同的职位的角色设计，既要避免遗漏，也要避免虚增，本着对业务实事求是的态度，避免造成流程的烦琐。当然既有存在的操作模式不一定是合适的，所以流程业务线路设计的过程也是一个修正业务的过程，需要业务和流程专员共同参与。

部门间、岗位间的接口要清晰，可以对每个流程的节点附加一些诸如管理体系的要求和时间要求等属性信息。通过增加这些属性信息，一方面，业务流程执行层面的人员可以一目了然地知道流程节点上的时间节点和管理要求，明确自己工作的具体节奏；另一方面，各流程的管理人员可以根据附加的信息，更好地检查管理体系要求的具体落实情况，从而更好地监控业务。

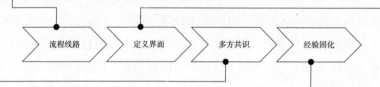

调整原有不合理的责任机制，将流程与部门解耦，只定义角色，形成人人对事负责的流程运作氛围。流程里的相关人员要深刻理解流程，特别是在业务流程与职能部门相交叉的环节，相关方对流程的共识可以避免信息的不对称和决策偏好对管理者的影响，使管理决策客观公正，有助于后续固化阶段的建设。

成功的经验总结出来就是流程，任正非曾说"华为公司最大的浪费就是经验的浪费"，无论是普通员工还是管理者，如果对过往的成功经验没有保存下来，以后遇到类似的问题还是一筹莫展。当能力还不具备时，可能会有很多例外工作，随着流程的建设，要减少例外工作，将各项工作固化、例行化。

图 7-5 流程节点建设要点

注意权力分配，不管是授权流程还是价格交易流程，都需要 SOD（职责分离）。将评审权与决策权分离是非常必要的，可以确保高层管理者为定价做出富有成效的贡献。将决策权赋予高级管理者，避免管理者陷入日常烦琐的定价操作中，还可以将公司的观点注入决策流程中。

此外，项目组成人员还应该具有知情权，跟进项目进展。权力的分配使每一位参与人员明确自己在定价过程中的作用，以及在定价过程中什么是自己能做的，什么是自己不能做的，同时也明确了在决策过程中每个人参与的范围和职责。

对于价格评审流程的设计，每级责任者在签字时，都要明确自己的处理意见，不能将矛盾上移，而且也不是会签的人越多越好。层级多了，流程反而流于形式，每个人都缺少了责任感；层级少了不一定不可靠。要瞄准"三点一环"的目标，即一项业务活动应在三个环节内完成（申请、审核和批准），定价部门要不断加强COE建设，实现流程轻装上阵。

7.4.2 数据

华为公司的三大业务主流程IPD、LTC、ITR（问题到解决），一般来说对应开发、销售和售后供应，其中定价数据占据了前两席，数据的路径很长，其重要性自然不言而喻。

数据路径长，导致数据容易失真发散，可靠性就会降低，因此首先要做的就是保证数据同源。数据同源有两层含义，第一层含义是同一业务数据取自同一数据源头。工作中常见的错误是数据信息的入口没管理起来，一方面原因是管理者本身不重视数据录入工作，另一方面原因是数据使用方不是沿着主航道取自源头数据，而是半路进行截取，常常使得进入流程的数据毫无用处。为什么半路截取的数据不行？这涉及数据同源的第二层含义，即对原始数据按照既定的、统一的规则进行加工处理。数据一旦离开源头走向业务活动，是要产生价值贡献的，基于此，数据会经过各种各样的规则运算以支撑业务。举一个很明显的例子：一个产品的目录价会随着交易的进行发生变化，最终合同界面的价格显然与目录价相比已经发生了"相变",如果直接在合同界面获取目录价,要么获取不到,要么获取到的可能是错误的,因为没有目录价相关的管理延伸到这里。

所以,每个业务环节,都要定义单一的数据源,通过数据服务化,业务之间实现数据的同源共享,以保证跨流程、跨系统的数据一致。要遵循"数出一孔",满足经营数据可追溯,经营预测可信赖。

定价数据是产品定价管理全流程中使用的或者产生的数据总称,所覆盖的数据包括产品成本、服务成本、客户价格、折扣、竞争对手价格信息、交易信息等。定价行为有可能是数据的使用方,如竞争信息、成本信息,也有可能是数据的生产方,如目录价、授权价格。因此要从源头抓起,重视定价数据质量。使用方要对获取的数据先分析后使用,要求业务数据的创造者提高数据质量,否则就是基于失真的数据做分析,没有实际的意义。有时候,正确获取数据可能要比产生数据更加困难。

例如,竞争对手的价格信息就很难获取,大多数情况下,竞争对手的价格信息会通过客户、销售人员以及合作伙伴等途径逐渐进入公司,这个过程往往需要数周或数月的时间,是一个慢慢积累的过程,靠的是手拉肩扛,方式虽然比较落后,但往往是最有效的。

除了获取途径,还有一个难点是数据的结构化问题,获取的价格数据是以文本形式呈现的,如价格表或者标书,是一种非结构化数据,没有办法以数字化形式存储,或者拿到的仅仅是一个总包价格数据,没有细分条目。不管哪种情况,都需要对数据进行解析,然后才能方便使用,这个过程是比较复杂的。而且考虑到数据的真实可用性,需要对原始价格信息进行认真的审查和筛选,主要审查原始信息的来源是否可靠、计算的数据是否有误、与客观实际是否相符等。在审查和筛选过程中,应做到去粗取精、去伪存真,对有疑问的价格信息或来路不明的价格信息挑出单放,尽快验证。可以采用信息相互印证的方法,或者直接通过经

第7章 定价组织

验判断，决定取舍。

不管出于何种目的，加强企业间的信息交流，特别是业务上有密切合作的企业之间的交流，不仅能够扩大信息来源，为价格管理提供数据上的支撑，而且是企业竞合关系发展所需。

在产品的开发过程中，众所周知，一个产品是沿着部件→模块→主机→整机→产品的顺序层层制造完成的。如一块PCBA板，是从一颗螺丝钉、一颗电阻电容自下而上层层卷集而成的，我们需要知道这块板使用了哪些部件及其部件使用数量，然后再将不同部件组成模块、整机……

每个部件，不管大小，都有唯一的识别编码，通过该编码信息，可以查询到成本、厂家、环保等基本信息。如部件的物料编码即Bpart，是公司范围内对物料的唯一定义，是在产品零件选择使用、物料计划、采购、验收、盘点、储存、发料、发货等业务中使用唯一定义的物料编码，这样就避免了一物多名、一名多物或物名错乱等问题。而整个的PCBA在物料构成上的数据表达就是BOM，BOM即物料清单，是由多个part编码组成父子项关系，是产品组成的物料结构树，以结构化数据形式表达产品的物料构成、加工层次及顺序等，可根据不同应用场景构建不同的视图，是销售订单选配、制造任务发料/加工、物料需求计划等的重要依据数据。

必须保持BOM的完整性，并准确映射其与产品版本的对应关系。每个part都有自己的物料成本，根据BOM结构层层向上卷集则可以汇总出整个PCBA的物料成本。如果定义错误或遗漏，对定价来说，卷集出来的成本就是不可用的。

在销售中，价格信息可以供客户进行产品选择，报价单信息可以用来进行报关，通过定价的交易数据，可以发现真实的销售情况，为盈利或降低成本提供机会。

与开发制造过程相对应，Spart全称为Sales part，中文名是销售编码,也称销售项。Spart是华为与客户在合同界面达成一致的销售单元,是对外呈现的可以独立报价并销售的交易单元,承载价格并支撑验收。Spart设计是商业模式设计的载体,要体现销售策略,明确什么要扩容、什么要持续收费等。Spart应体现客户的价值导向,以满足客户习惯,承载销售灵活性为原则,确定客户界面是选配还是标配,实现客户交易的简化,满足客户的优先需求。

Spart设计的颗粒度大小要对准客户需求,以便客户理解产品价格。"大"指一个典型配置就是一个销售项,"小"指一个配置项就是一个销售项,最小颗粒度的销售项还有可能进行物理上的细分,但已经失去了销售意义。如手机电池,虽然电池与手机在物理上可以分开,但是现在基本上是整机出售,除了在维修时需要更换备件外,日常销售电池是基本没有需求的。

销售项一般采用线划分法,按照产品归属进行层级分类,一层一层地进行划分,分成相应的若干个层级类目,并排列成一个有层次、逐级展开的分类体系。同层级之间是并列关系,没有重叠和交叉,上层与下层之间是隶属关系,这样操作能较好地反映产品之间的逻辑关系,也有利于计算机信息的简单处理。其结构关系如图7-6所示。

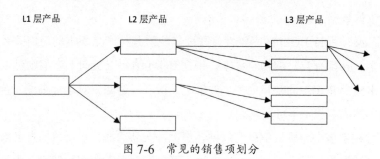

图7-6 常见的销售项划分

而销售编码则是用于管理销售项的一套编码体系,它是指给各个层级的产品编制具有唯一识别性的代码,通常是由数字和字母组合而成,每组编码标识对应不同层级的产品类别，最终每个销售项都被赋予不同的销售编码。图 7-6 所示的产品层级关系就可以演变成如图 7-7 所示的销售编码层级关系图。

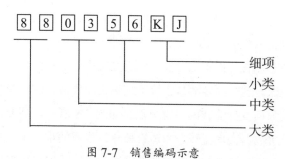

图 7-7 销售编码示意

7.4.3 集成

> 管理信息系统是公司经营运作和管理控制的支撑平台和工具，旨在提高流程运作和职能控制的效率，增强企业竞争能力，开发和利用信息资源，并有效支撑管理决策。
>
> ——任正非

过去，如果要核算一个项目的利润，则需要获取价格数据和成本数据，通常是核算部门分别去获取这两组数据，计算后汇总到一起。因为数据在公司的各组织部门之间是割裂的，所以核算成为孤立作业，协同作业效率低下。而且因为数据是分散存储的，使用时要花大量时间去寻找数据，如果没有所需的数据，则需要申请数据部门开放数据接口，这个过程就更加漫长。因此，随着业务复杂度的提高和业务的继续推进，越往后端走阻塞越严重，作业效率越低。

而 IT 系统就是用技术手段把流程承载起来，并逐渐用技术手段固化流程，支撑每个作业以及输出作业数据，最终通过技术手段实现数据的集成、流程的自动化，提升流程的运作效率。IT系统的建设重点在于"集成"，一方面要打通"断点"，因此流程需要打点，数据需要定义标准接口，接口不一致，即便流程是通的，数据上仍然无法实现握手；另一方面，高度的集成化需要依赖于IT框架，短板同样会拉低整体效率。还有一个难点是商业模型的数学化，其同样对技术提出了很高的要求。

定价业务流程与以下三个业务流程之间有作业交互，因此它们的数据流相互交织，这些内容都是定价系统集成需要考虑的。系统内数据的交会点也是数据发生流转的关键节点，如图7-8所示。例如，通过配置器工具，定价数据实现流转进入销售环节，集成的难点也通常在这些流转点上，因此要快速地解决数据的"导入导出"，避免出现"信息流跑不过物流"的问题发生。

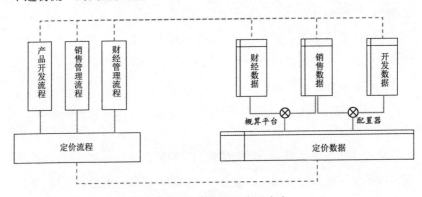

图7-8 定价系统的关联关系

配置器是连接IPD与LTC两大业务主流程的桥梁与纽带。产品开发生成的配置与目录价信息通过配置器发布给LTC，实现投标报价、合同履行、交付。配置器给销售和客户使用，按照客户网络规划计算出每个站点的销售配置清单，联合产品配置，可以帮助华为实现"以客户为中心"的定制化产品需求。

配置器也可以理解成在CRM和ERP之间的支撑平台，以衔接和处理报价、订单、配置和发货等信息数据。这个平台在产品交付流程中的重要性并不比 CRM、ERP 低,华为当时在做了多次业界调研后,决定自行开发集成配置器,因为业界没有成熟的软件包可以使用,自行开发可以更接近客户的价值需求,而且可以自己掌握优化升级节奏。

上线后的集成配置器包括三个主要模块:第一个是配置算法维护模块,有研发工程师对销售物料清单(SBOM)维护配置算法,采用系统内的产品配置规则和算法,自动生成产品配置、报价书及主要生产发货数据;第二个是销售报价模块,将其提供给市场使用,有了研发维护的配置算法,报价人员只需输入简单的报价参数,如用户数、链路数、软件配置等,就可以生成报价书,支撑华为的销售配置;第三个是配置传递模块,它可以将市场一线传回的销售物料清单自动匹配到 ERP 订单系统中,并根据维护的配置算法生成一套完整的发货清单,支撑华为的订单管理、发货管理。

集成配置器逐渐成为支撑华为产品报价、交付的主力平台,成为研发、销售、供应的核心 IT 系统。有了集成配置器的支撑,市场、研发、供应链、服务等各个环节使用的公共数据都集中在一起管理和发布,其上线推行两年后,综合报价率提升了 30%,合同处理周期缩短了 25%,合同履约准确率提高了 40%。

任何一个项目变革,其价值不在于它的研讨与推行,而在于这个项目能否落地,能否真正地起到切实作用。

华为的公司级变革项目基本围绕各种"集成"展开,如 IPD、IFS(集成财经系统)、ISC(集成供应链)等,通过各种项目变革推动组织变革,实际上就是向管理要效益,让组织适应更简化、更高效的作业要求。项目概算作为 IFS 变革的子项目,定位于支撑项目的销售决策,是项目的初始化经营目标,融合了包括定价在内的多个流程的集成工作,复杂度非常高。作为变革项目,华为集团 CFO 孟晚舟亲自参与方案的初期规划,变革项目定位非常高,而且推行队伍配置也是高规格,各个推行区域的队伍由高层领导亲自带队,另外配备高级别专家作为推行成员,体现了公司的高度重视,可以说为项目推进注入了无限动力。

高层领导的重视固然重要,项目推进落地遇到的各种问题也不容小觑,据对多个成功项目的提炼,以下三点对于项目成功落地非常重要。

■ 坚持现场主义

创造一个可以反映现场声音且全员参与的模式。集成显然是多方的参与,最终的收益也是业务相关方,各方的诉求需要被清晰地解读。类似于项目概算,其最终交付使用的对象是一线的销售,但项目开发过程却在机关。坚持现场主义就需要前期一定深入一线进行实地调研,与一线销售人员充分沟通,理解一线真正的痛点,最好能够参与到实际的业务中,亲身体验。如果仅凭一线销售人员口头或者书面的诉求描述,很容易出现理解上的偏差,很多项目都出现过类似的问题,刚上线就马上遭到了使用方的大量质疑和挑战,项目概算也走过同样的弯路。上线意味着改版,这应该是任何一个项目都不想看到的。磨刀不误砍柴工,坚持现场主义才能贴近"客户",获得最真实的诉求。

■ 不追求大而全

"客户"的诉求可能有很多,甚至有时候一线会用"这是客户的需求"这种强硬的口吻来要求功能点的实现。虽然我们根据"现场主义"确定了需求的真实性和有效性,但是项目面对的是全球市场,大而全地满足所有需求是不现实的,IT集成的目的是解决问题,这个问题显然不是某一个"客户"的需求。

过多的承诺只会让项目背上沉重的负担,失去方向性,因此,可以对需求进行排序,分期进行建设,一块一块地叠加建设。项目概算的建设也是优先满足典型场景,先期是以"通"为主,业务跑得通,没有明显的排队效应,所需的数据抓取正确,符合实际业务场景,后期再慢慢优化和丰富其他相关功能。

■ **坚持先僵化,后优化,再固化**

变革最难改变的就是长期以来在人们脑海中形成的做事思维,前期的松土工作自然是不可或缺。有些人接受新事物快,有些人转变慢,更有一些人可能充满抵制情绪。华为公司于1998年开始引进IPD,当时的方针是"削足适履",对系统"先僵化,后优化,再固化",不给予组织任何动摇的机会,否则改革就会半途而废。直到现在,华为各种变革项目都遵循这种思想,只不过传达的含义变为"两三年之内以理解消化为主,两三年后有适当的修改",这也是对项目高度负责的一种要求,避免动辄推倒重来。

为了达到这种效果,在方案每个阶段设计完成后,都需要同时进行试点的验证。一方面,验证方案的准确性,发现问题及时纠偏,各个试点按照关键节点拉开时间差,不能齐头并进,而是依次错开,这样先前出现的问题经过纠偏后可以在下一个试点上得到验证,依此类推,在行进中解决问题,节省了大量时间,赚取了大量经验。另一方面,在解决试点问题的过程中可以慢慢培养"金种子",为后续项目大范围推广所需人员的能力储备做提前的导入工作。

延伸阅读·

变革的目的就是要多产粮食和增加土地肥力

——任正非于 2015 年在市场工作会议上的讲话

变革的目的就是要多产粮食(销售收入、利润、优质交付、提升效率、账实相符、五个一……),以及增加土地肥力(战略贡献、客户满意、有效管理风险),不能对这两个目的直接和间接做出贡献的流程制度都要逐步简化。这样才可能在以客户为中心的奋斗目标下,持续保持竞争的优势。

我们要接受"瓦萨"号战舰沉没的教训。战舰的目的就是为了作战,任何装饰都是多余的。我们在变革中,要避免画蛇添足,使流程烦琐。变革的目的要始终围绕为客户创造价值,不能为客户直接和间接创造价值的部门为多余部门、流程为多余的流程、人为多余的人。我们要紧紧围绕价值创造,来简化我们的组织与流程。

在一些稳定的流程中,要逐步标准化、简单化,提高及时服务的能力,降低期间成本和管理成本。将一些不确定出现的问题,转交由不管部门处理。

未来五至十年,我们将从中央集权式的管理,逐步迈向让听得见炮声的人来呼唤炮火。当前正在进行的管理从以功能部门为中心,转向以项目为中心的过渡试验,就是对这种模式的探索。若五至十年后,我们能实现管理权力下沉,后方支持的优质服务质量上升,那么我们及时满足客户需求的能力及速度就会增强,我们就能在大流量汹涌澎湃中存活

第7章 定价组织

下来。

一、变革的方向

为了实现这种目标，我们人力资源的金字塔模型要进行一些异化。在实行分享制机制的基础上，我们探索按多产粮食来确定薪酬包、奖励……，同时对干部在合规运营、网络安全、隐私保护、风险管理等方面要综合评价；并按对战略贡献来提拔专家、干部……，这样就能不断地自我激励。这种方式，一定会加大收入的差距，我们要习惯并接受。我们要加强对骨干员工的评价和选拔，使他们能在最佳的角色上、在最佳的时间段，做出最佳的贡献并得到合理的报酬，这些与他们的年龄、资历、学历……无关。我们要适应评价的多元化。天底之下有杆秤，但刘罗锅只有一个秤砣。我们在人力资源岗位称重时，要多有几个秤砣，分类应用，对标电子工程师只是一个秤砣。

对在特殊情况下，克服困难，但一时粮食产量也上不去的地区、部门的一些突出的基层骨干，可以上报一层给以一些评价。战役的失利是领导之责，抢滩登陆的广大英勇将士仍然光照千秋。我们要及时调整因战争、疫情……产生困难的国家的基线管理，将富余的人员转到战略预备队去。

我们要理解做出大贡献的员工，通过分享制，要比别人拿到手的多一些，或多得多。工作努力的一般性员工的薪酬也应比社会高20%～30%，当然工作效率也要高20%～30%。我们要注意优秀种子的发现，以及给以他们成长的机会。在互联网时代，学习能力很强大，只要自己多努力，多践行，努力奋斗的人，总会进步快一些，我们要创造一些机会让他去艰苦地区、艰苦岗位、艰难的项目放射光芒。那些在安逸小窝中的小鸟，终归是不能成为鲲鹏的。在这个时代，没有什么奇迹不可以产生。现任俄罗斯国防部长谢尔盖·绍伊古，就是一个直接从上尉提拔为上将的人。华为要做到群贤毕至，充分发挥组织潜力、奋斗者的潜力，优先给他们创造实践机会。要允许相当多的优秀员工快速升级，多担责任。我们要尊重有经验的各级干部，让他们在流程中发挥重要的骨干作用。但按序排辈、按资历排辈会使一部分优秀员工流失。人的工作生命周期很短，我们要让它在最佳时段放射光芒。我们经历二十多年的艰苦奋斗，形成了全覆盖的大平台，而且有数万富有经验的人在经营管理这个大平台。允许一部分"自由电子""中子"冲击内核，会激活核能，产生更大的能量，有什么不可以的，也不会不可控的。人的生命是短暂的，我们要让一些优秀人员，在最佳时段，走上最佳的岗位，做出最大的贡献。激活组织，焕发个人潜力，充满最大能量。各级组织对不善于学习的人，使用要慎之又慎。

公司的一些功能部门，以及一些服务部门，它们的工作特征是以过程为主的，它们更需要经验的积累，资历对他们是重要的，针对他们的人力资源政策应以稳定为主，淘汰别太快了。

我们是赶着牛车创业的，现在是高铁时代了，有些人没有"买"上票，许多人还不能当高铁的"司机"，当我们调薪时，有一部分人降薪就不奇怪了。当然，这还是比过去的艰苦时期，挣的多得多了，牛车也卖的是"风光牛车"票，贵多了。不要与坐上高铁的人比待遇。每个人都要找到合适自己的岗位，踏踏实实在那儿贡献，使自己在随时代进步的时候，不至于落得太远。

我们在吸引社会高端人才的同时，更要关注干部、专家的内生成长，不要这个看不顺眼，那个看不顺眼，对做出贡献的员工，放手让他们发挥作用，试试看。我们要能接受有缺陷的完美。没有缺陷，这是假的。

让听得到炮声的人来呼唤炮火，一定要大道至简，一定要分层分级授权，使管理标准化、简单化。一定要减少会议、简化考核、减少考试，不能用学生式的管理方式进行管理，更不能按考试得分影响薪酬。主要精力要集中在产粮食上，按贡献评价人。

第7章 定价组织

我们要形成一个奋斗者喷发欲出的态势。国家可以"遍地英雄下夕烟""六亿神州尽舜尧",我们为什么不能大多数人是英雄、模范呢?任何一个岗位,都能产生做出贡献的英雄、模范,人人都是可以有作为的。

未来20~30年内,传统社会一定会演进为信息社会,虽然实现形式我们并不明白,但趋势已经明显。这是人类社会千年来最重要的转折,充满了时代的期盼与使命,我们一定要在信息的传送、处理与储存上做出贡献。为满足这样的社会需要,网络一定会发生巨大变化。我们要站在全局的观点上,对未来信息传送的思想上、理论上、架构上,做出贡献。未来的网络结构一定是标准化、简单化、易用化。我们一定不要用在高速公路上扔一个小石子的办法,形成自己的独特优势。要像大禹治水一样,胸怀宽广地疏导。我们不能光关注竞争能力以及盈利增长,更要关注合作创造,共建一个世界统一标准的网络。要接受上世纪火车所谓宽轨、米轨、标准轨距的教训,要使信息列车在全球快速、无碍流动。我们一定要坚信信息化应是一个全球统一的标准,网络的核心价值是互联互通,信息的核心价值在于有序地流通和共享。而且也不是一两家公司能创造的,必须与全球的优势企业合作来贡献。

面对着未来网络的变化,我们要持续创新。为世界进步而创造,为价值贡献而创新。在坚持延续创新的同时,要容忍不同意见和不同创新。创新要有边界,我们要继续发扬针尖战略,用大压强原则,在大数据时代领先突破。要坚持不在非战略机会点,消耗太多的战略竞争力量。

从未来大数据的潮流来看,技术的进步赶不上需求的增长是可能的,我们一定要走在需求的前头。除了力量聚焦外,我们没有别的出路。我们要看看成功的美国公司,大多数是非常聚焦的。难道他们就不能堆出个蚂蚁包?为什么他们不去堆呢?当前,不是我们超越了时代需求,而是我们赶不上,尽管我们已经走在队伍的前面,还是不能真正满怀信心地说,我们是可以引领潮流的。但只要我们聚焦力量,是有希望做到不可替代的。

尽管有一些产品不能形成技术优势,但要在标准化、简单化、免维护化上下功夫,也要在商业模式上、管理模式上,人的奋斗精神、能力与责任心上,构建合理的优势,形成差别,以获取胜利的喜悦。我们决不走低价格、低成本、低质量的道路。如果那样,将会摧毁我们二十年后的战略竞争力。

我们不仅仅要在技术、市场、服务……上取得优势,更要关注质量体系的建设。未来网络容量越来越大,安全稳定越来越困难,质量是我们的生命。我们要高度关注大流量的大质量体系建设,过去我们的质量建设大多是关注产品、工程……的。我说的大质量体系,是个系统工程,要确保我们在未来大流量时代的及时、准确,传送大的数据流量的安全、稳定、可靠。对大质量体系的认识,要有一个大的构架,这涉及文化、哲学……无限的领域,我们要充分利用世界各国的优势,首先形成以中、德、日为基础的大质量能力中心。

我们的技术战略路线,这些年在聚焦上有了不少进步,才使今天效益显著增长。要明白我们不是万能的,大象踩死一只蚂蚁,是必然可能的,没有什么稀奇的,在主航道外,争做鸡头的方法是不好的。

我们十五万名员工,历时二十多年,努力划桨,终于把华为这只航母划到了时代的起跑线上,而且在这条起跑线上的大船并不多,为什么我们不继续努力在信息领域为人类社会做出大的贡献呢?

前期的成功,也许会使我们的自信心膨胀。这种膨胀不合乎我们的真实情况与需求。我们还不知道未来的信息社会是什么样子,怎么知道我们能领导主潮流。我们从包着白头巾,走出青纱帐,不过十几年,知道全球化也才是近几年的事。我们要清醒地认识到,我们还担不起世界领袖的担子,任重而道远!虽然聚焦不一定能引领主潮流,但发散肯定不行。

第7章 定价组织

我们在管理上,永远要朝着以客户为中心、聚焦价值创造、不断简化管理、缩小期间费用而努力。任何多余的花絮,都要由客户承担支付的,越来越多的装饰,只会让客户远离我们。因此,我们明确任何变革都要看近期、远期是否能增产粮食。

我们要通过未来十年的变革,逐步从屯兵组织,转变为精兵组织。我们这样理解:对前端的不确定,使用富有战略眼光、富有组织能力、意志坚强的精兵组织;对确定的事情,由后方组织在战略机动上适当屯兵(逻辑),以加强平台支持服务能力的提升。

我们要持续地表彰那些为 ITS & P、IPD、ISC、海外 ERP、IFS……做出贡献的人。昨天他们努力时,看起来是笨拙的,今天看他们是如此美丽。昨天我们穷,没有办法奖励他们。今天的高效率,是昨天他们刨松了土地,不要忘了他们,就是在鼓励明天的英雄。不要忘记历史,就是要鼓舞奋力前行。

今天我们在强推 LTC,为实现账实相符、五个一而努力。一定要把代表处、站点的 IT 连接作为重点任务。不然不能支持未来五至十年时间的发展,我们要使代表处从屯兵组织逐步转变为精兵组织。我们要重视战略后备队的培养,要不断地总结经验、案例,在五年内实现公司优化管理的目标。总结这些时,也要对一部分优秀员工介绍这些成功的大时空背景。

二、胜利的基础

以上我说了三个方面管理的看法。下面说说,我们持续成功的三个要素。

1.必须有一个坚强、有力的领导集团,这个核心集团,必须听得进去批评。

2.我们应该有一个严格有序的规则、制度,同时这个规则、制度是进取的。这个规则制度的重要特性就是确定性,这是我们对市场规律和公司运作规律的认识,规律的变化是缓慢的,所以,我们是以确定性来应对任何不确定性。

3. 要拥有一个庞大的、勤劳的、勇敢的奋斗群体。这个群体的特征是善于学习。

三、长期战略利益与短期效益之间的关系

上面说了长期战略问题,但得活到那个时候,才会看见长期战略的价值。没有短期的成功,就没有战略的基础。没有战略的远见,没有清晰的目光,短期努力就会像几千年的农民种地一样,日复一日。

持续有效增长,当期看财务指标;中期看财务指标背后的能力提升;长期看格局,以及商业生态环境的健康、产业的可持续发展等。商业成功永远是我们生命全流程应研究的问题。管理要权衡的基本问题是现在和未来、短期和长期。如果眼前的利益是以损害企业的长期利益,甚至危及企业的生存为代价而获得的,那就不能认为管理决策做出了正确的权衡和取舍,这种管理决策就是不负责任的。

商业活动的基本规律是等价交换,如果我们能够为客户提供及时、准确、优质、低成本的服务,我们也必然获取合理的回报,这些回报有些表现为当期商业利益,有些表现为中长期商业利益,但最终都必须体现在公司的收入、利润、现金流等经营结果上。那些持续亏损的商业活动,是偏离和曲解了以客户为中心的。

长寿企业与一般企业在平衡长期与短期利益的时候有不同的原则,而不同的原则来源于对企业目的的认识。企业的目的是为客户创造价值。

第8章

面向未来的定价管理

　　不要认为现在是互联网时代，过去工业管理的科学就都过时了。也不要认为科学管理和创新，两者是对立的。更不能动不动就强调颠覆，而是要老老实实地向西方学习，把管理落地。

——任正非

1994年4月20日，中国正式接入互联网，成为国际互联网大家庭中的第77个成员，紧接着开始了它的一路狂奔。

中国先期基本上采用C2C（Copy to China）的商业路径，即把美国的模式复制搬运到中国，然后进行一定的中国化适配，由此诞生了门户网站、电子商务等互联网产物，也催生了国内BAT（百度、阿里巴巴、腾讯）这样的互联网巨头公司。

对通信行业来说，互联网的接入加快了宽带业务的开发建设，而无线通信技术的商用化，又将互联网带入移动互联网的时代，人们与网络距离逐渐实现"随时随地接入"。通信业与互联网，两者相生相克，大放异彩。移动接入终端越来越多样化，接入人群越来越庞大，传统行业也加快了对互联网的利用，产品数字化，数字化经营，基于互联网的服务和商业模式不断被孵化出来。各行各业恨不能将所有东西都进行数字化记载，汽车、物流、零售……这样的市场环境激发了华为公司的"太平洋管道战略"，以此形容未来网络流量之大，就像太平洋一样宽广。

利用互联网不是丢弃工业管理的科学性，定价管理仍然不能脱离"以客户为中心"，但是互联网和数字化带来了明显的溢出效应，能够帮助企业提升生产力、降低成本、升级新产品、新服务，这无疑增加了产品的价格竞争力，给客户创造了更多的价值。

未来已来，任何行业都不能独善其身，因为所有的行业都会互联网化，以"万物感知、万物互联、万物智能"为特征的智能社会已经来临。2017年年底，华为迎来了"而立之年"，确立了新的愿景——构建万物互联的智能世界，跨界、融合、再出发，继续迎接新的机遇和挑战。

8.1 跨界融合

这个世界上唯一不变的就是变化，在领略了"互联网精神""互联网效率"之后，很多企业开始重视互联网对公司内部流程和客户的作用。数字化逐渐模糊了互联网和传统行业的边界，不同的行业，不管是人才还是产品，可能生产管理方式不同，但相同的是双向的渗透和改变。

跨界给企业带来了更多的机会和变化，不可避免地，碰撞和融合时有发生，这或许是当下的迫不得已，也或许是面向未来的奋起直追，但不管怎样，这种趋势不可违，而且已经搅起一池春水。

■ 穿互联网的鞋，走自己的路

互联网在企业内部得到广泛应用，首先是工具互联网化，最典型的代表是即时通信和电子邮件，可以帮助企业内部大幅提升沟通效率。任正非强调，华为公司要学习互联网精神，踏踏实实地用互联网的方式和技术优化公司的内部流程。例如，为了实现信息共享，华为公司建成了全球IT共享中心，让所有员工都能够时刻享受到互联网带来的便利服务。不管华为人在世界的哪个角落，IT系统都会服务到，不受地理位置的限制。而在共享中心，华为的内部员工、客户、供应商和合作伙伴可以24小时自由安排时间进行学习和培训。

互联网的特征是对标准化、数字化的内容进行传输，更具便利性和规模化。互联网已经改变了人们做事的方式，其本质作用在于用信息化改造实体经济，增强其优质、低成本和快速响应客户需求的能力；用互联网方式简化内部运营管理，打通供应链、研发以及销售等环节的"端到端"的信息流通，让标准化、数据化的信息快速传递，实现全流程透明，提升实体经济的核心竞争力。

■ 人，从人才的流动看

人才的诞生源于企业生产力的发展需要。人具有天然的学习性，而且产业发展越活跃，人才的流动性越强。在薪资相差不大的情况下，人才更倾向于顺应行业变化而改变自己的流动路径。脉脉数据研究院发布的《2020 人才迁徙与流动趋势报告》显示，随着互联网行业和传统行业的融合，人才来源呈现出多样化且流动性强的特点，如图 8-1 所示。

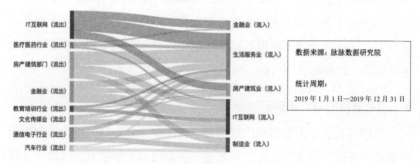

图 8-1　行业间的人才流动去向

从图 8-1 可以清晰地看到，华为所在的通信电子行业流出的 Top 3 行业分别是生活服务业、IT 互联网和制造业，而 IT 互联网流出的 Top 3 行业分别是金融业、生活服务业和房产建筑业，没有通信电子行业。这说明，虽然行业之间有人才流动，但互联网就业面更广，高利润行业对人才更具吸引力。生活服务行业是人才流入最多的行业，生活服务行业包括餐饮、旅游等，侧重于衣食住行，这些原本相对传统的行业反而是互联网深度整合的行业，受到职业人的热烈追捧。

再将行业细化，根据行业内典型的企业进行人才流动的数据分析，其结果如图 8-2 所示。

第 8 章 面向未来的定价管理

图 8-2　企业间的人才流动去向

由图 8-2 可以看到，不管是人才流入侧还是人才流出侧，华为人才流动的两侧 Top 3 都属于互联网行业，且以 BAT 为主力阵营，"大厂"之间流动频繁。华为对于人才更具包容性，随着华为在手机业务、人工智能、云计算等领域的深耕，华为亟须引入互联网思维的人才，而华为人通信行业的背景恰恰能够补齐互联网企业在这方面的不足，如云计算领域。跨圈流动，跨行转型，成为很多从业者获得职业新机遇的路径。

■ 财，从战略投入看

2019 年是华为被美国纳入封杀名单的第一年，但从发布的年度财报来看，华为总营收仍保持着两位数的增长（19.1%），与 2018 年 19.5% 的增长几乎持平，扛住了外部第一波打击。除此之外，财报中还传递出"构建万物互联的智能世界"新愿景下的战略部署，一是 Cloud & AI（云与计算）BG 成为继运营商 BG、企业 BG、消费者 BG 之后，华为的第四大 BG，二是智能汽车解决方案 BU 正式成立，成为华为 ICT（信息和通信技术）业务组织的一部分。

两者是华为对 ICT 部门重大变革的组成部分，也是"Cloud Only"战略的进一步落地。Cloud & AI 产品与服务在华为的成长路径大致如下。

（1）2017 年 3 月，华为成立了 Cloud BU，归属 P&S（产品与解决方案）管理，直接与互联网公司"统治"的云服务正面竞争。

（2）2017 年 8 月 28 日，任正非签发华为公司【2017】303 号文件《关于 Cloud BU 组织变动的通知》，宣布此前的 Cloud BU 迁移至华为集团下，作为一层组织。

Cloud & AI 产品与服务从宣布成立到二级部门再到一级部门，在半年内完成了"跳级"，成为华为集团最重要的产品线。华为公司对云业务的战略决心和投入力度可见一斑。

（3）2020 年 1 月，华为的组织架构进行了新一轮的调整，Cloud & AI BU 正式升至华为第四大 BG。

人工智能和云计算本来就是密不可分的，对华为来说这并不是新事物，只是现在被明确地摆上桌面。预计到 2025 年，97% 的大企业都会使用 AI，77% 的云上应用都会用到 AI，AI 将会是云上竞争的关键。AI 在投资市场也同样异常火爆，来自亿欧智库的《2019 中国人工智能投资市场研究报告》表明，人工智能的热度都是成倍数地增加的，如图 8-3 所示。

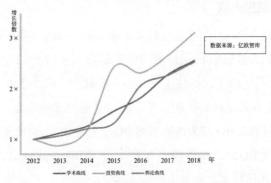

图 8-3 中国人工智能学术、投资与舆论增长曲线

第8章 面向未来的定价管理

这对华为来说既是挑战也是机遇，轮值 CEO 徐直军在第 14 届华为全球分析师大会上做出了这样的表态："公有云就是未来基本的商业模式，云是核心之核心，要以此为契机，完成华为的数字化转型。"事实上，随着 ICT 整合时代的到来，云计算领域早已成为科技巨头们争夺未来机会的战略点。国外，亚马逊的云计算业务已经成为该公司增长最迅猛的支点，称霸全球，微软和谷歌也紧随其后；国内，科技巨头们也是厉兵秣马，争相夺食。

（4）2018 年 11 月，阿里云事业群升级为阿里云智能事业群，将集团中台战略继续延伸。

（5）2018 年 9 月，腾讯进行战略升级，成立了云与智慧产业事业群。

（6）2018 年 12 月，百度宣布技术体系架构整合，智能云事业部（ACU）升级为智能云事业群组（ACG），同时承载 AI to B 和云业务的发展。

可以看到，阿里、腾讯、百度、华为都将 Cloud & AI 作为一体化技术战略，而根据 Gartner 的报告，华为云暂时排列在国内云服务市场份额的第五位，市场挑战非常大，而且华为运营商 BG 增长受行业周期所累，5G 业务才刚刚开始大规模投资，而且营收中超过一半都来自国外市场，在实体清单的影响之下，增长不会太乐观。消费者 BG 虽然是华为目前的现金牛，但利润率非常低，毛利率大约是运营商 BG 业务的一半，长期发展也存在诸多不稳定因素。

华为一直强调在前进中调整队伍，目前 Cloud & AI 业务提升为 BG 之后，从幕后走到台前，直接面向客户，无疑要接过增长的任务，努力成为下一个业务增长点。云计算是新兴业务，整体市场增长较为可观，人工智能也处于上升期，虽然市场争夺战的号角还没吹响，但一些领域已经开始硝烟弥漫。

■ 物，从产品领域看

物联网成为运营商拓宽业务的重要方向，5G将更能丰富物联网的应用场景。全球主要运营商均积极推进物联网络建设，受此股力量的推动，各种场景应用逐步涌现，成为解决P2P（人与人）、M2M（机器与机器）、P2M（人与机器）的最佳连接。目前全球大部分区域手机终端渗透率基本饱和，进入增速放缓阶段，CAGR（年均复合增长率）约为3%，而与物的物联网连接CAGR保持18%的增长，与人的连接基本停止增长，物联网开始拓展边界，将各种设备接到"太平洋管道"中。

物联网时代连接设备多样性的一个重要原因是技术门槛的降低。随着物联网应用越来越普遍，过去高级别的身份认证系统，如人脸识别、指纹识别、声纹识别这些生物识别技术，不仅在智能手机上有着广泛的应用，在安全闸机通道、智慧零售场景也有着具体的应用，完全取代了原先烦琐、复杂的身份认证办法，不仅提高了安全性，还能提高准确性。如在智慧零售解决方案中，利用人脸识别能够迅速地识别客户，并在现场推送个性化商品。

人类正在迈向万物互联的智能世界，而信息通信基础设施是智能世界的基石。市场研究机构Strategy Analytics发布的研究报告《互联世界：2020年的物联网和互联终端》中指出，2020年互联网终端安装量将达到330亿部，人均拥有4.3部，包括智能手机、智能家居、智能电视以及各种可穿戴设备等。2020年全球互联网终端量预测如图8-4所示。针对这波浪潮，Strategy Analytics的执行总监Andrew Brown谈道："仅在这次革命的开始，物联网就已和50亿部终端互联。在未来几年或几十年，智能城市和智能系统网络是物联网接触每个人生活的两种方式。"

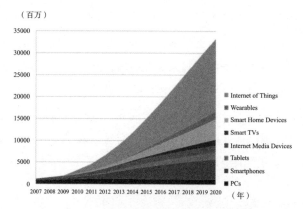

图 8-4　2020 年全球互联网终端量预测

8.2　拥抱数字化

当今世界，数字化是企业全面迈向智能社会的必由之路，主动向数字化转型是国家和企业发展的必然选择。麻省理工学院数字经济研究项目在 2013 年曾调查了 31 个国家的 391 家大型企业，结果显示，在数字化方面较为成熟的企业，其利润和收入分别比同行业的平均水平高 26% 和 9%。因此企业应该优先把握住数字时代的机遇，并从中获益。

数字化转型势不可当，想要把握机遇，重在行动。企业能否给用户提供数字化的用户体验？能在多大程度上拥有敏捷创新的能力，并将这种能力转化为提供差异化的产品和服务，快速适应多变的客户需求和技术趋势？能否围绕客户体验，打通信息孤岛，从整体上优化运营体系？

数字化已经不是什么新鲜事，越来越多的企业享受到了数字化带来的便利，但是数字化也给企业带来了不少挑战，有时可能会让企业措手不及。例如，iTunes 使一首歌曲数字化后可以实现单独购买，消费者不必像过去那样购买整张CD，企业实现了更多的收益；一些独立的电子设备正在被"软件化"，而不必由各种各样复杂的仪盘、仪表组装，这些变化使得这些电子设备使用起来更加简单，而且使用体验上更友好，价格上也更具吸引力，满足了更多客户的购买需求。

数字化带来的这些产品变化触发了商业模式的变化，从而也引起定价策略的变化，最终这些都表现在产品的交易过程中，并且在这个过程中逐渐改变了客户的消费习惯。

8.2.1 数字化产品

广义的数字化产品还包括采用数字化改造或升级优化的产品和解决方案，如NFV/SDN新技术，通过引入这些数字化技术可以实现运营商网络和业务敏捷，驱动内部运营流程简化。

本小节重点讨论的是通常意义上具体化的数字产品，包括传统的软件产品、游戏、视频以及具有相似特征的各类应用服务等。这些数字化产品有个共同的特征，即逻辑上的可拆分性。例如，好多软件集成在一张光盘中或某个软件包里，做不到真正意义上的物理分离，但可以实现逻辑上的分离，这是由数字化的特质决定的。因为软件产品本身是一串串的数字代码，由一组组数字逻辑实现的集合体，没有具体的形态，但可以通过各种格式文件等载体展示给客户，实现一系列的标准化输出。这种逻辑上的可拆分性带给定价更多机遇，如更容易实现组合或拆分，面对不同客户需求时会更具灵活性。

对软件而言，license是最大的使用特征，客户购买到的是一种使用权，企业按照一定规则约束进行授权使用。交易双方没有实物交易，卖方并没有失去对软件产品的所有权或控制权，而是以授予使用的方式获得客户的回报，以此作为企业的收益。

因此，对于数字化产品，可以采用试用、试听的多种方式来消除客户的购买疑虑,在试用期满后,由客户自行决定是否愿意付款以获取进一步的使用权。这样的操作有助于数字化产品的推广,甚至有一些数字化产品对用户直接免费,而通过对第三方收费获取收益,如免费产品中经常遇到的广告,就是对广告商收费而对用户免费。

因为逻辑上的可拆分性,license 具有弹性伸缩的特征,如既可以实现特定用户的单一许可使用,也可以实现一组用户的许可,特别是在一些企业的应用场景中,购买一套软件产品,可通过限制登录数量实现一组用户的许可。此外,还可以实现一次性收费,类似于买断,初期一次性交齐费用,后续不需要再缴纳相关费用就可以享受升级等服务。也可以实现按照使用量收费的后向收费服务模式。

不管哪种定价模式,企业必须保证定价变量 license 与客户的利益保持一致,找到合适的切入点,同时管理上要相对简单。为了保护企业利益不受损害,license 通常会设定许可范围和许可条款等,前者是为了说明许可授权范围内指定用户的产品功能和服务,后者则为了明确许可期限和许可转让等问题。

因为软件产品做不到真正意义上的物理分离,所以通常会认为,软件产品的第一份复制几乎承担了所有的成本,即软件产品初期生产耗费了大量成本(包括投入的研发成本、管理成本以及加工成本等),而且这种初期在软件产品开发过程中消耗的成本是不可收回的,形成的是沉没成本。同时,软件的再生产费用很低,因为在复制时几乎没有任何的变动成本。沉没成本加几乎为零的变动成本,这两者从定价角度给软件灌输了"软件零成本"的观念,造就了软件"高毛利"的假象,如图 8-5 所示。

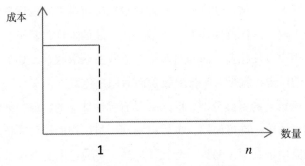

图 8-5 软件"零成本"示意图

这与硬件产品存在很大的不同,硬件产品会随着数量的增加形成规模效应,通过规模效应来分摊费用,降低成本,成本是逐渐降低的过程。硬件产品在定价过程中遇到的一些问题,在软件产品上也会同样遇到,如折扣,而且表现在软件上通常折扣力度更大,原因就是受"软件零成本""软件高毛利"观念的影响,消费者认为软件具有更多的降价空间,所以在硬件和软件的共同销售的过程中,企业往往更倾向于加大软件的折扣力度。

过去华为受硬件设备影响较重,认为软件是一个功能组合体,只需分为不同功能的版本,每个购买相同版本软件的客户都会得到相同的使用功能。而且软件产品的价格差异较大,特别是实现的功能有差异时,常用版本会按功能区分价格。客户通常根据价值实现来判断价格,选择"合适"的产品,这样定价既掩盖了客户细分需求的差异,产品也容易被一次性买断,企业一旦采取过激的折扣行为,想要长期获利困难将非常大。

数字化产品逻辑上的可拆分性导致这些产品价格量纲丰富多彩,灵活多变,使得卖家可以简单、快捷、有效地建立起与不同特征客户需求一致的报价结构,如软件订阅服务。其将一次性购买转变为按需购买,理论上存在划分为更小购买单元的可能性,如按小时、分、秒等,但前提是匹配客户的需求场景。

而这恰恰造成了企业"几家欢喜几家愁"的局面。对于传统的嵌入式软件或平台性软件，采用的是"固定＋变动"的定价策略，其优势是可以与使用企业形成捆绑效应，因为前期投入很多，所以转换成本高，企业不会轻易更换厂家。但是对企业来说，每年一定比例的维护费用实在是一笔很大的开销，甚至一些商家会制定处罚措施，对间隔使用的企业收取一定比例的罚金。这些软件厂商可以通过强大的控制能力带来丰厚的收入，但总会有人提出反抗，否则就不会有 Salesforce 的出现。

Salesforce 的出现可以代表软件商业的转型，转型后的线下交易过程变为在线交易，用户获取业务的时间由动辄几个月缩短到一天以内，而且可以实现按需购买。随着云计算的发展，这种模式得到了更多企业的青睐，而且企业还能将该模式推广到其他产品上进行应用。如上文提到的软件折扣问题，特别是采用永久许可模式的时候，如果在软件首次销售时就进行大幅度打折，显然不是明智之举。可以考虑将许可模式改为订阅模式，降价客户的价格敏感度，限制企业失控的打折行为，通过软件维护服务带来长期收益。

数字化产品逻辑上的可拆分性，使其不仅能够实现拆分销售，还可以灵活地"组装"。比如，一个企业生产的软件有 6 个功能，其中有 2 个功能是最基础、最典型的应用，是客户的最基本需求，而其他的 4 个功能属于细分客户需求，这时就可以通过"$2+x$"这种差别定价的组合形式提供给不同领域的客户，实现客户价值的最大化，满足不同层次客户的需求。 当然也可以对最基本的两个功能提供有竞争力的价格，吸引客户，而对于扩展功能则采取相对于基本功能较高的价格收费。

但是卖哪些 license，需要根据软件特性给客户带来的可量化的商业价值确定合适的报价颗粒度。特性划分太细会造成价值割裂，层层嵌套，客户不知道怎么买；特性划分太粗则容易被客户一次性买断所有功能，产品缺乏持续盈利性。这些都是华为做软件定价管理时遇到的现实问题。

后来，华为软件产品线参考业界做法，结合客户的应用场景需求，将开发的软件特性重新进行拆分、包装，突出价值场景特性，使销售量纲更具可扩展性。

虽然数字化产品理论上可存储的时间更长久，但软件仍要不断更新升级，数字化产品在更贴近人的需求的同时也更依赖于人，所以在定价时必须要考虑这样一个问题：产品在什么时间以什么价格推向市场是合适的？

8.2.2 数字化运营

数字化是量化管理的基础，也是传统化运营转化为精细化运营的基础。例如，在客户网络流程数据分析的基础上，对流量变化、用户等进行智能化分析，能够更好地优化定价结构和量纲，提供更好的定价解决方案，并将其导入产品开发过程中，指导产品提前预埋价值点。同时，数字化也可以实现生命周期备件管理预测，根据单板元器件、使用环境，通过数字化运营，建立起可预测的使用寿命数据模型，实现可视化的运维管理，对单板和一些重要配件做出更换或维修的提醒预警工作，避免产品出现宕机的情况，为客户提供有价值的增值服务，以获得客户优质的回报。

得客户者得天下，在数字信息时代，唯有快速了解客户需求，快速满足客户需求，才能在竞争中立于不败之地。定价的数字化运营是指通过建立可信的数据平台和信息分析系统，围绕管理诉求和业务流程活动进行量化设计、统计分析以及预测改进等活动，为定价决策提供有效支持，进行定价管理的持续改进，实现卓越定价。

跨界融合为实现定价的数字化运营打开了大门，因为互联网具有"记忆性"，任何用户在互联网上输入自己需求的同时也给商家留下了购买的行为轨迹。将这些反映客户需求或特征的行为进行数字化表征，就可以得到量化结果，借助于数字化信息分析系统，就能快速、高效地完成运营策略的制定、调整和决策。

在过去，同一商品在不同的两座城市销售，价格有时具有很大的差异，但在网络时代，数字化营销工具已经打破了传统的地域界限，使得产品的市场价格更加透明，过去价格的区域性差异逐渐消失，对许多商家来说，竞争定价也许是一个更好的选择。因此，不同平台卖家把彼此的竞品价格看得非常重要，网络爬虫（python）工具的作用得到了超级发挥，这是目前很多网络平台抓取竞品价格的主要手段。为了应对比价行为，有些生产厂家故意将同一款商品设置成几个不同的型号，以混淆平台之间的价格对比。

借助于收集到的竞品价格，这里介绍一种基于竞争的自动调价机制。网络销售平台SKU（库存保有单位）数量比较多，而价格变动频繁，手工处理显然不能满足业务需求，必须要有一套定价工具来协助完成。假设有三家竞品平台，自营采购成本为D，拟制定的最终价格为E，公式如下。

$$E = A \times X\% + B \times Y\% + C \times Z\%$$

竞品的价格数值如表8-1所示。

表8-1 竞品的价格数值

竞品平台	价格值	权重
1	A	X%
2	B	Y%
3	C	Z%

这样操作的好处如下。

（1）融入了市场竞争因素，方便记录跟踪市场动态；

（2）通过调节权重可以实现紧跟竞争对手，或与竞争对手保持一定距离；

（3）通过设定该综合后的价格值的波动幅度实现价格自动刷新，如默认变化率低于5%时不接受价格调整。这个数值可以根据不同类目分别设置；

（4）如果E<D，则价格调整不通过，需要重新与供应商询价，倒逼采购产品成本。

这样操作的缺点是需要严重依赖于网络爬虫工具，特别是前期，建议经过长时间积累后，企业建立起一个相对实用的模型。高效的数字化运营离不开良好的数字化工具，所以说在数字化运营过程中，工具建设也是非常重要的一环。

数字化营销不是简单地将营销从线下搬到线上，更不是"Me too but cheaper"这般简单粗暴的价格比拼模式。特别是对于一些注重体验感的行业，比如房地产业、汽车销售业等，对于很多人来说，在购买之前都会轮番比较、体验，一旦购买就会长时间拥有，因此会非常谨慎地作出决定。

如果这些行业希望通过数字化运营方式销售产品，相对来说是比较困难的，因为这些行业基本都是线下渠道建设非常完善的。对于汽车销售行业来说，线下款式的选择和试驾都非常方便。通常的做法是引导客户线下体验，线上交易，这样既可以帮助企业慢慢积累数字化所需的各种信息，同时也可以获取部分线上流量。

为了避免伤害线下渠道商的利益，价格制定显然应该线上线下平齐，但是还需要吸引客户进行线上交易，怎么办？想想之前的贷款经历有多么令人心力交瘁，申请表、收入证明、过去的消费记录及征信等，这些往往会令交易过程异常痛苦。而数字化运营则可以将这些过程变得简单、愉快，通过线上打通个人与银行或保险公司的信息连接，客户只需要进行身份认证就能够实现贷款申请，不仅节省时间，而且过程轻松。

要谨记，只有为客户提供增值的产品或服务，价格才具有竞争力，吸引到的客户才是精准的、有价值的。低价吸引的往往是一些对价格敏感的消费者，是不能让企业持续盈利的。

即便是低价促销，数字化也可以助企业一臂之力。随着消费升级的加速，很多消费品的生命周期越来越短，如以手机为代表的数码产品基本落为快消品，有效销售期往往只有 6 个月时间，一旦到达时点需要马上进行促销，否则库存积压就是一个大问题。基于数字化构建的价格敏感曲线模型，能够快速给出根据时间和数量计算得出的促销折扣，而不至于一步一步试探性地降低价格，失去最佳促销时间。

没有什么比交易数据更能说明一个用户的消费习惯、更具实际的营销指导意义的，利用好交易数据是一条通往盈利的路径。有了线上的数字化运营，线下的建设也不能忽视，要将大数据技术充分运用到做厚客户界面上，挖掘和分析客户需求，加强客户洞察，创造新的竞争优势，夯实利润来源。例如，借助于 AI 技术，客户进入门店后，通过热区分析技术跟踪、捕捉客户的行动轨迹，记录和分析其行走路线、停留时间等，勾勒出店内的热点区域，帮助企业建立最佳的"人货场"。

未来社会只会更加信息化，数据不仅越来越成为信息社会的价值资源，更会成为企业的核心资产。随着数据应用的深度挖掘，更多的机会点不断地被发现，更多的价值不断地被创造。定价业务要以数据为基础，洞察业务发展趋势，提高管理者的决策支撑能力，在收益的有效增长中发挥更大的作用。首先，要保证业务产生的数据真实、完整、可靠，否则基础数据都不正确，就不能反映业务的实质，也无法有效地指导经营业务。其次，在此基础上通过建立业务规则，对数据进行深度整合和分析，在助力企业经营管理的同时，推动建立面向未来的业务模式，逐步使企业实现从面向历史数据的价格分析转向面向未来的价格预测管理。

8.3 从 B2B 到 B2C

2019年,华为消费者BG销售收入为4673亿元,增长34%,占整个集团收入的54.4%。从这个数据上看,说华为是一家B2C公司一点也不为过。随着数字经济全球化和智能物联网的进一步发展,这个数字上升得会更快。

B2C市场是一个"快市场",全球化趋势使企业可以迅速地复制生产商品,产品的供应路径不仅变短,而且变多,对消费者来说,任何一个商品都将是唾手可得的。在云时代、数字化构成的万物互联的世界里,消费者的购买触点增加,获取信息的渠道、速度和数量也急速增加,购买决策路径呈现出纷杂、无规则可循的现象。

对企业来说,全球化的快速复制生产很容易造成产品过剩,而且产品同质化现象严重。任正非曾这么形容这种市场的残酷,他说:"我们的光传输产品,七八年来降价80%。市场经济的过剩就像绞杀战一样。绞杀战是什么呢?就如拧毛巾,毛巾只要拧出水来,就说明企业还有竞争空间,毛巾拧断了企业也完了。只有毛巾拧干了,毛巾还不断,才是最佳状态。"

保持客户的忠诚度将是非常大的挑战,价格——这个不断挑动着消费者神经的标签,也将更加敏感,企业将不得不通过情感而不是理性来说服消费者购买商品。

8.3.1 越来越多的优惠券

正如在价格模型中讨论的那样,不同的客户细分市场具有不同的价格感知,这也是差别定价(基于细分的定价)的基础。用两种或多种价格销售同一个产品或同一项服务,根据客户不同的支付意愿设置不同的

第8章 面向未来的定价管理

价格,这种现象被称为"价格的歧视性"。

同样,在消费者市场,不同消费者对于同一个产品的价值感知也是不一样的,有的消费者对于产品价值的认可度不高,因此对价格比较敏感,希望价格可以低一些,就像一个斗士,每次购买都希望获得"赢得此笔交易"的喜悦心情;而有的消费者则认为物有所值就可以,对价格的高低看得没那么重要。

为了能够获得更多的利润,商家非常希望能够区分出不同的购买群体,以此来获取不同购买群体的"消费者剩余",于是依据收入水平、年龄、职业、性别等不同的客户特征对客户进行细分,推演出不同的价格接受程度,从而制定出差异性价格。这种差别定价有较多的表现形式,如快餐店通常会区分工作日价格和周末价格,游乐场会区分儿童票、成人票和老人票,等等。这些价格按照年龄、时段有明显的差距,商家通过这种差别定价吸引更大范围的消费者,鼓励他们购买更多商品,与此同时,商家也可以获取比以往更多的销售收入,使目标利润最大化。

■ 纸质优惠券

1894年,可口可乐的创始人手工书写了第一批优惠券用于促销,由于效果显著,优惠券作为一种促销工具被商家和企业逐渐认可并采用。直到现在,优惠券仍然魅力无限,应用于各种各样的促销节日,而且每年的GMV(网站成交金额)都非常亮眼,优惠券的作用功不可没。

优惠券是一种价格歧视工具,因为只有拥有优惠券的消费者才能够获得相应的优惠,这就使商家能够通过优惠券有效地区分价格敏感群体与非价格敏感群体。对于前者,消费者通过使用优惠券实现了"低价"购买,对商家或企业而言,虽然利润较低,但抓住这部分价格敏感型顾客仍然能够增加收入;而对于后者,这个群体的消费者没有使用优惠券,商家或企业没有受到价格侵蚀,维护了产品的价格水平,给公司贡献了高利润。

优惠券不是简单地对价格做减法，特别是纸质优惠券，需要企业投入很多的财力和物力。纸质优惠券的发放渠道主要依赖于报纸和企业印刷的广告彩页，因为纸质优惠券的发放地点和时间通常具有规律性，如在特定的商圈发放，以这样一个个的商圈为基点，辐射到周边的消费者，只要消费者主动购买报纸或订阅这类资料，就可以获得相应的优惠券。这些属于优惠券的制作阶段，企业要在这个阶段完成优惠券的面值设计、数量确定、时效确定、发放路径规划等，最终还要按计划完成印制。

优惠券一旦发放，消费者需要花时间完成收集，而且通过邮寄报纸或者广告彩页的方式比较慢，所以企业或商家必须提前进行规划，消费者接触到这些优惠券的时间不管长短，都是企业要承担的时间成本，如果在促销开始之前消费者还没有拿到优惠券，损失可能更大。

然而，从购买的报纸或领取到的广告插页中收集自己所需的优惠券是一件费神费力的事情，另外保存纸质优惠券也是一个问题，优惠券在保存过程中容易遗失或损坏，而且不容易携带，所以消费者最终使用的优惠券会急剧减少。据相关数据显示，使用率最高的优惠券是能够直接放在产品包里的优惠券（13%），即购物时直接顺手夹带送给消费者的优惠券，直接邮寄给消费者的优惠券使用率是5.8%，插页中所附的优惠券使用率只有3.6%，报刊上的优惠券使用率为2%。

纸质优惠券的管理不能保证连续性，全凭客户自己的需求和爱好进行收集或使用，这是一种被动行为。企业不能有效地管理客户，优惠券的发放相对盲目，使用兑换率低，这对企业来说是损失。但是不要认为优惠券失去了昔日的光彩，这其中隐藏着另一种优惠券形式的兴起，即电子优惠券。

■ 电子优惠券

既然企业或商家想通过优惠券让利给消费者，为什么不直接降价而是采用发放优惠券的形式呢？电子商务模式的推广，使消费者更容易获得价格相关信息和优惠信息，很多消费者追求的是一种"被尊重"的购物感觉，而不仅仅是贪便宜的心理。简单来说，优惠券能够满足消费者以下心理。

（1）这是一个选择购物的好时机，这种让利行为是短期的，而且是特殊的行为，要抓住这个机会。

（2）这是属于"我的"专享，不是"全民受惠"。

而对于企业来说，不采用直接降价的行为有利于维护产品的价格水平和维护企业的品牌形象，能向消费者传递"降价不是因为产品的质量差，而是想给消费者让利"的信息。

另外，发放优惠券还能充分发挥"差别定价"的优势。

（1）企业只是想通过优惠券的发放将初次购买的消费者吸引到店铺中来，让其购买更多其他产品，但如果直接降低价格，将使所有客户（包括老客户）都获得价格优惠，造成不必要的利润流失。

（2）企业希望优惠券的受益者是最终用户，如果直接降价，则无法维持渠道商合理的利益分配，而且还会发生串货行为，损坏或压缩渠道商利益，最终受到伤害的还是企业自己。

（3）使用了优惠券购物的消费者实际上传达出对其价格更为敏感的信号，通过记录这部分消费者的消费行为，企业在后续运营过程中会更有针对性，可以采取有针对性的商品推送等导购活动。

电子优惠券更容易拉近消费者和企业的距离，电子优惠券制作快、发放快，使用方便，契合B2C"快市场"的需要。面对日益严重的库存压力，为了引起消费者购买欲望，促销活动势在必行。电子优惠券借助于网络技术，发展得更加迅猛，迭代出红包券、代金券、电子优惠码等各种形式，既有利于传播，又方便保存，并且可以相互分享。可是，过度的无限制的随意发放，反而让客户觉得自己获得的优惠是可有可无的。

这个时候，企业需要设计一个优良的优惠券系统来进行优惠券的管理，这也是企业数字化运营很重要的组成部分。保持优惠券精准投放，让消费者感觉收到的优惠券都是为自己量身定制的，感受到贵宾的体验。优惠券设计系统已经相对成熟，常见的优惠类型、活动形式及计算方法等规则也有很多可以参考的案例，做好这些，管理基本成功了一大半。

优惠券切忌设计得过于复杂，让消费者看不懂该如何使用。如果说为了使用一张3元钱的优惠券要阅读超过5分钟的使用规则，估计很多人会放弃，还不如2元钱购买10元优惠券这种更直接的活动好。

最后，还有一点很重要，即优惠券的展示方式。提供给消费者优惠券的领取入口，建议不超过三步。企业通过各种优惠活动，搅动起消费者的购买欲望，可以形成一定的客户黏性，提升整个平台的人气。

■ 会员体系

随着优惠券在购物中使用越来越普遍，这种交易形式已经成为常态。所有人都可以随意地领取各式各样的优惠券，不但会降低消费者的忠诚度，而且还会造就商品再无"全价"之说，这样会让购买变成一个费神费力的过程，因为消费者总在担心自己没有享受到应有的优惠，总怀疑已经入手的东西是不是还可以更便宜。这样反而弱化了优惠券的魅力，降低了消费者的购买冲动。

因此，不管是企业还是消费者，都对优惠券的发放和使用提出了更高的要求。从纸质优惠券到电子优惠券，优惠一直围绕精准投放的问题不断努力。对企业来说，精准投放背后的含义，就是维持客户黏性和企业的长期利益，优惠券永远是手段，利益才是最终目的。

基于这种管理需求，又出现了会员制。会员制相当于给每个持有会员卡的消费者量身定做了一套购物行为档案，会员卡相当于企业与客户的对话窗口，每个客户档案都是对其购买行为最真实的反馈。通过分析会员卡就可以帮助公司实现一对一的、有差异化的信息推送。

亚马逊的强大市值背后有"三驾马车",其 Prime 会员被誉为世界上最为成功的会员体系,最早由亚马逊在 2005 年推出,用户只需要支付 79 美元 / 年(2018 年 5 月上调至 119 美元 / 年),就可以获得完全免费的送达服务、专享会员折扣以及会员日特殊优惠等活动。2019 年,亚马逊 Prime 会员数已经超过 1 亿人,几乎是号称会员制鼻祖的 Costco 会员数的 2 倍。亚马逊 Prime 会员平均在亚马逊消费 1400 美元,是非会员消费 600 美元的 2 倍多。

一个企业不可能为所有的客户服务,而会员体系的建立可以帮助企业进行价值客户的划分。通过会员体系了解消费者的消费行为,能在最大限度上维持利润水平,还能为会员创造增值服务。

通过会员系统,商家可以发现优惠券不需要面向所有人发放,因为有些消费者对特定的品牌非常忠诚,如果给他们使用优惠券只会白白地流失利润,而对于喜欢使用优惠券购买某款商品的客户来说,只需要根据其长期的消费周期设置定期推送,就可以对其形成持续的购买驱动,这样也方便了企业对客户和商品进行管理。

亚马逊为了提升 Prime 的会员价值,牢牢地黏住用户,也不断地为 Prime 会员注入新的权益。例如,亚马逊投入几十亿美元打造了亚马逊视频、亚马逊音乐、亚马逊有声书等各种服务,对于购买了 Prime 会员的用户来说,在享受原来亚马逊电商的权益之外,还可以享受一系列的增值服务,最终,亚马逊对 Prime 会员的投入带来了惊人的回报。

以旧换新

手机市场白热化的竞争令各个品牌商都非常不安,缺少粉丝的厚爱是支撑不起企业对市场份额的追求的。初次购买是尝试,二次购买是喜欢,多次购买才是真爱。为了维持消费者尽可能长的品牌忠诚度,企业推出"以旧换新"的保值优惠策略,既延长了消费者的产品使用时间,也减轻了消费者购买新一代产品的压力。虽然以旧换新实质上是变相降价,但是这种做法能够避免直接降价带来的种种副作用,回馈和稳住了老客户,并可以吸引到新客户。

以旧换新的对象更加明确,就是该品牌的使用者,因此所做出的优惠活动也更具针对性。通过不同的产品型号就可以推演出消费者的使用时长、购买时间和更换频率,以及消费特征等。这些都是企业非常宝贵的资产,能够指导下一代产品的推出时点、推出价格以及设计偏好。

以旧换新再往前走就是新品保值,企业的触角不断地往客户侧延伸。这是一把双刃剑,如果失去客户后想要再次获取,其成本代价会更高。

优惠券诞生于商家之手,通过不断催生演变,在如今的消费环境下,逐渐成为消费者和企业博弈的一根权杖,使许多企业疲于应付,所以规范灵活的数据系统是一个不错的抗衡武器,它可以牵引企业走向客户的内心世界。

8.3.2 为什么隐藏折扣

折扣原本是企业或商家的一种让利行为,在交易定价中,折扣作为一种工具用来辅助商品进行定价管理。常见的折扣有数量折扣、渠道折扣、现金折扣等,这些折扣形式非常明显,用意也非常明确,在B2B市场应用相当成熟。

但是在B2C市场却发生了很大的变化。在以消费者为中心的B2C领域,不管是线上还是线下,客户需求、爱好变化快,产品推出时间快,被颠覆也快。任正非曾说,华为B2C的终端发展有两个死结:一个是库存,一个是内部腐败。在供过于求的环境下,为了降低库存风险,快速回笼资金,企业不断采取各种价格手段来刺激消费者的购买欲望。

营销性折扣与"授权管理"章节中提到的授权折扣不完全相同,这

第8章 面向未来的定价管理

里的折扣是一种习惯性折扣或者公开性折扣，即商家或企业是为了给客户营造一种让利氛围，重点在于营造气氛，是不是真正的"降价"也说不定。可能今天商品的折扣是7折，但在下个月再看的时候，还是同样的折扣和价格；也有可能下次是6折，但实际付出的价钱是一样的。商家会不断地营造"低价"氛围，通过折扣信息而不是直接降价，迎合消费者的消费心理。

通过营销性折扣达到理想的促销状态，需要以下四个步骤。

第一步：设置价格锚点。设置商品的标价，价签的标价通常高高在上，因为在消费者的第一印象中，高的价格往往代表着商品的好品质，而且是消费者进行购买决策的价格参考，一旦折扣价格比锚点价格低，就会使消费者产生购买冲动。

第二步：设置折扣。折扣设置要合情合理，除非是准备清仓，否则不要动辄设置5折以下的折扣，不然长此以往反而给消费者心中种下"这个商品的实际价格水平就是如此"的价格感观，为商品价格下行埋下苦果。当然，通过不同产品对比或捆绑销售的是另一回事。对于新上市的产品，给予一点象征性折扣即可，维护前期的高利润和品牌热度，也可以给客户传递新品的价值信息，让客户认可。

第三步：价格公示。把"降价"的折扣信息通过合适的途径让客户了解，内容要呈现原价（价格锚点）、现价（折扣后的价格），以及折扣，方便客户了解折扣信息。

第四步：根据交易达成情况进行价格锚点和折扣的互动调整。商家可以为涨价做铺垫，取消折扣或者将折扣力度减小，要注意价格的时效性，避免引起客户投诉和抱怨。

与优惠券相同的是，营销折扣也是向客户传递"机不可失的优惠"的信息，以引起客户的购买欲望，商家借此达成交易，增加销售利润。与优惠券不同的是，优惠券通常是选择性地适用于部分价格敏感型消费者，而折扣通常是公开性地宣告给所有客户，但可能不同的客户细分群体所对应的折扣力度不相同。

这种直接的打折方式在当今仍然非常流行，但如果仅仅局限在某些打折商品上，而没有考虑整体销售的联动效应，打折只会让商品无限地逼近低价，甚至是更低价，这样造成的销售利润流失往往无法逆转，陷入"不打折等死，打折找死"的怪圈。打折只是手段，不是最终目的，最终目的是实现盈利。盈利是指整体盈利，在这种框架下，我们可以允许某一个或某几个可能产品是超低折扣甚至是亏损的，亏损部分通过其他高毛利产品进行补偿，最终达到一定的毛利水平。为此，产品价格策略更注重灵活性，不再是赤裸裸的折扣，而是将折扣进行"隐藏"或者"重新包装"，其宗旨都是提高产品的盈利性。

■ 第二杯半价

茶饮行业这几年大行其道，花样层出不穷，但既然是快消品行业，就摆脱不了促销的魔咒。消费者经常听到"第二杯半价"的优惠，通常情况下，消费者会觉得很划算，然后欣然解囊。但是如果改为"两杯25%的折扣"，这时消费者会做出什么选择呢？

第二杯半价模式：购买一杯，全价；同时购买两杯，第一杯仍然全价，但第二杯享受50%的折扣。

两杯25%折扣模式：购买一杯，全价；同时购买两杯，第一杯和第二杯全部享受25%的折扣。

假设一杯价格是20元，成本是5元，"第二杯半价"购买人数为x，"两杯25%折扣"的购买人数是y，相关计算结果见表8-2。因为第二杯饮料边际成本非常低，虽然达不到第一杯饮料的高利润，但是两杯的整体销售毛利还是非常可观的，所以不管哪种模式，相比全价出售一杯获得的销售利润都要高。

表 8-2 "第二杯半价"和"两杯 25% 折扣"盈利模式比较

模式	杯数	单位成本	单位售价	销售额 Σ 售价 × 数量	销售毛利 Σ 销售额 - 成本
第二杯半价	第一杯	5	20	$30 \times x$	$30 \times y$
	第二杯	5	10		
两杯 25% 折扣	第一杯	5	15	$20 \times x$	$20 \times y$
	第二杯	5	15		

乍看上去，表 8-2 所示的两种模式下单位销售表现数据是一样的，都是获得 20 元的单元利润，消费者花同样的钱，商家收到同样多的钱，那为什么还要坚持"第二杯半价"的模式呢？

某品牌饮料在地区推广新品时做过一个销售调查问卷，将销售模式设置了三个选项，分别是"买两杯，第二杯半价""两杯 30 元"和"两杯 7.5 折"，调查对象是 16～28 岁的年轻女性，结果显示，选择"第二杯半价"模式的最多，占比 54%，而选择"两杯 30 元"的最少。不管是"第二杯半价"还是"两杯 25% 折扣"，他们打折促销的出发点是一致的，即以量换取利润，但是在重复购买的情况下，x 比 y 更大。当问及调查者为什么这样选择时，他们给出的答案是"我感觉第二杯半价好像更便宜"或者"第二杯半价给我的感觉更舒服"，所以长期来看，"第二杯半价"运营模式更有优势。

"第二杯半价"背后揭示了消费者市场运营过程中存在的几个重要因素，"两杯 30 元"这种模式很容易让消费者把焦点聚集到数字上，没有任何情感上的寄托，减少了消费者购买的冲动。根据收益递减效应，在某个时间段内，消费者对该物品的评价会随着数量的增加而降低，即消费者对第二杯饮料的认可度远低于第一杯，形成了购买心态上的倦怠和疲劳，这显然不是企业做运营想要看到的结果。

收益递减效应可通俗地理解为，消费者从一个新增商品或服务中得到的满意度或收益值开始的时候很高，越到后来就越少。而且在消费者可支配收入一定的情况下，他们只能购买让其觉得受益最大化的商品，这时，"第二杯半价"模式的优势就发挥出来了。收益递减效应如图 8-6 所示。

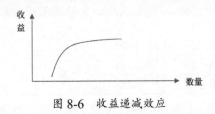

图 8-6　收益递减效应

"第二杯半价"则在这种情形下形成一种强烈的"对比效应"，第一杯全价，高高在上，第二杯半价，一下形成巨大落差，让消费者觉得捡到了很大的便宜。50% 的折扣会立刻把消费者的"不感兴趣"转变成"我买了"，重新给消费者收益最大化的感觉，提升了收益递减曲线，商家也利用低价刺激了消费需求的增加。

对比效应与前面提到的价格锚点类似，基本做法就是在真正出售商品的旁边或消费者一眼能够看得见的位置，摆放一个质量相差不大但价格却相差很大的商品，其实这个商品仅是一个参考，起到的是价格锚点的作用，目的是把消费者的价格预期拉升，让消费者觉得真正出售的商品价格非常实惠。

相比之下，"两杯 25% 折扣"的模式对于刺激消费的作用就弱很多，而"第二杯半价"模式能够长期鼓励消费者购买该商品。除此之外，一旦商品被成功销售，一起同行的消费者就会变成潜在的客户，有利于商品口碑的宣传。

这个小小的案例告诉我们，打折促销应采用如下盈利模型：首先，选择的打折商品要具有复购率高、吸引流量的特点，通过变动敏感商品的价格来吸引消费者的眼球，这是促销打折活动的重头戏；其次，合理安排打折商品的销售结构，加强打折商品与其他商品的关联关系。虽然每个产品都有各自的毛利目标，但是这个目标必须根据实际运营情况进行适当调整。如果是价格不敏感的商品,可以适当将毛利提高一些。

■ 比折扣更低的是"免费"

第二杯半价已经是 50% 的折扣,有没有更低的折扣呢?有,免费!你肯定遇到过类似场景,消费达到一定的额度,会"免费"获得某个赠送商品或小礼物。互联网时代的便利性更是提供了不需要支付任何费用就可以免费使用产品的机会。

世界上有很多企业有过类似的操作,如美国的西屋电器公司就曾从这种方法中获益。西屋电器公司为了推广一种保护眼睛的白色灯泡,采取了免费赠送策略,结果因为用户对这款灯泡的反映非常好,西屋电气的其他产品也增加了很多销量。华为在进行青春版手机的推广时,也曾采用这种"免费"的方式,在大学校园进行志愿者招募,免费发放手机,但是要完成校园内的相关手机调查活动。这种有针对性的校园推广口碑传播非常快,而且容易形成良好的互动,为华为手机树立了很好的"年轻时尚"的品牌形象。

麦当劳"开心乐园餐"虽然不是通过免费品尝获取消费者的,但其中卡通玩具的"免费"威力却非常大,可以看如下一组惊人的数据。

(1)在 6~9 岁的小朋友中,有超过 80% 的人表示"他们喜欢儿童餐里的玩具"。

(2)1997 年推出的豆豆布偶的开心乐园餐,在 10 天内卖出了 1 亿份。

(3)每年售出的"开心乐园餐"约 30 亿份,售出的玩具有 15 亿个。

面对琳琅满目的商品,消费者往往心有余而力不足,担心因为不了解产品或者基于其他原因而产生一定的损失,如果能让消费者放下这个"包袱",着实是个好的开始。而"免费"就可以更容易地拉近企业与客户的距离,让客户轻松接受商品。没有客户,企业就失去生存的根基,所以只有想方设法把客户吸引进来,才有后面的故事,这些"免费"的商品都是企业的获客成本或引流支出。

这种"免费"的交易策略是从客户出发的一系列组合拳,其不仅要制定一个数字化的价格值,而且要凸显差异化竞争力,实现 1+1＞2 的效果。企业通常不只生产一种产品或提供单一产品服务,而是希望通过"免费"的方式形成一组或一系列组合。西屋电气通过"免费"获得了更多产品的销售,"开心乐园餐"因为提供了免费玩具而增加了餐饮的销量都体现了这一点。

天下没有免费的午餐,不管是"第二杯半价"模式还是"免费"模式,都是为形成产品差异化的竞争力,以捆绑定价的形式帮助消费者降低价格敏感度,增加企业的销售机会点,并使企业找到最佳切入点和盈利模式,如图 8-7 所示。否则企业的命运可能比 Groupon 还要悲惨。

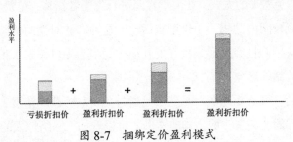

图 8-7　捆绑定价盈利模式

■ Groupon 帝国的折扣之殇

2008 年,经济危机席卷全球,供给过剩形成的累积效应越发严重,经济急剧下滑,小型商家或服务提供商由于资金和能力问题无力支付巨额的广告费,因此很难开展大规模的营销活动来吸引顾客上门消费。在这样的惨淡背景下,Groupon 公司应运而生,它充当消费者和商家之间的中间人,通过有影响力的折扣提供各种产品和服务,吸引众多消费者。

Groupon 公司采用的是一种即时可用的电子折扣方式,对商家的进入门槛要求也非常低。公司在经济萧条时期抓住了消费者和商家的痛点,

第8章 面向未来的定价管理

帮助商家高效地清空库存,因此迅速蹿红,成为当时举足轻重的电商公司。Groupon 通过较大折扣引发了消费者的购买欲望,而且会设置一个团购参与的人数下限。这样做就形成了一个双向保护机制,商家对出货量或清仓数量有一个相对准确的把握;而对于消费者来说,人数越多,个人可以获得的折扣就越多。

Groupon 成功引领了"团购"风潮,被称为"团购始祖",在 2011 年 10 月宣布 IPO(首次公开募股)时一度达到 160 亿美元的高估值。其扩张速度给投资人留下了深刻的印象,成立不到 5 年就遍布全球 47 个国家,被众多公司追捧。其中谷歌公司曾欲以 60 亿美元进行收购,可惜被拒绝。2015 年,阿里巴巴集团还持有 Groupon 5.6% 的股份,是其第四大股东。

Groupon 把打折变成了家常便饭,经常采用大幅折扣来促成交易,比如原价 100 美元的商品按 30 美元的价格出售。Groupon 在不断地摧毁"全价购买"概念的同时也使得公司的盈利岌岌可危,以致公司股价在最低时仅有 2 美元多,相比上市时的 20 美元,跌了近 80%。

Groupon 模式的经营理念是"增加销售量可以弥补损失的利润",但是动辄超过 50% 的折扣,已经击穿了很多商家和商品的利润底线,而且培养了消费者"捡便宜"的购物心态,客户忠诚度大大降低,这些靠销量拉升是不可能挽回的,最终 Groupon 处于亏损边缘,如图 8-8 所示。

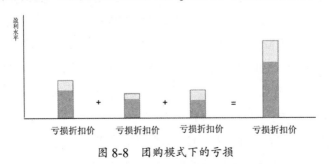

图 8-8 团购模式下的亏损

因为团购模式的进入门槛低，许多相似企业进入该行业进行厮杀。以国内的"百团大战"为例，2011年，市场上共存的团购类企业共计5058家，但最终活下来的却是凤毛麟角。为了扭亏为盈，存活下来的为数不多的企业不断地通过开拓供应链、开展旅游和酒店等高毛利业务来提高营收。

虽说优惠券、折扣等手段的运用对避免直接降低价格有一定的缓冲作用，但当今是一个"以客户为中心"的时代，低价不是赢得客户的长久之计。企业要有赢得利润的文化，提供差异化、有竞争力的产品，与市场参与者共同营造多赢的市场竞争环境，不断彰显商品价值，并让客户认可接受，这才是最好的价格利器！

8.3.3 价格"报酬"

产品从生产者手中流通到消费者手中，需要经过很多环节，通常需要借助渠道商完成产品的流转。渠道商拥有自己成熟、配套的销售网络，可以为生产商打开市场，提高销售量。那么，渠道商和生产商如何进行收益的分配呢？一种常见的价格策略是销售返利，即制造商给予经销商一定的利润以进行激励。

渠道商通常不具备完全自主的定价权力，需要遵循生产商的价格管控体系，渠道商提出定价建议，按照事先约定的价格出售商品，将渠道商的销售关注点引入关注产品本身的价值或提供完整解决方案的价值上，通过营销手段使客户认为产品具有区别于其他众多产品的特色或特殊价值，降低客户的价格敏感度，从而使消费者认为产品的定价是合理的。渠道商累计一定的销售数量或销售额后，从生产商那里获取相应的返利，这是一种长期合作的良性循环。

华为不管是在企业网业务还是在消费者业务上，销售渠道都部分采用M2B2B（生产商—中间集成商—企业客户）模式，仅有非常小的一部分采用M2B模式（华为直接进行拓展，类似于运营商业务模式）。华为面对的客户是各行各业大大小小的企业，因此企业网市场是一个海量市场，而且不是标准化场景，每种行业类型的企业都拥有各自的场景特征，华为不具有交付这么多下沉市场的能力，因此采用合作伙伴加被集成的策略，以此来拓展客户、销售产品。

对于海量市场，中间的渠道商非常重要，其是一个资源池，相当于一个"连接器"的作用，把成千上万的企业与设备供应商连接起来。市场是动态变化的，所以客户细分的标准也不能整齐划一，划分标准是为企业长远经营目标服务的。根据细分标准，企业客户通常被划分为不同"等级"，上层客户一般都是公司的NA（Named Account，高价值大客户）。所谓高价值大客户，是指那些对企业具有战略意义的、能对企业盈利做出重大贡献的客户，是由供应商与选定的目标大客户建立长期战略合作伙伴关系，双方出于对整个市场的预期和企业总体经营目标、经营风险的考虑，为达到共同拥有市场、共同使用资源和增强竞争优势等目的，通过各种协议的方式而结成的优势互补、共担风险的组织，以谋求供需双方长期利益的最大化。

华为高度重视高价值大客户以及具有高价值潜力的大客户，对其基本采用直接拓展的策略，大客户也是企业获取利润的主要来源。而其他等级客户则通过合作伙伴拓展进行客户登记分类。不同等级的客户会享有不同价格的返点奖励，以鼓励拓展高价值客户，如图8-9所示。

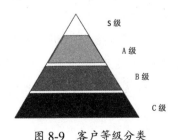

图8-9 客户等级分类

近些年，销售返利作为一种导购模式，随着微商的火爆应用也变得越来越广泛。现在各电商平台或多或少都会采用销售返利模式，但因为返利模式容易将消费者引向"收入门费"和"拉人头"等涉嫌网络传销的行为（俗称的"佣金"模式），可能会触碰法律法规。所以，我们在本节讨论的销售返利行为暂不包括这种"佣金"模式。

销售返利的期限可以是季度或年度，通常用于销售周期比较长的产品，而且销售返利也要设置奖惩的升降制度，形成金字塔模式。一些快消品网购平台可以设计成时时状态，即每形成一个有效订单，则展现出返利的收益值，有种即时激励的感觉，这样能增强用户黏性，提高销售动力，但是提取返利佣金时建议采用定额或定期制度，这样有助于节省运营成本。

销售返利模式的设计难点主要有两点。一是返利的分层，即渠道商每层的进入门槛。建议不超过三层，设计成金字塔模式，从下到上依次增加门槛进入难度。顶层渠道商数量少，返利高，门槛设计可以是多维度，包括拓展的客户类型、客户数量、销售金额等。二是返利点数，既要有单品的限制也要有总额的限制。有些品类本身不具有高盈利价值，设置的返点数要低，要从商品结构出发，平衡收益，争取最大收益。如果需要重点推广某些商品，则可以加大销售返利点数，以此来牵引。

与优惠券、折扣相比，销售返利模式的运营管理成本较低，特别是产品在组合销售时，不需要考虑不同产品的不同优惠券或折扣的不同设计方案，只需要定期进行结算。

在保护价格水平方面，销售返利模式相比优惠券和折扣更具隐蔽性，而且因为生产商和渠道商之间是利益共同体，是一种利益共享分成关系，即卖得多、卖得价高，收益就会高，由此其对价格维护更具自觉性。

8.4 构筑领先的商业模式

> 华为公司过去的成功,能不能代表未来的成功?不见得。成功不是未来前进的可靠向导。成功也有可能导致我们经验主义,导致我们步入陷阱……能不能成功,在于我们要掌握、应用我们的文化和经验,并灵活地去实践,这并不是一件容易的事情。
>
> ——任正非

我们要努力改进本职工作,使一部分工作走向自动化,少数走向智能化。我们要成为业务合作伙伴改进定价工作的布道者,不仅要在理论上研究,还要努力把业界先进的、成熟的理论方法择优用于改进定价,构筑未来的产品竞争力。要以数据作为武器,为公司各个组织提供业务洞察,通过优化业务模式和资源配置,实施业务和流程变革,有效地控制和管理经营风险,驱动业务持续有效增长。

定价管理要做到短期有竞争力,并且长期持续盈利,不能仅靠卖产品、卖服务,还要靠良好的商业模式设计。华为的商业设计经过多年的发展,已从简单的产品定价,走向商业模式的设计。华为认为,定价的顶点是价值定价,价值定价的最高归宿是商业模式设计。

2014年,徐直军在产品管理部长角色认知研讨会上提出:"面向未来,我们在很多领域已经同步业界甚至领先了,尤其是在一些新的领域或者变化的领域,已经没有人在前面带路了。这就要求我们在推出产品的同时必须进行商业设计,构筑客户和华为双赢的商业模式。否则,很有可能把产业做小了甚至做没了,或者辛辛苦苦做出来了但赚不到钱。另一方面,整个ICT产业正在发生巨大的变化。随着产品越来越走向硬件标准化和软件定义，随着云服务的发展，整个产业的商业模式发生了或者正在发生巨大的变化。这种情况下，如果我们还是依靠卖产品、卖硬件盒子的单一商业模式来实现价值，就很可能在产业变革的浪潮中被边缘化，或者被时代发展所抛弃。"

2018年4月，任正非在定价业务座谈会上谈道："商业模式是华为长期的弱项。长期以来，我们在ICT行业是追赶者，天然假设商业模式已经确定，不可更改，我们才能直接提价值定价。我们现在能提价值定价，其实要感谢前人构建了良好的商业模式，比如无线产业，爱立信、诺基亚、西门子等构建的模式依然让华为长期受益。华为要成为领导者，就一定要考虑商业模式的构建问题，要把商业模式的创新看成和产品创新一样重要的东西。"

随着在诸多领域的开拓以及ICT产业形势的发展变化，华为有责任，也有必要持续探索商业模式的创新，确保公司长久发展，同时引领行业共同发展。一方面，要在时间上提早商业设计的介入点，在产品规划之初甚至技术标准制定之初就启动；另一方面，商业设计的着眼点要从产品扩大到产业链，各方一起努力推动，共同做大"蛋糕"。

已经成熟的管理，不要用随意创新去破坏它，而要在使用中不断严肃认真地完善它。无生命的管理只会随时间的推移提高水平。随意的创新是对过去投入的浪费，面对未来市场发展的趋缓，要更多地从管理中要效益。华为从来就不主张大幅度的变革，反而主张不断地改良。

附录：缩略语表

BG：Business Group，华为公司内部按照客户群维度建立起来的业务组，如运营商 BG 是针对运营商客户。

BP：Business Plan，商业计划，通常指年度商业计划。

BU：Business Unit，业务单元，隶属 BG，通常是按照解决方案维度建立的产品线，如无线 BU。

EMT：Executive Management Team，公司最高的经营管理团队。

ICT：Information and Communication Technology，信息和通信技术。

IFS：Integrated Finance System，集成财经系统。

IPR：Intellectual Property Rights，知识产权。

IPD：Integrated Product Development，集成产品开发，华为公司产品的开发模式、理念与方法的端到端流程。

ISC：Integrated Supply Chain，集成供应链。

ITR：Issue to Resolution，问题到解决，华为公司从客户服务到问题解决的端到端流程。

KPI：Key Performance Indicator，关键绩效指标，各级业绩考核依据。

LTC：Lead to Cash，线索到回款，华为公司从线索到销售到交付到回款的端到端流程。

NA：Named Account，高价值大客户，是指那些对企业具有战略意义的、能对企业盈利做出重大贡献的客户。

NFV：Network Function Virtual，网络功能虚拟化。

NGN：Next Generation Network，下一代网络，是一种业务驱动型的分组网络。

PCBA：Print Circuit Board Assembly，印制电路板组装。

SDN：Software Defined Networking，软件定义网络。

SE：System Engineer，系统工程师。

WBS：Work Breakdown Structure，项目管理术语，工作分解结构。

IRB：Investment Review Board，投资管理委员会。

参考文献

[1] 黄卫伟. 以客户为中心：华为公司业务管理纲要 [M]. 北京：中信出版集团，2016.

[2] 夏忠毅. 从偶然到必然：华为研发投资与管理实践 [M]. 北京：清华大学出版社，2019.

[3] 黄卫伟. 价值为纲：华为公司财经管理纲要 [M]. 北京：中信出版集团，2017.

[4] 黄卫伟. 以奋斗者为本：华为公司人力资源管理纲要 [M]. 北京：中信出版社，2014.

[5] 刘选鹏 .IPD：华为研发之道 [M]. 深圳：海天出版社，2018.

[6] 孙力科. 华为传 [M]. 北京：中国友谊出版公司，2017.

[7] 杨少龙. 华为靠什么：任正非创业史与华为成长揭秘 [M]. 北京：中信出版社，2014.

[8] 吴晓波，等. 华为管理变革 [M]. 北京：中信出版集团，2017.

[9] 周锡冰. 任正非谈华为国际化：以知识产权为武器攻占 170 个国家 [M]. 深圳：海天出版社，2018.

[10] 董小英，宴梦灵，胡燕妮. 华为启示录：从追赶到领先 [M]. 北京：北京大学出版社，2018.

[11] 拉菲·穆罕默德. 定价的艺术：破解价格密码、挖掘隐藏的利润 [M]. 蒋青，译. 北京：中国财政经济出版社，2008.

[12] 马克·埃尔伍德. 折扣：你不知道的打折促销心理秘密 [M]. 苏西，译. 广州：广东人民出版社，2014.

[13] 沃尔特 L. 贝克，迈克尔 V. 马恩，克雷格 C. 扎瓦达. 麦肯锡定价 [M]. 赵银德，译. 北京：机械工业出版社，2017.

[14] 马林. 六西格玛管理 [M]. 北京：中国人民大学出版社 ,2014.